中共中央党校（国家行政学院）应急管理培训中心 组织编写

应急管理体系和能力现代化

马宝成 主编

国家行政学院出版社
NATIONAL ACADEMY OF GOVERNANCE PRESS

图书在版编目（CIP）数据

应急管理体系和能力现代化 / 马宝成主编. —北京：国家行政学院出版社，2022.2

ISBN 978-7-5150-2637-4

Ⅰ.①应… Ⅱ.①马… Ⅲ.①突发事件-公共管理-研究-中国 Ⅳ.①D63

中国版本图书馆 CIP 数据核字（2022）第 014003 号

书　　名	应急管理体系和能力现代化 YINGJI GUANLI TIXI HE NENGLI XIANDAIHUA
作　　者	马宝成　主编
责任编辑	刘韬劼　谢伦
出版发行	国家行政学院出版社 （北京市海淀区长春桥路 6 号　100089）
综 合 办	（010）68928887
发 行 部	（010）68928866
经　　销	新华书店
印　　刷	北京盛通印刷股份有限公司
版　　次	2022 年 2 月北京第 1 版
印　　次	2022 年 2 月北京第 1 次印刷
开　　本	170 毫米×240 毫米　16 开
印　　张	18.25
字　　数	242 千字
定　　价	56.00 元

本书如有印装问题，可联系调换，联系电话：（010）68929022

前　言

应急管理是国家治理体系和治理能力的重要组成部分。党的十八大以来，以习近平同志为核心的党中央把应急管理工作摆在更加突出的位置，就新时代全面加强突发事件应对、有效防范化解重大风险、切实维护国家安全和社会安定作出一系列重大决策部署，推动我国应急管理事业迈入新的历史发展阶段。习近平总书记站在实现"两个一百年"奋斗目标、保障中华民族长远发展的战略高度，对应急管理工作作出了一系列重要论述，提出了一系列新理念新思想新战略，开辟了中国特色应急管理理论和实践的新境界。

突发事件应急管理是各级党委、政府和领导干部必须具备的基本能力。党的十九大报告把"驾驭风险"作为增强执政本领的八个方面之一，强调"健全各方面风险防控机制，善于处理各种复杂矛盾，勇于战胜前进道路上的各种艰难险阻，牢牢把握工作主动权"。2019年中共中央办公厅印发的《党政领导干部考核工作条例》明确指出，"驾驭风险本领"是领导班子"领导能力"的重要内容，要"全面考核领导干部履职尽责特别是应对突发事件、群体性事件过程中的政治能力、专业素养和组织领导能力等情况"。2020年2月3日，习近平总书记在中央政治局常委会会议研究应对新冠肺炎疫情工作时讲话强调："这次疫情是对我国治理体系和能力的一次大考，我们一定要总结经验、吸取教训。要针对这次疫情应对中暴露出来的短板和不足，健全国家应急管理体系，提高处理急难险重任务能力。"2020年10月10日，习近平总书记在中央党校（国家行政学院）中青年干部培训班开班式上的讲话中，把"应急处突"作为提高干部特别是年轻干部解决实际问题的七大能力之一，强调不断提高应急处突的见识和胆识，对可能发生的各种风险挑战，要做到心中有数、分类施策、精准拆弹，有效掌控局势、化解危机。

应急管理是我国干部教育培训的重要内容，也是中央党校（国家行政学院）干部教育培训的特色学科领域和重要增长点。2015年1月12日，习近平总书记同中央党校第一期县委书记研修班全体学员座谈时强调，要加强对学员进行危机处理、国家安全和公共安全的教育培训。中共中央印发的《2018—2022年全国干部教育培训规划》强调："抓好总体国家安全观、统战、民族、宗教、金融、保密、统计、城市规划管理、质量发展、安全生产、应急管理、知识产权、心理健康等方面学习培训。"为了贯彻落实中央领导同志的指示批示精神，2020年3月，中央党校（国家行政学院）校（院）委会制定了《加强应对突发事件教育培训实施意见》，确定在主体班次加大提升领导干部应急管理能力课程的比重，编写专门的应急管理培训教材，为全面提升各级领导干部防范化解重大风险、应对突发事件能力作出应有的贡献。

根据中央党校（国家行政学院）校（院）委会部署和《加强应对突发事件教育培训实施意见》要求，应急管理培训中心（中欧应急管理学院）组织编写了本书。本书按照突发事件全类型和突发事件应对全过程，从自然灾害、事故灾难、公共卫生事件、社会安全事件等各类突发事件以及预防与应急准备、监测与预警、应急处置与救援、事后恢复与重建等各个环节，详细介绍应急管理的重点领域、关键环节、基本任务和具体方法，希望能为各级党委、政府和领导干部提高防范风险挑战、应对突发事件能力提供有益参考和借鉴。

作　者

2022 年 1 月

目录

绪　论   1

第一节　深刻领会推进应急管理体系和能力现代化的重大意义 …………………………………………………………… 2

第二节　我国应急管理事业取得的显著成效……………… 13

第三节　健全完善应急管理体系的重点任务……………… 20

第四节　不断提升应急处突能力…………………………… 24

第一章　中国应急管理体制的特色与优势   30

第一节　中国应急管理体制基本构成……………………… 30

第二节　发挥中国特色应急管理体制优势………………… 42

第三节　深化我国应急管理体制改革……………………… 49

本章小结………………………………………………………… 57

第二章　我国应急管理法治体系   59

第一节　我国应急管理法治体系的基本结构……………… 59

第二节　我国应急管理法律制度规范体系 …………………… 70

第三节　加强应急管理法治思维能力建设 …………………… 79

本章小结 …………………………………………………………… 89

第三章　预防与应急准备　91

第一节　坚持预防为主、源头治理 …………………………… 91

第二节　强化突发事件源头预防 ……………………………… 97

第三节　做好全方位应急准备 ………………………………… 104

第四节　加强应急预案管理和应急预案体系建设 …………… 113

本章小结 …………………………………………………………… 121

第四章　监测与预警　123

第一节　坚持把问题解决在萌芽之时 ………………………… 123

第二节　做好综合监测和风险评估 …………………………… 132

第三节　做好风险预测预警 …………………………………… 143

本章小结 …………………………………………………………… 153

第五章　应急处置与救援　155

第一节　应急处置与救援的内涵与原则 ……………………… 155

第二节　应急处置与救援的主要措施 ………………………… 163

第三节　应急指挥部的组建与运行 …………………………… 178

本章小结 …………………………………………………………… 189

第六章　突发事件舆论引导　191

第一节　高度重视突发事件舆论引导工作 …………………… 191

第二节　把握突发事件舆论引导工作的时度效要求 …………… 198

　第三节　加强突发事件网络舆情管理 …………………………… 207

　本章小结 ………………………………………………………………… 217

第七章　事后恢复与重建　219

　第一节　事后恢复重建的意义与原则 …………………………… 219

　第二节　事后恢复重建的内容与流程 …………………………… 224

　第三节　事后调查评估与整改 …………………………………… 235

　本章小结 ………………………………………………………………… 241

第八章　综合应急保障　243

　第一节　综合应急保障的基本原则与主要内容 ………………… 243

　第二节　加强应急救援队伍建设 ………………………………… 249

　第三节　健全应急物资保障体系 ………………………………… 256

　第四节　推动应急科技与应急产业发展 ………………………… 264

　第五节　优化应急财力和投入保障 ……………………………… 270

　本章小结 ………………………………………………………………… 277

后　记 ……………………………………………………………………… 279

绪 论

党的十八大以来，以习近平同志为核心的党中央从实现"两个一百年"奋斗目标和中华民族伟大复兴中国梦的战略高度着眼，从推进国家治理体系和治理能力现代化的必然要求出发，统筹谋划、系统部署应急管理事业发展。习近平总书记对应急管理体系和能力建设作出了一系列重要论述，涉及防灾减灾救灾、安全生产、公共卫生、社会安全、生态环境、健全公共安全体系、防范化解重大风险等多个领域。2018年2月，党的十九届三中全会审议通过《深化党和国家机构改革方案》，决定设立应急管理部，标志着我国应急管理事业迈入新的发展阶段。2019年11月29日，习近平总书记在主持十九届中央政治局第十九次集体学习时强调，应急管理是国家治理体系和治理能力的重要组成部分，承担防范化解重大安全风险、及时应对处置各类灾害事故的重要职责，担负保护人民群众生命财产安全和维护社会稳定的重要使命。要发挥我国应急管理体系的特色和优势，借鉴国外应急管理有益做法，积极推进我国应急管理体系和能力现代化。

第一节　深刻领会推进应急管理体系和能力现代化的重大意义

一、推进应急管理体系和能力现代化是统筹发展和安全的必然要求

统筹发展和安全，增强忧患意识，做到居安思危，是我们党治国理政的一个重大原则。党的十九届五中全会审议通过的《中共中央关于制定国民经济和社会发展第十四个五年规划和二〇三五年远景目标的建议》（以下简称《建议》）在关于"十四五"时期经济社会发展主要目标中明确提出，"防范化解重大风险体制机制不断健全，突发公共事件应急能力显著增强，自然灾害防御水平明显提升，发展安全保障更加有力"；明确要求"十四五"时期必须"加强前瞻性思考、全局性谋划、战略性布局、整体性推进，统筹国内国际两个大局，办好发展安全两件大事"，"注重防范化解重大风险挑战，实现发展质量、结构、规模、速度、效益、安全相统一"。《建议》对统筹发展和安全、建设更高水平的平安中国作出了部署："坚持总体国家安全观，实施国家安全战略，维护和塑造国家安全，统筹传统安全和非传统安全，把安全发展贯穿国家发展各领域和全过程，防范和化解影响我国现代化进程的各种风险，筑牢国家安全屏障。"《建议》还从加强国家安全体系和能力建设、确保国家经济安全、保障人民生命安全、维护社会稳定和安全等主要方面作了具体安排。

当前和今后一个时期，我国各类矛盾和风险易发多发，各种可以预见和难以预见的风险因素明显增多。从国际上看，世界百年未有之大变局加速演进，国际体系、世界格局正在发生深刻调整，全球治理体系正在发生深刻变革，国际力量对比正在发生深刻变化。世界经济处于深度调整期，主要经济体走势和政策取向继续分化，经济环境的

不确定性依然突出，新一轮科技革命对主要国家的经济、政治、文化、社会等都带来深刻影响，世界经济重心开始由西向东、由北向南转移。从国内看，改革发展稳定任务艰巨繁重。我国社会主要矛盾发生深刻变化，发展的不平衡不充分问题比较突出，发展目标、发展阶段、发展任务、工作对象和工作条件发生了深刻变化，改革进入深水区，各种利益矛盾错综复杂，"黑天鹅""灰犀牛"等各类突发事件易发多发，公共安全形势严峻。

中国当前面临的安全风险类型复杂多样，传统安全问题和非传统安全问题、国内安全问题和国际安全问题不同程度地存在。2019年1月21日，习近平总书记在省部级主要领导干部坚持底线思维着力防范化解重大风险专题研讨班开班式上的讲话中特别强调，要防范化解政治、意识形态、经济、科技、社会、外部环境、党的建设等领域的重大风险。要防范化解政治领域重大风险，确保政治安全。主权安全、政权安全、制度安全和意识形态安全是政治安全的核心。从外部看，维护主权安全必须解决好大国关系、周边关系的不确定性给我国主权带来的影响。从内部看，维护主权安全必须重点防范"台独"等分裂势力对我国主权的影响。"颜色革命"是我国政权安全、制度安全面临的重大风险，必须严加防范、有效化解。必须高度重视网络安全和青年一代的思想政治教育，这是维护意识形态安全的重要内容。要防范化解经济领域重大风险，确保经济安全，必须防范化解中美贸易摩擦、金融、房地产、政府债务、人口老龄化、社会分化等领域的风险，切实维护这些领域的安全。要防范化解科技领域重大风险，确保科技安全，彻底扭转关键核心技术受制于人的被动局面，必须加快补齐在工业制造、信息技术、材料、航空航天、海洋、生物医药等领域的核心技术方面的短板，有效维护科技安全。要防范化解社会领域重大风险，继续打击涉及面广、影响面大的涉众型经济案件，加快社会治安防控体系建设，深入推进扫黑除恶专项斗争，确保社会安全。要防范化解外部环境重大风险,确保海外利益、机构和人员安全。要加强公共卫生风险防控,确保生物安全。

面对复杂多变的国际国内形势,必须坚持统筹发展和安全,增强忧患意识和风险意识,树立底线思维,做到"安而不忘危""存而不忘亡""治而不忘乱",把困难、问题估计得更充分一些,把风险、挑战思考得更深入一些,注重堵漏洞、强弱项,下好先手棋、打好主动仗,健全风险防范化解机制,坚持从源头上防范化解重大安全风险,真正把问题解决在萌芽之时、成灾之前。通过优化组织机构不断完善应急管理体制机制,通过提高针对性和可操作性健全应急管理法律法规,通过强化演练加强应急预案管理。做好风险评估和监测预警,加强对危化品、矿山、道路交通、消防等重点行业领域的安全风险排查,提升多灾种和灾害链综合监测、风险早期识别和预报预警能力,提高预防准备能力和水平。加强应急救援队伍建设,建设一支专常兼备、反应灵敏、作风过硬、本领高强的应急救援队伍。强化应急管理装备技术支撑,优化整合各类科技资源,推进应急管理科技自主创新,依靠科技提高应急管理的科学化、专业化、智能化、精细化水平。只有健全应急管理体系、提升处理急难险重任务能力,才能够有效防范化解各类风险挑战,维护公共安全,确保国家安全,为社会主义现代化事业顺利推进提供坚强有力的安全保障。

二、推进应急管理体系和能力现代化是有效防范化解公共安全风险的内在要求

进入新时代,我国公共安全风险形势严峻复杂。党的十八大以来,习近平总书记对这个问题多次作出重要论述。有效化解这些公共安全风险,要求我们必须健全应急管理体系、提升处理急难险重任务能力。

在自然灾害防治领域,我国是世界上自然灾害最为严重的国家之一,灾害种类多,分布地域广,发生频率高,造成损失重,这是一个

基本国情。地震、地质灾害、洪涝、干旱、极端天气事件、海洋灾害、森林草原火灾等时有发生。当前，全球气候变暖再次给世界敲响了警钟。在全球气候变暖的背景下，我国极端天气、气候灾害呈明显增加趋势，高温、洪涝和干旱风险进一步加剧，台风登陆会更加频繁、强度更大，随着时间的推移，高风险地区的风险将会逐渐扩大，各类灾害交织多发，灾害链特征日益突出。据国家气候中心分析，21世纪以来，年均登陆我国大陆的12级以上台风有4.1个，比20世纪90年代增加了46%。[①] 2020年我国出现许多极端现象。6月至8月主雨带长时间集中在贵州、四川、重庆至长江中下游地区，安徽、四川、重庆多地降雨创历史极值，7月份出现空台现象，9月份连续3个台风袭击东北，9月份长江上游出现特大洪水，立冬后10天四川局地出现35.8℃高温，吉林长春等地出现大面积冻雨，给城市供电、供热、供气、供水都造成严重影响，这些都是历史罕见的。从2021年2月美国得克萨斯州暴雪，到7月份德国、比利时的百年一遇的大洪水，再到中国河南郑州"7·20"特大暴雨，都给人类生命财产造成了严重损失，甚至威胁着人类的生存安全。各国极端天气应对关系人民群众生命财产安全，关系国家安全稳定大局。联合国减灾办的专家指出，无法适应气候变化将给人类带来痛苦和经济损失，如果极端天气事件的增长水平在接下来的20年中仍然持续，那么人类的前途确实非常黯淡。我国虽然不是世界上地震最多的国家，却是地震灾害损失最为严重的国家之一。洪涝干旱、森林草原火灾、地质灾害等也是人民群众安全面临的现实挑战。同自然灾害抗争是人类生存发展的永恒课题。必须把极端天气风险防范应对放到突出位置来抓，正确处理防灾减灾救灾和经济社会发展的关系，不断从抵御各种自然灾害的实践中总结经验，落实责任、完善体系、整合资源、统筹力量，提高全民防灾抗

---

① 根据中国气象局热带气旋资料中心1990—2020年台风数据统计得出。

灾意识，着力构建全天候、系统性、现代化的极端天气风险防范应对体系，最大限度降低灾害风险损失，筑牢城市安全防线，保障人民群众生命财产安全。要更加自觉地处理好人和自然的关系，全面提高国家综合防灾减灾救灾能力。

在安全生产方面，危险化学品、道路交通、矿产开采等行业重大事故时有发生，危及公众生命、健康和财产安全，安全生产事故总量仍然偏大。我国是世界第一化工大国，危化品生产经营单位达21万家，2800多个种类，重大危险源1.2万个，化工园区（集中区）800余家，企业入园率不足30%，尤其是中小化工企业遍布城乡，风险大量积聚。① 截至2017年底，全国危险货物道路运输业户共10 928户，运输车辆有35万辆，从业人员数近150万人，全年道路运输完成危险货物运输量约11亿吨，居全球第二位。② 我国共有金属非金属矿山3.3万余座，中小型矿山占比达86.4%，单班入井超过30人的地下矿山达500余座，采深超800米的地下矿山达50余座，矿山数量多、规模小、地下矿山风险大、本质安全水平差的状况没有根本改变，风险防控能力较低。尾矿库有7200余座，四、五等小型尾矿库占比达87.4%，约有1000座"头顶库"，涉及下游居民40余万人。③ 矿产资源管理秩序混乱、越界争抢地区特别重大事故多发。违法违规生产建设、多头承包转包、使用淘汰落后工艺、违规排放尾砂、整顿治理措施不落实等问题突出。煤炭产量已经超过世界总量的1/3，各类煤矿约5200余处，生产能力约53.6亿吨。其中，30万吨/年以下小煤矿有2100处，特别是9万吨/年以下小煤矿有990余处，冲击地压、煤与瓦斯突

---

① 根据中华人民共和国中央人民政府和应急管理部危险化学品安全监管司发布的数据整理得出。
② 《全国危险货物道路运输从业人员约150万人》，新华网2018年12月3日，http://www.xinhuanet.com/politics/2018-12/03/c_1123797125.htm。
③ 国务院新闻办公室：《应急管理部介绍〈全国安全生产专项整治三年行动计划〉》，中国应急管理部官网2020年4月28日，https://www.mem.gov.cn/xw/bndt/202004/t20200428_351920.shtml。

出等高风险煤矿数量多。① 现有建筑企业近 10 万家，从业人数达 5500 余万人②，建筑业安全基础仍然薄弱，深基坑、高支模、起重机械等危险性较大的分部分项工程风险较大，稍有不慎就可能酿成事故。

随着我国城市化水平不断提高，越来越多的人工作、生活在城市，城市经济规模、人口规模等不断扩大，看得见的、看不见的风险因素明显增加，城市安全形势不容乐观。特别是超大城市、特大城市的安全形势更为严峻。1978—2019 年我国城市常住人口从 1.7 亿人增加到 8.48 亿人，城市化率从 17.9% 提升到 60.6%。③ 城市化带动产业集聚，城市生产生活环境日趋复杂，城市建设、轨道交通、危房改造、人员密集场所、地下空间等安全风险突出，老旧桥梁、管道隧道等重大工程进入风险高发期，重要装备、机器设备和材料等随着时间推移逐步老化进入重点维护阶段。一些城市安全基础薄弱，安全管理存在漏洞短板，安全管理水平与现代化城市发展要求不适应、不协调，全国共有高层建筑超过 75.5 万栋（其中百米以上的超高层 9700 多栋），单体建筑 1 万平方米以上的大型商业综合体 6000 多栋（其中 10 万平方米以上的有 1300 多栋），营业性仓储库房超过 10 亿平方米，消防设施、用火用电、人员疏散等风险突出，火灾防控和灭火救援难度大。

在公共卫生方面，当前，尽管新冠肺炎疫情防控已经取得重大战略成果，但随着疫情的全球蔓延，人类面临的疫情防控形势依然严峻。鼠疫、霍乱等传统的法定报告传染病以及生物技术误用滥用带来的生物安全风险加大。从潜在风险来看，全球已经发现的病毒（病原体）有 5950 多种，没有发现的病毒较多，再次发生类似新冠肺炎疫情的重

---

① 根据国家统计局、国家矿山安全监察局、国家能源局 2019 年发布的数据整理得出。
② 《建筑业持续快速发展 城乡面貌显著改善——新中国成立 70 周年经济社会发展成就系列报告之十》，国家统计局官网 2019 年 7 月 31 日，http://www.stats.gov.cn/tjsj/zxfb/201907/t20190731_1683002.html。
③ 《张毅：人口总量增速放缓 城镇化水平继续提升》，国家统计局官网 2020 年 1 月 19 日，http://www.stats.gov.cn/tjsj/sjjd/202001/t20200119_1723861.html。

大公共卫生突发事件的可能性较高。从自然条件看，全球气候变暖，生态系统失衡，微生物进化等都为传染病流行提供了可能的条件。从社会条件看，随着全球化的深入发展，人们的社会活动范围不断拓展，人口跨境跨国流动加快，为传染病大范围迅速传播扩散提供了可能性。着眼人类未来，我们面临重大传染性疾病等公共卫生突发事件威胁的发生概率较大。目前，新冠肺炎疫情给人类带来了巨大损失，必须予以高度重视。截至2021年10月，全球新冠肺炎累计确诊243 690 435人，累计死亡4 949 441人。① 经济损失方面，瑞士再保险研究院2020年11月的初步估计显示，新冠肺炎疫情导致2020年全球整体经济损失为6.6万亿美元，至2021年底将达到12万亿美元。②

在社会安全领域，全面深化改革进入"攻坚期""深水区"，社会利益关系深度调整，诱发群体性事件因素增多，特别是涉众型经济案件当前正处于多发高发期，我们在预防化解社会矛盾、社会治安防控体系建设方面面临很大挑战。因贫富差距、下岗失业、农民失地等问题诱发的新矛盾和新问题层出不穷，国内相继发生了一些重特大群体性事件，利益群体的维权形式越来越具有组织化、对抗性，协调各方利益的难度加大，缓和化解社会矛盾的压力剧增。暴恐活动由传统的冷兵器作案转向使用烈性炸药、汽车爆炸等，增加了恐怖活动的危险性和破坏性，查处、打击恐怖势力和恐怖活动的难度增大，给社会安全带来了更加严峻的考验。随着云计算、物联网、大数据等网络技术的广泛应用，信息技术和互联网与社会生活深度融合，基于虚拟社会的网络犯罪问题日益突出，呈现出智能化、集团化、高科技化的特点。这些都给维护社会安全带来了很大压力。特别是在市场化、信息化、

---

① 根据世界卫生组织（WHO）发布的COVID-19全球疫情最新数据整理得出。
② 《瑞士再保险中国总裁陈东辉在"第十五届21世纪亚洲金融年会"上的发言》，《财经日报》2020年11月11日。

城镇化、全球化形势下,不同类型突发事件的关联性、衍生性、复合性也明显增强,加大了突发事件应急处置难度。对此,必须高度警惕、严密防范、有效化解,切实维护公共安全和国家安全,确保人民群众的获得感、幸福感、安全感,为夺取伟大斗争胜利提供坚强的组织保障。

在生态环境方面,目前,我国突发生态环境事件多发频发的高风险态势并未发生根本改变。全国重点化工园区或以石油和化工为主导产业的工业园区超过600家,生产的化学品达3.7万余种,进口化学品超过1万种,进口的石油产品总量超过4.6亿吨。全国共有海上油气平台近500个,油气管线超过3万公里。各类化工园区、企业依水而建,沿江、沿河10公里范围内有风险企业近1.6万家;十大重要化工园区,有超过半数位于沿海地区。全国还有近万座尾矿库,多数位于江河上游。约1.1亿人居住在涉危涉重企业1公里范围内。道路运输危险货物量近300万吨/天,危险货物运输车辆超过37万辆,每天有多达400余艘油船航行于我国沿海水域,单船运载量多达30多万吨。① 严峻形势迫切需要加强风险防控,防范化解生态环境风险。

同时,我们必须高度关注不同公共安全风险之间的关联性。所谓风险的关联性,是指在全球化、市场化、城镇化、信息化水平不断提高的情况下,不同类型的安全风险之间相互交织、相互影响,形成安全风险的联动效应。习近平总书记指出,在当今中国,各种传统安全威胁与非传统安全威胁相互交织,国内安全问题与国际安全问题相互叠加,各种系统性风险不断涌现。2014年4月25日,十八届中央政治局就切实维护国家安全和社会安定进行第十四次集体学习。习近平总书记在主持学习时强调,必须清醒地看到,新形势下我国国家安全和社会安定面临的威胁和挑战增多,特别是各种威胁和挑战联动效应明

---

① 根据中华人民共和国交通运输部2018年发布的数据整理得出。

显。2016年1月18日，他在省部级主要领导干部学习贯彻党的十八届五中全会精神专题研讨班开班式上讲话强调："各种矛盾风险挑战源、各类矛盾风险挑战点是相互交织、相互作用的。如果防范不及、应对不力，就会传导、叠加、演变、升级，使小的矛盾风险挑战发展成大的矛盾风险挑战，局部的矛盾风险挑战发展成系统的矛盾风险挑战，国际上的矛盾风险挑战演变为国内的矛盾风险挑战，经济、社会、文化、生态领域的矛盾风险挑战转化为政治矛盾风险挑战，最终危及党的执政地位、危及国家安全。"2016年10月2日，他在党的十八届六中全会第二次全体会议上强调："改革进入深水区，经济发展进入新常态，各种矛盾叠加，风险隐患集聚。"2018年4月1日，他在主持召开十九届中央国家安全委员会第一次会议时强调，要着力防范各类风险挑战内外联动、累积叠加。2019年1月21日，他在省部级主要领导干部坚持底线思维着力防范化解重大风险专题研讨班开班式上讲话强调，要统筹国内国际两个大局、发展安全两件大事，有效防范各类风险连锁联动。

三、推进应急管理体系和能力现代化是切实补齐短板的迫切要求

2003年取得抗击"非典"胜利后，我们建立了统一领导、综合协调、分类管理、分级负责、属地管理的应急管理体制，制定颁布了《中华人民共和国突发事件应对法》（以下简称《突发事件应对法》）等相关法律法规，制定了国家总体预案和一系列专项预案，我国应急管理体系得到全面发展。进入新时代以来，我们积极推进应急管理体系和能力现代化，在完善应急管理体制机制、健全应急法治体系、加强应急预案管理、提升应急处突能力等方面取得了显著成就。但是与统筹发展和安全的要求相比，我国应急管理体系也还存在系统性不强、科学性不强、针对性不强的短板，需要尽快补齐。

一是我国应急管理体制机制还有待进一步完善。应急管理部门和

其他部门的职能划分思路与应急管理工作的自身规律、发展趋势还有需要进一步完善的地方。目前，应急管理体制改革呈现出了"防""救"分离的模式。比如防汛救灾，"防"的职责在水利部门，"救"的职责在应急管理部门；再比如森林防火，"防"的职责在林业草原部门，"灭火救火"的职责在应急管理部门。从应急管理的自身发展规律看，"防"与"救"具有天然的业务连续性，不可割裂。

二是对防范化解公共安全风险的认识和对防范化解风险的规律把握能力不足。有的地方不顾自然禀赋，人为强力推进城镇化进程，盲目"摊大饼"，造成水土资源难以承载，抵御和减缓自然灾害能力降低。有些部门、地方对灾害事故和风险演变的规律认识不足，对全球气候变暖可能导致极端灾害增多缺乏前瞻性思考和战略准备，从事故中总结规律、汲取教训不够，没有真正做到举一反三，从技术标准和管理规范上改进不够。一些地方安全发展理念不落实的问题仍然比较突出，"两个坚持、三个转变"的防灾减灾救灾要求还没有落到实处。一些领导干部不愿意把资源和精力投入到短期内没有显示度的风险防范工作当中，一旦发生重大灾害事故，又往往不惜一切代价搞运动式救灾，用集中动员的制度优势来掩盖观念落后带来的损失和浪费。对各地区和各行业领域风险防范工作缺少一个独立的评估部门，科学评估的缺失导致资源配置存在简单化和随意性。

三是应急救援能力不足。消防应急救援队伍、安全生产应急救援队伍、公共卫生应急队伍等是应急力量的主体。2018年11月9日，习近平总书记向国家综合性消防救援队伍授旗并致训词，明确指出国家综合性消防救援队伍是应急救援的主力军、国家队。截至2019年底，国家综合性消防救援队伍总规模19万余人，约占全国人口的0.137‰，加上地方政府专职消防队员约20万人，约占全国人口的0.27‰，远低于发达国家1‰的水平，与发展中国家0.3‰~0.5‰的水平也有较大差距，力量不足问题十分突出。① 此外，全国有上千个消防站没有人员编制，只有9个省（自治区）建有森林消防队伍②，农村地区消防力量尤为薄弱。急难险重救援任务的关键力量不足，远程快速投递的机动能力薄弱，只有24万骨干力量、70万基础力量、800万辅助力量。

四是社会参与应急能力不足。社会力量是应急救援的重要辅助力量，主要包括有关社会组织、慈善组织、志愿队伍、志愿者等。就社会应急力量现状看，他们具有资源丰富、贴近一线、组织灵活的优势，发展速度快，参与热情高，活动范围广，服务领域宽，在灾害事故应急救援中发挥着重要作用，但还存在质量不高、管理松散、效率偏低、装备水平低下、活动有限、资金缺乏等问题。据不完全统计，我国各类社会救援组织有4000多家，但真正具有专业水平的社会救援组织不足800家。③（防灾科技学院副院长刘春平认为，我国现有关于社会救援力量参与救援的制度大多停留于宏观层面，原则性的规定多，可操作性的规定少，相应的参与机制和工作制度也没有形成，社会力量参与救援往往缺乏正式的、制度化的渠道和途径。因此，我国需要建立健全法律法规，明确社会救援力量的权利和义务，使其在救援中受到法律的保障和规范。这也有助于提高政府与公众对社会救援力量的信任度，使彼此建立良好的互动关系。）比如，志愿消防队伍是国家综合性消防救援队伍和专职消防队的重要补充，截至2019年底，全国共有志愿消防队20万个，志愿消防队员210万人，④ 与发达国家相比，占比明显偏低。社会公众的安全意识、自救互救能力也是社会应急能

---

① 全国干部培训教材编审指导委员会办公室组织编写：《应急管理体系和能力建设干部读本》，党建读物出版社2021年版，第120—121页。
② 这9个省（自治区）分别是新疆维吾尔自治区、甘肃省、四川省、内蒙古自治区、福建省、吉林省、云南省、黑龙江省、西藏自治区。
③ 郭诗锦：《推动社会救援力量发挥更大作用》，《公益慈善报》2019年3月8日。
④ 全国干部培训教材编审指导委员会办公室组织编写：《应急管理体系和能力建设干部读本》，党建读物出版社2021年版，第120—121页。

力的重要体现，在这个方面，我们还存在公众风险防范意识相对淡薄、自救互救能力较弱等问题，这已经成为制约我国应急管理水平整体提升的瓶颈。基层社区、村屯应急管理能力堪忧，特别是农村地区留守妇女、儿童和老人缺乏自我保护能力，群众转移不及时往往是一些灾害造成重大人员伤亡的主要原因。应急产业、市场机制等也是应急救援力量的重要补充，应急产业是应急管理现代化的重要内容，是指为突发事件的预防与应急准备、监测与预警、应急处置与救援、事后评估与恢复重建提供专用产品、支撑（含技术）和服务的产业。近年来，我国应急产业产品技术含量不断上升，应急科研和装备制造能力不断增强，但也面临市场活力不足、产业政策不到位等问题，作用发挥还不够。应急产业囿于缺乏前瞻性、系统性的顶层设计，存在产业地位还不明确、产业体系尚不健全、技术水平参差不齐、创新能力不强等问题。

第二节　我国应急管理事业取得的显著成效

新中国成立后，在中国共产党的领导下，我们不断完善应急管理体制机制、健全应急法治体系建设、强化应急预案管理，突发事件应急处置能力显著提升。我们在防灾减灾救灾、安全生产（劳动保护）、公共卫生（传染病防治）、社会稳定和生态环境保护等领域取得了卓有成效的成就。1949年10月，新中国在短期内取得了抗击察哈尔省察北专区鼠疫的胜利。此后，在防灾减灾救灾方面，我们接连战胜1954年长江中下游百年不遇特大洪灾、1963年海河特大洪水、1966年邢台大地震、1976年唐山大地震等重特大自然灾害。在公共卫生领域，我们在20世纪五六十年代彻底消灭了血吸虫病，胜利抗击了1988年上海甲肝疫情，有效应对2003年突如其来的非典疫情。改革开放时期，我们在安全生产领域成功处置了1979年"渤海二号"沉船事故。在自然灾害防治方面，成功处置了1987年大兴安岭火灾、

2008年"5·12"汶川特大地震、2010年"4·14"青海玉树地震、2012年"7·21"北京特大暴雨等。

党的十八大以来，中国特色社会主义进入新时代。世界百年未有之大变局加速演进，国内改革发展稳定任务艰巨复杂，我们面临的各种重大风险挑战更加严峻复杂。我们不断完善"一案三制"的应急管理体系，持续提高应急管理能力，成功处置了2013年"11·22"青岛输油管道爆炸事件、2014年"12·3"上海外滩踩踏事件、2015年"12·20"深圳特大滑坡事故、2015年"8·12"天津滨海新区爆炸事故、2019年"3.21"江苏响水化工企业爆炸事故、2020年南方洪涝灾害，等等。2020年以来，在以习近平同志为核心的党中央坚强领导下，坚持全国一盘棋，新冠肺炎疫情防控取得了重大战略成果。新时代应急管理的成功实践表明，党领导人民防范化解重大风险和应对突发事件的方式和经验更加成熟，成就更加显著，为维护人民群众生命财产权、统筹发展和安全、实现中华民族伟大复兴提供了坚实有力的安全保障。

一、中国特色大国应急管理体制机制基本形成

体制机制是应急管理的组织保障。应急管理体制是指突发事件应急处置主体的职责定位，主要包括机构设置以及不同主体间的相互关系等。

新中国成立后，我们在较短时间内成立了负责公共卫生和自然灾害防治的应急管理机构。在公共卫生方面，1949年10月设立卫生部，主管全国卫生防疫。1952年，成立中央防疫委员会（后改为"中央爱国卫生运动委员会"）。1953年，成立中央防治血吸虫病领导小组，地方各级政府亦组建起防疫委员会，并在基层设立卫生防疫站。1978年，重新成立中央爱国卫生运动委员会（后改为全国爱国卫生运动委员会，1998年卫生部内设疾病控制司作为全国爱国卫生运动委员会办

事机构)。2002年,组建中国疾病预防控制中心。2004年,卫生部成立卫生应急办公室。在自然灾害防治方面,1950年成立中央救灾委员会,负责救灾领导与协调。同年,成立中央防汛总指挥部。1988年,成立中国"国际减灾十年"委员会,后改为中国国际减灾委员会,又在2005年改为国家减灾委员会。在安全生产方面,1975年成立的国家劳动总局内设劳动保护局、锅炉压力容器安全监察局等,1982年增设矿山安全监察局,1999年设立国家经贸委管理的煤矿安全监察局(与国家煤炭工业局"一个机构、两块牌子"),2000年设立国家煤矿安全监察机构,2001年成立国家安全生产监督管理局(与国家煤矿安全监察局"一个机构、两块牌子"),2003年成立国务院安全生产委员会(办事机构设在国家安全生产监督管理局),2005年国家安全生产监督管理局升格为国家安全生产监督管理总局。在社会安全领域,1990年中央决定恢复设立中央政法委员会,地方各级建立社会治安综合治理领导机构,与同级政法委合署办公;各级还设立维护稳定工作领导小组及其办公室。

为加强应急管理的集中领导,2005年,在国务院办公厅设立了国务院应急管理办公室,承担国务院应急管理的日常工作和国务院总值班工作,履行值守应急、信息汇总和综合协调职能,发挥运转枢纽作用。随后,地方各级政府都组建起应急管理办公室。

进入新时代,为进一步完善应急管理体制机制,2018年3月组建应急管理部,负责防灾减灾救灾和安全生产领域的突发事件应急处置。《深化党和国家机构改革方案》明确规定:为防范化解重特大安全风险,健全公共安全体系,整合优化应急力量和资源,推动形成统一指挥、专常兼备、反应灵敏、上下联动、平战结合的中国特色应急管理体制,将国家安全生产监督管理总局的职责,国务院办公厅的应急管理职责,公安部的消防管理职责,民政部的救灾职责,国土资源部的地质灾害防治、水利部的水旱灾害防治、农业部的草原防火、国家林业局的森林防火相关职责，中国地震局的震灾应急救援职责以及国家防汛抗旱总指挥部、国家减灾委员会、国务院抗震救灾指挥部、国家森林防火指挥部的职责整合，组建应急管理部，作为国务院组成部门。不再保留国家安全生产监督管理总局。在公共卫生方面，突发事件应急处置则由新组建的国家卫生健康委员会具体负责。在社会安全方面，不再设立中央社会治安综合治理委员会及其办公室，有关职责交由中央政法委员会承担，协调处置重大突发事件。不再设立中央维护稳定工作领导小组及其办公室，有关职责交由中央政法委员会承担，协调应对和处置重大突发事件。将中央防范和处理邪教问题领导小组及其办公室职责划归中央政法委员会、公安部，协调处置重大突发性事件等。地方各级按照中央关于党和国家机构改革的统一部署建立起各自处理各类突发事件的应急管理部门，并主动采取措施以提升部门联合行动水平。

二、应急管理制度体系逐步健全

在党中央领导下，在突发事件应急管理过程中，我国制定了一系列法律法规和相关制度规定，基本形成了以宪法、相关法律、相关行政法规、地方性法规等为主体的应急管理制度体系，为应急管理制度化、规范化奠定了坚实基础。我国应急管理法律体系经历了从无到有、从分散到综合、不断完善的过程。以2007年《突发事件应对法》颁布实施为标志，我国已经制定颁布有关突发事件应急处置的法律35件、行政法规37件、部门规章55件、有关法规性文件111件。

我国关于防灾减灾救灾方面的法律、法规主要包括《中华人民共和国防震减灾法》《中华人民共和国水法》《中华人民共和国森林法》《中华人民共和国气象法》《中华人民共和国防汛条例》《破坏性地震应急条例》《森林防火条例》《森林病虫害防治条例》《中华人民共和国森林法实施条例》《草原防火条例》《地质灾害防治条例》《中华人民共和国海洋石油勘探开发环境保护管理条例》等。关于安全生产方面的法律、法规主要包括《中华人民共和国安全生产法》《中华人民共和国消防法》《中华人民共和国大气污染防治法》《中华人民共和国环境噪声污染防治法》《中华人民共和国水污染防治法》《中华人民共和国固体废物污染环境防治法》《中华人民共和国海洋环境保护法》《中华人民共和国建筑法》《生产安全事故应急条例》《中华人民共和国矿山安全法实施条例》《国务院关于预防煤矿生产安全事故的特别规定》《煤矿安全监察条例》《特种设备安全监察条例》《民用核设施安全监督管理条例》《中华人民共和国防治海岸工程建设项目污染损害海洋环境管理条例》《中华人民共和国水污染防治法实施细则》《危险化学品安全管理条例》《森林病虫害防治条例》《草原防火条例》《地质灾害防治条例》等。关于公共卫生突发事件的法律、法规主要包括《中华人民共和国生物安全法》《中华人民共和国传染病防治法》《中华人民共和国食品卫生法》《中华人民共和国进出境动植物检疫法》《中华人民共和国动物防疫法》《重大动物疫情应急条例》《中华人民共和国传染病防治法实施办法》《突发公共卫生事件应急条例》等。关于社会安全事件方面的法律、法规主要包括《中华人民共和国国家安全法》《中华人民共和国网络安全法》《中华人民共和国人民警察法》《中华人民共和国反恐怖主义法》《信访条例》等。

  党的十八大以来，中共中央、国务院先后印发了《关于推进安全生产领域改革发展的意见》《关于推进防灾减灾救灾体制机制改革的意见》，中共中央办公厅、国务院办公厅印发了《关于推进城市安全发展的意见》《关于深化消防执法改革的意见》《关于全面加强危险化学品安全生产工作的意见》等。制定了《中华人民共和国消防救援衔条例》《生产安全事故应急条例》。修订了《中华人民共和国安全生产法》《中华人民共和国防洪法》《中华人民共和国消防法》等。[①]《突

[①] 本书提及的法律、法规名称，首次使用全称，在后文中均使用略去"中华人民共和国"的简称，如《中华人民共和国传染病防治法》简称为《传染病防治法》。

发事件应对法》和《传染病防治法》也进入法定修订程序。应急管理相关制度体系更加完善，应急管理的规范化、法治化水平不断提高。

三、应急预案体系日臻完善

应急预案是应急管理体系的有机组成。在应急管理的全面开创与发展过程中，应急预案发挥了重要作用。仅"十二五"期间，我国就制定了各级各类应急预案550万件。进入新时代，党中央始终把预案管理作为推进应急管理现代化的重要内容。按照"纵向到底、横向到边、具体到点"的总体要求，大力加强应急预案管理，基本形成了覆盖各领域、各行业、各类型和各单位的比较完备的应急预案体系。据统计，截至2019年底，我国已经编制预案780余万件，其中2019年新修订编制200余万件，2019年全国累计开展应急演练300余万次。①

2019年11月29日，习近平总书记在主持十九届中央政治局第十九次集体学习时强调，要加强应急预案管理，健全应急预案体系，落实各环节责任和措施。要实施精准治理，预警发布要精准，抢险救援要精准，恢复重建要精准，监管执法要精准。目前，应急管理部等有关部门已经启动《国家突发公共事件总体应急预案》修订工作，进一步完善重大战略工程和基础设施应急预案编制管理。2020年，针对新冠肺炎疫情防控暴露出来的预案短板，相关部门正在修订《国家突发公共卫生事件应急预案》专项预案，地方各级政府也都把修订各自的突发公共卫生事件应急预案纳入工作日程，进一步规范应急响应标准与流程，提高应急预案的针对性与操作性。针对自然灾害频发的形势，有关部门修订了大江大河和重要支流防御洪水方案或洪水调度方案以及城市防洪、山洪灾害防御、蓄滞洪区、水库防洪抢险、抗旱应急预

---

① 《应急管理部召开全国应急预案体系建设现场会》，中国应急管理部官网2020年10月14日，https://www.mem.gov.cn/xw/bndt/202010/t20201014_370020.shtml。

案，制定了应对长江、黄河、淮河流域重特大江（湖）堤防决口险情工程抢险方案。在完善应急预案编制工作的同时，我国也高度重视应急预案演练。特别是针对应急预案演练频次少、演练标准规范化水平低、预案演练内容不完整、关键环节体现不充分、演练流于形式等突出问题，着力强化应急预案演练的实战性，切实强化通过预案演练提高应急处置能力的效果。

四、应急救援队伍建设不断加强

加强应急救援队伍建设是国家应急管理体系和能力建设的核心内容，必须建设一支专常兼备、反应灵敏、作风过硬、本领高强的应急救援队伍，重点推进国家综合性消防救援队伍，以及矿山救援、公共卫生、反恐怖、海上搜救、核事故等专业救援队伍建设，增强队伍的专业性、机动性，提高快速反应和合成应急能力，时刻做好打硬仗、打大仗、打恶仗、打胜仗的准备。

在安全生产应急救援队伍方面，截至2019年底，全国共有国家队91支，指战员2万余人。其中，国家安全生产应急救援矿山队38支，指战员7929人，救援能力按辐射半径400公里计算，已基本覆盖我国主要矿山生产区域；国家安全生产应急救援危化队34支，分布在全国24个省（自治区、直辖市），指战员10 174人。此外还有国家安全生产应急救援隧道队4支，国家安全生产应急救援陆上油气队2支，国家安全生产应急救援海上油气队1支，国家安全生产应急救援油气管道队6支，共有指战员910人；华北、东北、华东、中南、西南、西北地区各1支，国家安全生产应急救援水上队2支，共有指战员100人。[①]

在消防应急救援队伍方面，分为三个层级。一是国家综合性消防

[①] 全国干部培训教材编审指导委员会办公室组织编写：《应急管理体系和能力建设干部读本》，党建读物出版社2021年版，第120—121页。

救援队伍。国家综合消防救援队伍点多面广、专业机动性强，立足主力军、国家队职能定位，主动适应全灾种、大应急救援新常态，24小时执勤备战，时刻听从党和人民召唤，坚决做到冲锋在前、召之即来、战之必胜。截至2019年底，国家综合性消防救援队伍共有19万余名消防指战员。二是政府专职消防队伍。政府专职消防队伍依法承担火灾扑救和应急救援工作，是我国消防救援力量体系的重要组成部分，是国家综合性消防救援队伍的重要补充力量。截至2019年底，全国共有地方政府专职消防队1.1万个，专职消防人员20余万人。三是志愿消防队伍。志愿消防队伍是以志愿人员为主，自愿、无偿从事灭火救援和群众性自防自救工作的志愿服务组织，具有鲜明的社会公益属性，是国家综合性消防救援队伍和政府专职消防队伍的重要补充。截至2019年底，全国共有志愿消防队20余万个，志愿消防人员210余万人，在预防和扑救火灾方面发挥着积极作用。[①]

在公共卫生应急队伍建设方面，目前我们已经建成58支国家级卫生应急队和近2万支、100万人的地方卫生应急队伍；建成5支国际应急医疗队伍。[②]

第三节 健全完善应急管理体系的重点任务

一、加强党对应急管理的集中统一领导

推进应急管理体系和能力现代化，党的领导是根本。新中国成立以来，我国在建立健全突发事件应急管理领导体制方面作出积极探索，在党的领导下建立起国家防汛抗旱总指挥部、国务院抗震救灾总指

---

① 全国干部培训教材编审指导委员会办公室组织编写：《应急管理体系和能力建设干部读本》，党建读物出版社2021年版，第119页。
② 全国干部培训教材编审指导委员会办公室组织编写：《应急管理体系和能力建设干部读本》，党建读物出版社2021年版，第221页。

挥部、国务院安全生产委员会、国家森林草原防灭火指挥部、国家减灾委员会等各类突发事件应急管理领导体制，为防灾减灾救灾、统筹发展与安全生产、维护人民群众生命健康和维护社会稳定发挥了关键作用，体现了集中力量办大事的制度优势。这次新冠肺炎疫情发生后，以习近平同志为核心的党中央高度重视人民群众生命健康安全，习近平总书记亲自指挥、亲自部署，作出一系列重要指示、批示。2020年2月10日，习近平总书记在北京市调研指导新冠肺炎疫情防控工作时强调："疫情防控要坚持全国一盘棋。各级党委和政府必须坚决服从党中央统一指挥、统一协调、统一调度，做到令行禁止。"为全面加强对疫情防控的集中统一领导，成立中央应对疫情工作领导小组并派出赴湖北指导组，建立国务院应对新型冠状病毒感染肺炎疫情联防联控机制，中共中央印发了《关于加强党的领导、为打赢疫情防控阻击战提供坚强政治保证的通知》。当前，我国疫情防控已经取得重大战略性成果，党的集中统一领导发挥了关键作用。推进应急管理体系和能力现代化，必须坚持好、发挥好党集中统一领导的特色和优势，建立健全常态化的应急管理领导体制，为突发事件应急管理提供根本保障。

二、积极开创现代化的应急管理理念

推进应急管理体系和能力现代化必须理念先行。2016年7月28日，习近平总书记在河北省唐山市考察时特别强调"两个坚持、三个转变"，全面提升全社会防范抵御自然灾害的综合能力。"两个坚持"就是坚持以防为主、防抗救相结合，坚持常态减灾和非常态救灾相统一；"三个转变"就是从注重灾后救助向注重灾前预防转变，从应对单一灾种向综合减灾转变，从减少灾害损失向减轻灾害风险转变。推进应急管理体系和能力现代化，要把"两个坚持、三个转变"理念切实贯彻落实到应急管理现代化全过程中。要转变传统重救治、轻预防的突发事件应急管理理念，注重预防在突发事件应急处置中的重要作用。要坚持关口前移、源头治理，注重从源头上防范化解重大风险，真正把问题解决在萌芽之时、蔓延之前。要加强日常防范，加强前端处理，建立健全公共安全形势分析制度，及时消除公共安全隐患。要加强重大风险评估和监测预警，强化重大风险早期识别和预报预警的意识，提升早期识别和预报预警能力。要增强忧患意识，坚持底线思维，安而不忘危、治而不忘乱、存而不忘亡，始终对重大风险保持高度警觉，任何时候都不能麻痹大意。本着对人民群众生命财产始终保持高度负责的精神，对困难作最充分准备，对突发事件提出完整、有效的应对措施。

三、不断完善现代化的应急管理体制机制

在应对各类突发事件过程中，我国应急管理体制机制不断完善。2018年，我国整合并优化应急力量和资源组建应急管理部，形成了统一指挥、专常兼备、反应灵敏、上下联动的应急管理体制。推进应急管理体系和能力现代化，体制机制是关键。要从体制机制着手，建立健全协调高效的应急管理组织协调机构，正确处理好"统"与"分"的关系。"统"的职能主要是统筹指导、综合协调，由国家防汛抗旱总指挥部、国务院抗震救灾指挥部等组织协调机构承担。"分"的职能仍由各成员单位、各行业主管部门共同承担，按照各自职责分工，发挥各自专业优势，认真履行各类突发事件应急处置职责。在应急管理机制方面，要高度重视监测预警在应急管理中的重要作用，优化完善信息公开与监测预警机制。要完善监测预警预报体系，加快各种灾害、事故监测站网和国家民用空间基础设施建设，完善分工合理、职责清晰的自然灾害、安全事故、公共卫生、社会稳定的监测预报预警体系，实施突发事件监测预警信息化工程，提高综合监测、风险早期识别和预报预警能力。要通过进一步完善公共安全风险监测预警工作，建立起重大风险与应急管理的无缝衔接机制。要加强对危化品、矿山、道路交通、消防等重点行业领域的安全风险排查，提升多灾种和灾害链综合监测、风险早期识别和预报预警能力。要完善社会治安防控体系，建立问题联治、工作联动、平安联创的工作机制，提高预测预警预防各类风险能力。要完善国家传染病疫情信息公布制度，赋予省级以下的副省级城市、地级市、县级市等地方人民政府及其卫生行政部门公布本辖区传染病疫情的权力。

四、加快健全现代化的应急管理法治体系

突发事件应急管理需要社会多方参与，形势瞬间万变，涉及内容庞杂，必须以法律的形式对应急管理的各个方面、各个环节进行系统规范，运用法治思维和法治方式推进应急管理现代化。2020年2月5日，习近平总书记在主持召开中央全面依法治国委员会第三次会议时强调，疫情防控正处于关键时期，依法科学有序防控至关重要。疫情防控越是到最吃劲的时候，越要坚持依法防控，在法治轨道上统筹推进各项防控工作，保障疫情防控工作顺利开展。2019年11月29日，习近平总书记在主持十九届中央政治局第十九次集体学习时强调，要坚持依法管理，运用法治思维和法治方式提高应急管理的法治化、规范化水平，系统梳理和修订应急管理相关法律法规，抓紧研究制定应急管理、自然灾害防治、应急救援组织、国家消防救援人员、危险化学品安全等方面的法律法规，加强安全生产监管执法工作。要尽快完成《突发事件应对法》《传染病防治法》《中华人民共和国野生动物保护法》等的修订工作。要适时启动《自然灾害防治法》《应急救援组织法》立法论证。要进一步完善各类突发事件预测、预警、预防、应对处置、恢复重建、社会动员、媒体沟通、队伍建设和应急保障等方面的法律法规及配套规定。从长远看，要注重通过立法形式，强化应急管理全过程标准化。在事前预防阶段，要尽快研究制订应急预案编

制与演练、不同类型应急力量的管理办法以及应急物资分布、储备、调运办法等急需的规章制度。在事中处置阶段，要以现场指挥工作规范、第一响应标准为重点，加强相关标准化立法工作。在事后恢复重建阶段，要注重把突发事件损失评估、赔偿标准、救助标准等以法律法规形式固定下来。

五、切实加强现代化的应急预案管理

推进应急管理体系和能力现代化，必须高度重视预案的重要作用。这次新冠肺炎疫情防控，从《国家突发公共事件总体应急预案》《国家突发公共卫生事件应急预案》到省、市的相关预案，都不同程度地暴露了短板与问题。对此，要在修订《国家突发公共事件总体应急预案》总体预案和《国家突发公共卫生事件应急预案》专项预案的基础上，认真修订地方各级突发公共卫生事件应急预案，在风险评估和资源普查的基础上，借助情景构建等手段，持续动态优化应急预案，规范应急响应标准与流程，不断提高预案的针对性与操作性。同时，要高度重视应急预案演练。应急预案要真正发挥作用，必须注重预案演练。要针对应急预案演练频次不足、演练标准化规范化水平较低、预案演练内容不完整、关键环节体现不充分、演练流于形式等问题，加大应急预案演练力度，切实发挥预案的应有作用。

第四节　不断提升应急处突能力

不断提升应急处突能力是应急管理体系和能力现代化的核心内容。2020年2月3日，习近平总书记在主持中央政治局常委会会议时指出，这次疫情是对我国治理体系和能力的一次大考，我们一定要总结经验、吸取教训。要针对这次疫情应对中暴露出来的短板和不足，健全国家应急管理体系，提高处理急难险重任务能力。提高处理急难险

重任务能力，重点是提升应急基础能力、预防准备能力、响应处置能力、综合保障能力、社会协同能力。

一、提升应急基础能力

要提升公共安全风险管控能力，针对不同类型突发事件的发展态势、特点，重点强化以下方面的风险管控能力：（1）石油天然气管道、高压输电线路、特种设备等重要设施设备的风险；（2）铁路运输、水路运输、道路交通、城市公交和轨道交通的风险；（3）危险化学品、煤矿、非煤矿山和烟花爆竹的风险；（4）重污染天气、重点流域海域水污染、饮用水水源污染、耕地污染、危险废物污染、放射性污染、有毒有害气体释放的风险；（5）突发急性传染病、重大动植物疫情、食品安全突发事件、药品不良反应和医疗器械不良事件、农产品质量安全突发事件的风险；（6）金融、电力、通信、交通等信息基础设施的风险。要提升城乡社区交通、水利、通信、供水、供电、供气、供热、广电等基础设施抗灾能力。要从最基础的地方做起，把基层一线作为主战场，坚持重心下移、力量下沉、保障下倾。要研究如何以社区、乡村、学校、企业等基层组织和单位为重点，推进建立全民动员、协调联动的应急管理工作格局。要增强全社会的风险防范能力，督促企事业单位积极履行安全管理主体责任，加强安全公益宣传，引导公众增强风险防范意识，提高全民公共安全能力和应急技能。要把公共安全教育纳入国民教育和精神文明建设体系，推进公共安全和应急管理宣传教育进企业、进社区、进学校、进农村、进家庭，组织形式多样的身边风险隐患识别活动，强化大中小学公共安全和应急管理基础知识及基本技能培养。要开展公共安全知识普及，提升公众突发事件防范意识和自救互救能力。要依托科技场馆、灾害遗址公园、应急培训演练基地、人民防空宣传教育场所、游乐体验设施等现有科普及教育培训等设施，建设一批公共安全教育基地，开展常态化应急疏散演练。要支持引导社区居民开展风险隐患排查和治理，积极推进安全风险网格化管理，筑牢防灾减灾救灾的人民防线。要考虑初期响应能力，加强第一响应人和基层单位负责人应急管理培训。

二、提升预防准备能力

习近平总书记强调"两个坚持、三个转变"，即坚持以防为主、防抗救相结合，坚持常态减灾和非常态救灾相统一；从注重灾后救助向注重灾前预防转变，从应对单一灾种向综合减灾转变，从减少灾害损失向减轻灾害风险转变。要转变传统的重救治、轻预防理念，注重预防的重要作用。坚持关口前移、源头治理，注重从源头上防范化解重大风险，真正把问题解决在萌芽之时、蔓延之前。要加强日常防范，加强前端处理。要完善风险防控机制。重大风险防控必须高度重视"预防"的作用。我国古代就有"防为上，救次之，戒为下"的预防理念。要坚持关口前移，提升重大风险的预防和遏制能力，力争不出现重大风险，即使出现重大风险也能扛得住、过得去。要建立完善的风险监测和预警机制，建立重大风险监测和预警平台，建立完善的专业化风险研判机制，提高重大风险监测、预警能力。

三、提升响应处置能力

突发事件应急响应主要包括研判、报告、决策、组织指挥、沟通等。习近平总书记强调，要建立健全风险研判机制、决策风险评估机制，提升突发事件综合研判能力。防范化解重大风险必须建立完善的风险识别机制、完善的风险数据平台支撑机制、完善的风险监测与预警机制、重大风险监测与预警平台以及专业化风险研判机制。防范化解重大风险必须把风险评估纳入重大决策程序，建立健全涉及广大人民群众切身利益的重大公共决策风险评估机制。要科学运用风险评估结果，不能简单地看风险等级的高低，关键是要能从风险评估结果中找到排除、防控和化解重大风险的方法和举措。抓住主要矛盾和矛盾的主要方面，并对其发展变化有一个比较准确的判断；要提升应急处置决策能力，面对错综复杂的局面，要临危不惧、沉着冷静、敢于负责，亲临现场、靠前指挥、果断处置，迅速作出切实可行的决策；要提升应急处置组织能力，善于协调不同层级、不同地方、不同部门，做好人员科学分工、资源合理配置，形成强大的向心力、凝聚力、战斗力；要提升应急处置引导能力，与有关方面积极沟通，主动引导舆论，营造良好社会氛围，塑造良好形象。

四、提升综合保障能力

习近平总书记特别强调要把应急物资保障作为国家应急管理体系建设的重要内容，对健全统一的应急物资保障体系作出部署。现代化应急物资保障体系应具有统一管理、科学储备、快速精准、全程监控、节约高效等特征。要完善现代化的应急物资保障体系，切实解决好应急物资总量不足、结构不合理、布局不合理等突出问题。要提高紧急运输保障能力，完善铁路、公路、水路、民航等应急运力储备，切实保障应急物资及时有效到位。要编制应急物资储备规划，进一步优化物资储备布局，加强实物储备、落实产能储备、完善社会储备、鼓励家庭储备，构建现代化应急物流体系，提升应急物资保障的科学化、信息化、智能化水平。要强化应急管理装备技术支撑，优化整合各类科技资源，推进应急管理科技自主创新，依靠科技提高应急管理的科学化、专业化、智能化、精细化水平。要加大先进适用装备的配备力度，加强关键技术研发，提高突发事件响应和处置能力。要适应科技信息化发展大势，以信息化推进应急管理现代化，提高监测预警能力、监管执法能力、辅助指挥决策能力、救援实战能力和社会动员能力，加强应急管理理论研究、学科建设、科学研究和技术开发等具体工作。大力加强应急基础数据库建设，推动应急平台之间互联互通、数据交换、系统对接、信息资源共享;要强化应急通信保障能力,提升卫星应急通信服务保障能力与集约化水平。

五、提升社会协同能力

习近平总书记指出,要建立健全风险防控协同机制、风险防控责任机制,主动加强协调配合,坚持一级抓一级、层层抓落实。重大风险的发生和演变往往会打破常态管理中明确的专业化分工界限,出现跨地区、跨部门、跨层级、跨主体现象,这就决定了重大风险的防控与治理需要更有效的协同机制予以支撑,促进各方面相互沟通、相互配合、共同行动,形成突发事件应急处置合力。要发挥好应急管理部门的综合优势和各相关部门的专业优势,根据职责分工承担各自责任,衔接好"防"和"救"的责任链条,确保责任链条无缝对接,形成整体合力。要注重加强各地区、各部门的信息共享机制、沟通协作机制、组织领导机制建设,实现跨地区、跨部门的重大风险防控有机协同联动。要注重强化社会参与和社会协同机制建设。社会力量在防范化解重大风险中具有明显的专业优势,要充分发挥社会力量的作用,建立有序的参与机制。要充分发挥市场机制在应急管理中的作用,强化保险等市场机制在风险防范、损失补偿、恢复重建等方面的积极作用,不断扩大保险覆盖面,完善应对灾害的金融支持体系。

◈ 思考题

1. 如何充分认识推进应急管理体系和能力现代化的重大意义?
2. 新时代健全完善应急管理体系的重点任务有哪些?

◈ 推荐阅读书目

1. 中共中央党史和文献研究院编:《习近平关于防范风险挑战、应对突发事件论述摘编》,中央文献出版社2020年版。

2. 中共中央党史和文献研究院编：《习近平关于总体国家安全观论述摘编》，中央文献出版社2018年版。

3. 全国干部培训教材编审指导委员会办公室组织编写：《应急管理体系和能力建设干部读本》，党建读物出版社2021年版。

4. 阿金·伯恩等著，赵凤萍等译：《危机管理政治学——压力之下的公共领导能力》，河南人民出版社2010年版。

第一章　中国应急管理体制的特色与优势

自1949年新中国成立以来，在应对自然灾害和突发事件的过程中，具有中国特色的应急管理体系基本形成并逐渐成熟。在一次又一次重特大突发事件的考验、检验中，中国应急管理体制的特色与优势逐渐显现。

第一节　中国应急管理体制基本构成

在应对自然灾害、事故灾难、公共卫生、社会安全和生态环境类事件过程中，中国应急管理体制不断完善，为我国各类突发事件应急管理奠定了坚实基础。

一、中国应急管理体制特色与优势的历史沿革

中国应急管理体制特色与优势的形成，是在经济社会发展形势和发展要求的驱动下逐步落实、日臻完善的螺旋上升过程；在这一过程中，应急管理体制在持续的改革变迁中实现制度优化、特色凝结和优势凸显，进而爆发出强大的生命力、创造力。

新中国成立伊始，党和国家高度重视防灾减灾、劳动保护（后称安全生产）、传染病防治和社会安全等工作。借鉴苏联体制模式，我国形成了分部门加专业辅助性管理机构体制，具体由民政部门负责灾

害综合救助，水利部门负责水旱灾害防治，劳动保护部门负责工伤事故处理，卫生部门负责传染疾病控制。灾害和突发事件处置的复杂性提高，客观上要求必须建立统一指挥协调机构，统筹多部门参与和配合。为适应应急管理形势变化，我国建立起多类型的指挥协调机构，如各级救灾委员会、防汛抗旱总指挥部、安全生产委员会、爱国卫生运动委员会、维稳工作领导小组等。

自然灾害类突发事件管理体制方面。新中国成立初期，自然灾害救助主要由内政部（后改为民政部）负责。1950年成立中央救灾委员会，作为协调自然灾害的救灾领导协调机构，办公室设在内政部农村救灾司。[1] 为加强重大水旱灾害处置的指挥协调工作，同年，经中央人民政府政务院批准，正式成立中央防汛总指挥部，后来机构名称虽有调整，但管理体制大体沿用。改革开放后，为响应联合国"减灾十年"倡议，于1988年成立"中国国际减灾十年"委员会，该委员会是民政部牵头的部际协调机构，由国务院副总理担任委员会主任，各有关部门参加。其后，中国国际减灾十年委员会更名为中国国际减灾委员会，2005年又更名为国家减灾委员会，主要承担研究制定国家减灾方针、政策和规划，协调重大减灾活动，指导地方减灾工作，推进减灾国际交流与合作的职能与任务。[2] 20世纪80年代末期以后，国务院抗震救灾指挥部、国家森林防火指挥部等自然灾害议事协调机构相继成立，负责统一协调指挥重大自然灾害事件预防处置工作。

事故灾难突发事件管理体制方面。新中国初期，该部分职能列入劳动保护范畴。1970年，劳动部并入国家计委，其职能也随之调整。1975年，国家劳动总局成立，内设劳动保护局、锅炉压力容器安全监察局等机构。1982年，国务院发布《矿山安全条例》和《矿山安全监

---

[1]《中央救灾委员会组织简则》，《中华人民共和国国务院公报》1957年第40号。
[2]《国务院办公厅关于中国国际减灾委员会更名为国家减灾委员会及调整有关组成人员的通知》，《中华人民共和国国务院公报》2005年第15号。

察条例》。国家劳动总局下设矿山安全监察局，省级地方政府和矿山比较集中的地区，市劳动局设矿山安全监察机构。[①] 1999年12月，国家经贸委管理的煤矿安全监察局（简称煤监局）成立，与国家煤炭工业局"一个机构、两块牌子"。2000年11月，按照《煤矿安全监察条例》规定，国家煤矿安全监察机构成立；2001年，国家安全生产监督管理局（简称国家安监局）成立，与煤监局（简称煤监局）实行"一个机构、两块牌子"。[②] 2003年，国家安监局（煤监局）直接隶属于国务院，同年，国务院安全生产委员会成立，办事机构设在国家安监局（煤监局），负责协调全国安全生产工作，研究重大方针政策和问题，分析全国安全生产形势等。[③] 2005年，国务院决定将国家安监局调整为国家安全生产监督管理总局。[④] 2018年机构改革中，将安监相关职能调整进新组建的应急管理部。

公共卫生类突发事件管理体制方面。1949年10月，在政务院文化教育委员会下设卫生部，主管全国卫生防疫。[⑤] 县以上各级均设有卫生部门，其内部都有卫生防疫职能。1952年，改组成立新的中央防疫委员会，不久后改称"中央爱国卫生运动委员会"。1953年，政务院批准在全国范围内建立卫生防疫站，地方各级成立防疫委员会。[⑥] 同时，为应对各种寄生虫病和传染性疾病，成立了中央防治血吸虫病领导小组等特定疫病防治领导机构。1978年，重新成立中央爱国卫生运动委员会，后改为全国爱国卫生运动委员会（简称全国爱卫会）。

---

① 《国务院关于发布〈矿山安全条例〉和〈矿山安全监察条例〉的通知》，《中华人民共和国国务院公报》1982年第4号。

② 《国务院办公厅关于印发国家安全生产监督管理局（国家煤矿安全监察局）职能配置内设机构和人员编制规定的通知》，《浙江省人民政府公报》2001年第10期。

③ 《国务院办公厅关于成立国务院安全生产委员会的通知》，《中华人民共和国国务院公报》2003年第35号。

④ 《国务院办公厅关于印发国家安全生产监督管理总局主要职责内设机构和人员编制规定的通知》，《中华人民共和国国务院公报》2005年第13号。

⑤ 《中华人民共和国中央人民政府组织法》，《湖南省人民政府公报》1949年第1期。

⑥ 《中南区各级防疫委员会组织通则》，《江西省人民政府公报》1951年第5期。

1998年机构改革，卫生部专设疾病控制司，作为全国爱卫会办事机构。① 2002年，整合中国预防医学科学院等机构组建中国疾病预防控制中心，各地也在原卫生防疫站基础上，分离卫生监督职能，组建各级疾病预防控制中心。② 2004年，卫生部成立卫生应急办公室，各级也开始陆续建立，负责协调突发公共卫生事件应急处置。

社会安全类突发事件管理体制方面。新中国成立后，各级政府设立公安部门负责社会治安工作，接受政治和法律委员会指导。③ 公安职能几经调整改革，社会安全一直是其重要职责。1990年，中央决定恢复设立中央政法委，宏观指导和协调政法工作，加强党对公安等政法部门领导。为实现社会矛盾治理关口前移，在各级信访局建立处理信访突出问题及群众性事件联席会议制度，近年来又改为信访工作联席会议制度。④（2018年，根据党的十九届三中全会审议通过的《深化党和国家机构改革方案》、国务院第一次常务会议审议通过的国务院部委管理的国家局设置方案，国家信访局由国务院办公厅管理。） 1991年开始，各级都建立社会治安综合治理领导机构，与同级政法委合署办公。2001年，为打击"三股势力"、邪教组织，有效处置群体性事件等危害社会安全的突出问题，中央加强社会安全事件防范职能并严格责任制。⑤ 为加强社会稳定工作协调，各级还设立维护稳定工作领导小组及其办公室，掌握各地社会稳定情况，协调处理各类群体性事件。⑥ 2018年，新一轮党和国家机构改革将中央社会治安综合治

---

① 《国务院办公厅关于印发卫生部职能配置内设机构和人员编制规定的通知》，《湖南省人民政府公报》1998年第19期。
② 《湖北省人民政府办公厅关于转发湖北省卫生监督和疾病预防控制体制改革实施意见的通知》，《湖北省人民政府公报》2001年第1、2期。
③ 《中华人民共和国中央人民政府组织法》，《湖南省人民政府公报》1949年第1期。
④ 《中共中央办公厅 国务院办公厅印发〈关于创新群众工作方法解决信访突出问题的意见〉》，《中华人民共和国国务院公报》2014年第7号。
⑤ 《中共中央 国务院关于进一步加强社会治安综合治理的意见》，《中华人民共和国国务院公报》2001年第35号。
⑥ 廖海青：《"维稳办"走上前台》，《南风窗》2009年第8期。

理委员会及其办公室职责交由中央政法委员会承担；不再设立中央维护稳定工作领导小组及其办公室，有关职责交由中央政法委员会承担；将中央防范和处理邪教问题领导小组及其办公室职责划归中央政法委员会、公安部。2019年，中共中央印发《中国共产党政法工作条例》，进一步规范政法委设置及职能运转方式，并将维护社会稳定、预防化解矛盾风险、协调处置重大突发事件、反邪教反暴恐等作为其重要的工作职能。①

突发环境事件应急管理体制方面。1974年国务院环境保护领导小组正式建立，1982年城乡建设环境保护部成立，部内设环境保护局。1984年国务院环境保护委员会成立，同年城乡建设环境保护部环境保护局改为国家环境保护局，将环境保护确立为基本国策。制定了经济建设、城乡建设和环境建设同步规划、同步实施、同步发展，实现经济效益、社会效益、环境效益相统一的指导方针。1988年，将环境保护工作从城乡建设部分离出来，成立单独的国家环境保护局（副部级），形成了"三大环境政策"，即环境管理要坚持预防为主，谁污染谁治理，强化环境管理。1998年，国家环境保护局升格为国家环境保护总局，确定为正部级，环境突发事件处置力度加强。2008年，国家环境保护总局升格为环境保护部，成为国务院组成部门，在工作中坚持预防为先、及时应对，着力消除污染隐患，妥善处理突发事件。2018年，生态环境部组建，坚持一类事项原则上由一个部门统筹的原则，避免了"九龙治水"问题，并牵头协调重特大环境污染事故和生态破坏事件的调查处理，指导协调地方政府对重特大突发生态环境事件的应急、预警工作。在组建后不久举办的全国生态环境大会上，习近平总书记指出："要有效防范生态环境风险。生态环境安全是国家安全的重要组成部分，是经济社会持续健康发展的重要保障。""要把生态环境风险纳入常态化

---

① 《中共中央印发〈中国共产党政法工作条例〉》，《人民日报》2019年1月19日。

管理，系统构建全过程、多层级生态环境风险防范体系。"

整体应急管理体制建设方面。2003年，非典危机事件凸显了建立突发事件应急管理综合协调机制的必要性，综合性应急管理体系建设被纳入议事日程。2005年，国务院办公厅设立国务院应急管理办公室，承担国务院应急管理的日常工作和国务院总值班工作，履行值守应急、信息汇总和综合协调职能，发挥运转枢纽作用，办理各地区、各部门报送国务院的自然灾害、事故灾难、公共卫生、社会安全、环境安全等各类突发事件的业务工作。[①] 地方各级政府及其职能部门也陆续建立或隶属于办公厅（室）或单独的承担类似职能的应急办。2007年，我国出台《突发事件应对法》，初步形成"统一领导、综合协调、分类管理、分级负责、属地管理为主"的应急管理体制。

2018年，新一轮党和国家机构改革作出整合自然灾害、事故灾难等应急管理13项相关职能，组建应急管理部，将其作为国务院组成部门的决定。新组建的应急管理部主要承担自然灾害、事故灾难两大类事件应急管理职能。公共卫生、社会安全、环境安全类突发事件应急管理职能也进行了改革调整。发改、工信、水利、自然资源、交通、住建等部门应急管理职能逐步完善，与应急管理部门形成相互协作、协调配合的关系。地方各级政府也建立起专门的应急管理部门，以期进一步完善突发事件应急管理部门间协调关系。至此，统一指挥、专常兼备、反应灵敏、上下联动的应急管理体制初步确立。

案例1-1

深圳市应急管理体制改革历程

深圳市应急管理体制变化，是中国应急管理体制变革的缩影。按照深圳市2009年大部制改革决定，全面改革原应急管理体制。原深圳

[①]《国务院办公厅关于设置国务院应急管理办公室（国务院总值班室）的通知》，《中华人民共和国国务院公报》2006年第18号。

市处置突发事件委员会,更名为突发事件应急委员会,主要职责是负责各类重特大突发事件应急管理重大事项决策,办事机构设在市政府应急管理办公室,属超脱职能部门的综合部门。它将安监局、地震局、人防办等职能合并到应急办,加强综合应急管理职能。

2015年12月,深圳光明新区渣土受纳场"12·20"特大滑坡事故发生后,深圳市委、市政府于2016年1月恢复市安全生产监督管理局机构设置,将原来市应急办、经信委、卫计委职能重新划入市安监局。

2018年应急管理部、广东省应急厅成立后,深圳市于2019年开始新一轮机构改革,将市应急办除人防以外的职能,市安监局、减灾委、三防指挥部、森防指挥部职能,公安局消防管理职能,规划国土委指导协调地质灾害防治职能,民政局救灾职责,林业局森林防火职责,纳入组建后的深圳市应急管理局。应急管理局下设办公室、法规和宣传处(审批综合处)、综合协调处、执法和督导检查处、应急指挥和预案管理处(核应急处)、综合防灾减灾处、地震和地质灾害处、危化品监管处、安全生产基础处、科技信息化和资源保障处、调查评估和统计处、机关党委(人事处)等处室,市应急指挥信息保障中心(市地震与海啸监测中心)作为保障机构。

二、中国应急管理体制的基本内容

应急管理体制是党和政府有效处置、妥善应对各类突发事件,保护人民群众生命和财产安全,应对重大安全风险挑战的重要保障。

(一)党统一领导下的应急管理体制

党的统一领导是中国特色应急管理体制的鲜明特征和突出优势,也是我们一次又一次成功应对重特大突发事件的根本所在。党的十九大报告把坚持总体国家安全观列为新时代坚持和发展中国特色社会主义的十四条基本方略之一,也是突发事件应急管理的指导思想。坚持总体国家安全观必须以政治安全为根本。党的领导是政治安全的关键,是中国特色社会主义最本质的特征。习近平总书记在党的十九大报告中指出,"打造共建共治共享的社会治理格局。加强社会治理制度建设,完善党委领导、政府负责、社会协同、公众参与、法治保障的社会治理体制,提高社会治理社会化、法治化、智能化、专业化水平"。

《中共中央 国务院关于推进防灾减灾救灾体制机制改革的意见》明确规定:"坚持党委领导、政府主导、社会力量和市场机制广泛参与。充分发挥我国的政治优势和社会主义制度优势,坚持各级党委和政府在防灾减灾救灾工作中的领导和主导地位,发挥组织领导、统筹协调、提供保障等重要作用。"[1]《中共中央 国务院关于推进安全生产领域改革发展的意见》要求,地方各级党委要认真贯彻执行党的安全生产方针,在统揽本地区经济社会发展全局中同步推进安全生产工作。[2] 习近平总书记对发挥党对安全生产的统一领导作用高度重视,多次作出重要指示,强调要做到"党政同责、一岗双责、齐抓共管、失职追责",从体制上保障了"管行业必须管安全,管业务必须管安全,管生产经营必须管安全"的落实,体现了新时代党中央及各级党委在应急管理中的领导作用。

(二)行政管理体制中的应急管理体制

行政管理体制主要是指国家机关、企事业单位在机构设置、领导隶属关系和管理权限划分等方面的制度、方法、形式等总称。[3] 应急管理体制主要是指应急管理机构的组织形式,即综合性应急管理组织、各专项应急管理组织以及各地区、各部门的应急管理组织的法律地位、

---

[1]《中共中央 国务院关于推进防灾减灾救灾体制机制改革的意见》,《中华人民共和国国务院公报》2017年第3号。

[2]《中共中央 国务院关于推进安全生产领域改革发展的意见》,《中华人民共和国国务院公报》2017年第1号。

[3]《大辞海》(缩印版),上海辞书出版社2015年版,第644页。

相互间权力分配关系及其组织形式等。应急管理体制主要着意解决两方面问题：一是各种应急管理主体的角色、地位、组织形式和相互关系；二是各种应急管理主体权力与职能的设定和分配。具体来说，我国的应急管理体制是在突发事件应对过程中，各级党组织、国家机关、军队、企事业单位、社会团体、公众等各利益相关方在机构设置、领导隶属关系和管理权限划分等方面的体系、制度、方法、形式等的总称。

（三）应急管理机制的内涵

应急管理机制是应急管理各组成要素间的结构关系和运行方式，是一种内在功能，是组织体系在遇到突发事件后有效运转的机理性制度。机制使应急管理的各类型主体有机地结合起来，并且协调地发挥作用，这就需要机制贯穿其中。机制是为积极发挥体制作用服务的，同时又与体制有着相辅相成的关系，推动应急管理机制建设，既可以促进应急管理体制的健全和有效运转，也可以用来弥补体制既有的不足之处。

应急管理体制与机制的关系体现在下述两方面：一是体制内含机制，应急组织是应急管理机制的"载体"，应急管理体制决定了机制建设的具体内容与特点；机制建设是应急管理体制的一个重要方面，要通过体制和机制的建设与发展，来保障体制规定的实施。二是机制建设能够影响和推动体制建设。应急管理体制建设往往具有一定的滞后性，特别是当体制还处于完善与发展过程中时，机制建设能帮助完善相关工作制度，从而弥补体制的既有不足，并促进体制建设的发展与完善。

三、中国应急管理体制的建设原则和显著特色

2018年，《中共中央关于深化党和国家机构改革的决定》和《深化党和国家机构改革方案》明确提出，要加强、优化、统筹国家应急

能力建设,构建统一领导、权责一致、权威高效的国家应急能力体系,推动形成统一指挥、专常兼备、反应灵敏、上下联动、平战结合的中国特色应急管理体制。党的十九届四中全会进一步明确要求,要构建统一指挥、专常兼备、反应灵敏、上下联动的应急管理体制。这既凸显了应急管理体制的中国特色,也为应急管理体制建设提供了必须遵循的原则。

(一) 统一指挥原则

统一指挥是指在突发事件处置应对过程中,下属人员或单位可以采取的最优行动方案是接受一位领导人或上级单位的最终命令,以保障行动的协调一致和快速响应。统一指挥是由突发事件的突发性、破坏性对应急管理响应迅速、资源集中的内在要求所决定的。世界各国对突发事件响应的组织机构形式,多采取集中统一的指挥部体制,如果缺乏统一的应急指挥体系,可能会出现"程序复杂""多头决策""指挥紊乱""力量分散""信息孤岛"等状况,各类应急力量协调会出现问题,最终会降低应急响应速度。我国的应急指挥体制经历了长期演化,但有两点始终不变,即党始终处在领导核心地位,持续强化跨部门协调联动。[①] 正是党的领导核心作用,保证了突发事件应急管理的统一指挥能够落到实处,避免了很多国家在事件处置中的政令不一、决策缓慢、执行不力的问题。

应急指挥权的集中统一原则,并不意味着各种类型的突发事件全部由应急管理部门进行统一指挥,也不意味着指挥权全部由某一层级或部门、单位的主要领导人或上级应急管理机构统一行使。按照分级负责的原则,一般性灾害由地方各级政府负责,应急管理部代表中央统一响应支援,统一提供支持;按照"防"和"救"的职责分工,应急管理部门与自然资源部、水利部、国家林业和草原局等部门在自然

---

① 钟开斌:《国家应急指挥体制的"变"与"不变"——基于"非典"、甲流感、新冠肺炎疫情的案例比较研究》,《行政法学研究》2020年第3期。

灾害防救方面也有明确分工。发生特别重大灾害时，应急管理部作为指挥部，协助中央指定的负责同志组织应急处置工作，保证政令畅通、指挥有效。同时，应急管理部也应处理好防灾和救灾的关系，明确相关部门和地方各自的职责分工，建立起有效的协调配合机制。有些地方结合本地实际，按照集中与分工相结合的原则进行了改革，如河南省在应急管理组织体系上实行统一规划、统一预案、统一力量、统一信息、统一处置的"五个统一"，并建立应急救援总指挥部和防汛抗旱、生态环境、社会安全、公共卫生等11个专项应急指挥部，除总指挥部和安全生产等指挥部办事机构设在应急厅，消防安全、抗震救灾应急指挥部设在消防总队、省地震局外，其余均设在相应的行业部门，并由主管省政府领导担任指挥长。[①]

（二）专常兼备原则

在突发事件应急管理过程中，既需要应对各类火灾、洪涝等常见突发事件的常规救援力量，也需要处置非常规突发事件、处置常规突发事件中的部分特殊环节的专业救援队伍力量。常规救援力量主要由具备一般性救援知识和技能的救援人员组成，主要配备常用的救援装备、设备、技术手段和解决方案的队伍，如解放军、武警部队中的非专业队伍，大部分的民兵预备役人员，大部分社会救援力量和救援志愿者等。专业救援力量主要由具备特殊技能和接受专业训练的人员，并装备有特殊的设备、装备、技术手段和解决方案的应急队伍，如国家综合救援力量、地震灾害紧急救援队、核生化应急救援队、航空应急救援队、水下救援队、应急机动通信保障队、医疗防疫救援队等各类具备专业能力的救援力量。综合性消防救援队伍作为应急救援的主力军和国家队，承担防范应对各类灾害、事故风险，保障人民群众生命财产安全的重要职责。

[①] 《河南省人民政府关于改革完善应急管理体系的通知》，《河南省人民政府公报》2019年第9期。

2018年应急管理体制改革后，我国应急救援力量主要包括国家综合性消防救援队伍、各类专业应急救援队伍和社会应急力量。其他各部门的专业应急力量是应急管理部门综合性专业救援力量的必要补充。各类专业化的应急管理、救援处置职能可以向更加专业化方向发展，专注于专业水平的提高。常规应急力量可以通过指挥系统、应急装备、救援力量、应急资源的集中统筹运用，开展社会化应急管理和救援，实现资源共享、效率提高、社会协同的目的。通过专业化与常规化应急管理力量的相互配合、互相补充，实现提高全社会整体应急能力的目标。

（三）反应灵敏原则

突然性、复杂性、紧迫性、危害性是自然灾害、事故灾难、公共卫生事件、社会安全、环境安全各类突发事件的共同特点，这就要求应急处置要在尽可能短的时间内迅速作出反应，最大限度减轻突发事件可能给人民群众带来的生命财产安全损失。反应灵敏就是指，在保持应急管理、应急处置质量的前提下，尽可能缩短从事件发生到响应、处置的时间，提高应急处置效率。

反应灵敏包括应急管理质量、时间等两方面要素，应急管理的基本原则、环节、规范、标准等方面建设，都与反应灵敏的要求密切相关。要做到应急处置的反应灵敏，一是要增强忧患意识，做到居安思危。通过加强监测预警，对各类事件的发生要有事前预测，准确研判，事发时能够做到有所准备。二是做好预防准备，做到常备不懈。包括思想准备、预案准备、应急物资储备、装备准备等资源储备，专业训练、人员素质等人力准备。三是整合应急职能，提高指挥能力。包括统一指挥、决策迅速、标准运行等，这已经成为各国应急指挥的基本要求；同时，应尽可能压缩政府部门间的协调成本以提高应急处置效率。

（四）上下联动原则

突发事件应急管理既需要快速反应，也需要有全面及时的信息情报支撑、充分及时的资源储备支持、充足有力的人力资源保障。应急管理中的上下联动，主要是指上级党委、政府和高等级应急救援队伍[1]能够掌握和调动更广范围内、更大数量和水平的专业力量、信息、资源等，能够提供强有力的应急管理方面的支持和指导；事件发生地的政府机构、企业、社会组织和公众，了解当地自然和社会环境，了解资源分布状况和受影响人员、财产分布状况，具有信息和距离优势，能够迅速及时地对突发事件进行反应，全面开展自救互救。因此，应由上级党委、政府或应急管理部门牵头，自上而下地动员社会上多层次、更大范围的应急管理主体和资源，广泛参与投入到突发事件的应急管理中，充分发挥上下两个方面的积极性。

上下联动工作方法中，各级党委、政府主要发挥领导作用，发挥组织、指挥协调功能；从应急管理部、省级应急管理厅（局）、地市级应急管理局、县（市、区）应急管理局四级应急管理部门联动，充分发挥应急管理主体作用；综合应急救援队、专业应急救援队、常规应急救援队互相配合，发挥应急救援主力军的作用；企业、社会组织、第一响应人和志愿者广泛参与，发挥基础性支撑作用。各类应急管理主体相互配合、有机整合，形成上下联动的应急网络系统和全方位、立体化的公共安全网，从而达成良好的应急处置效果。

第二节　发挥中国特色应急管理体制优势

新中国成立以来，在长期应急管理实践过程中形成的具有中国特色的应急管理体制优势，是我们成功应对历次重大风险挑战的坚实基础。

---

[1] 例如中国救援队和中国国际救援队是联合国认证的国际重型救援队，我国也是亚洲首个拥有两支联合国认证的国际重型救援队的国家。

一、坚持党的集中统一领导

党的十九大指出:"坚持党对一切工作的领导。党政军民学,东西南北中,党是领导一切的。必须增强政治意识、大局意识、核心意识、看齐意识,自觉维护党中央权威和集中统一领导,自觉在思想上政治上行动上同党中央保持高度一致,完善坚持党的领导的体制机制,坚持稳中求进工作总基调,统筹推进'五位一体'总体布局,协调推进'四个全面'战略布局,提高党把方向、谋大局、定政策、促改革的能力和定力,确保党始终总揽全局、协调各方。"[①]

坚持党的集中统一领导是在应急管理工作中充分发挥我国政治优势和社会主义制度优势的坚强保障。坚持党对突发事件应急管理的集中统一领导是由突发事件决策权集中、统一的特点所决定的。中国共产党是中国特色社会主义事业的领导核心,坚持党的领导是中国政治制度的最大特点和最大优势。中国共产党的坚强领导,是做好突发事件应急处置的基本保障;坚持各级党委和政府在应急管理中的领导地位,确保其发挥组织领导、统筹协调、提供保障等重要功能,是确保应急管理工作成效的关键支撑。

应对新冠肺炎疫情充分体现了坚持党的集中统一领导在我国应急管理体制中的突出优势。2020年1月,中共中央印发了《关于加强党的领导、为打赢疫情防控阻击战提供坚强政治保证的通知》。中央应对疫情工作领导小组多次开会研究部署疫情防控工作,前方指导组也积极开展工作。国务院联防联控机制加强协调调度,及时协调解决防控工作中遇到的紧迫问题。有关部门各司其职,军队积极支援地方疫情防控。各地区成立了党政主要负责同志挂帅的领导小组,启动了重大突发公共卫生事件Ⅰ级响应。各党政军群机关和企事业单位紧急行

[①] 习近平:《决胜全面建成小康社会 夺取新时代中国特色社会主义伟大胜利——在中国共产党第十九次全国代表大会上的报告》,人民出版社2017年版,第20页。

动、全力奋战，广大医务人员无私奉献、英勇奋战，广大人民群众众志成城、团结奋战，打响了疫情防控的人民战争、总体战、阻击战，全国形成了全面动员、全面部署、全面加强疫情防控工作的局面。①新冠肺炎疫情防控的重大胜利，充分体现了党的集中统一领导这一体制的最显著的特色和优势。

二、坚持以人民为中心

中国共产党的根本宗旨是全心全意为人民服务，不断实现好、维护好、发展好最广大人民根本利益，坚持贯彻党的群众路线与应急管理的目的和任务是一致的。党的十九大报告提出"坚持以人民为中心"，"人民是历史的创造者，是决定党和国家前途命运的根本力量"。同时，报告还提出"坚持总体国家安全观"，"统筹发展和安全，增强忧患意识，做到居安思危，是我们党治国理政的一个重大原则"。② 这两个"坚持"是新时代坚持和发展中国特色社会主义"十四个坚持"基本方略的重要内容。总体国家安全观强调必须以人民安全为宗旨。国家安全工作归根结底是保障人民利益，要坚持国家安全一切为了人民、一切依靠人民，为群众安居乐业提供坚强保障。突发事件的发生，往往使得人民群众的生命财产安全处于危急时刻，这同时也正是国家和政府发挥作用的时刻。

人民中心观是党的宗旨的集中体现。尽管在不同历史时期，人民中心观的具体表述和表现形式存在差别，但70多年来突发事件处置的工作目标、价值依据、决策取向和行动选择都将人民群众的生命和财产安全放在首位。无论是在1960年经济困难时期解救山西平陆中毒事件中的"为了六十一个阶级弟兄"，还是在2015年经济实力相对雄厚时

---

① 习近平：《在中央政治局常委会会议研究应对新型冠状病毒肺炎疫情工作时的讲话》，《红旗文稿》2020年第4期。
② 习近平：《决胜全面建成小康社会 夺取新时代中国特色社会主义伟大胜利——在中国共产党第十九次全国代表大会上的报告》，人民出版社2017年版，第24页。

面对"东方之星"号客轮翻沉事件坚持"调集一切力量,不惜一切代价救人",都反映了突发事件治理中以人民为中心、生命至上的理念。

在历次重特大突发事件应对中,党均发挥核心领导指挥的关键作用。面对"5·12"汶川特大地震灾害,从中央到地方、各级党委和政府坚强领导、科学指挥,始终与灾区人民同呼吸、共命运、心连心。中央在震后第一时间就把抗震救灾确定为全党、全国最重要、最紧迫的任务,成立国务院抗震救灾总指挥部,周密组织群众、科学调度资源,建立上下贯通、军地协调、全民动员、区域协作的工作机制,迅速组织各方救援力量赶赴灾区,紧急调集大批救灾物资运往灾区,精心部署受灾群众安置工作,及时推动灾后恢复重建,举全国之力抗震救灾。在山崩地裂的危急关头,灾区各级党委和政府处变不惊,发挥定海神针和群众主心骨作用,全面开展抗震救灾工作,带领群众抓紧恢复生产、重建家园,书写了中华民族发展史上新的壮丽诗篇。

同时,以人民为中心的理念还体现在事件处置中放手发动人民群众、充分发挥群众的主体作用、体现人民群众的磅礴力量、决胜人民战争的战略方针上。在2020年抗击新冠肺炎疫情的伟大斗争中,14亿人民全体动员、众志成城,党政军民学群防群控、联防联控,东西南北中对口支援、基层动员,开展了一场世上罕见的全地域、全人力、全物力总动员的重特大突发事件处置的人民战争。

三、坚持全国一盘棋和集中力量办大事

重特大突发事件处置需要在尽量短的时间内,集中各方面的资源,进行迅速处置。始终坚持全国一盘棋,调动各方面积极性,集中力量办大事,不仅是我们成功应对、妥善解决各类问题的关键法宝,也是我国国家制度和国家治理体系的显著优势。[①] 2008年抗击低温雨雪冰

---

① 《对口支援汇聚决胜之力》,《人民日报》2020年2月20日。

冻灾害取得重大阶段性胜利之后,党的十七届二中全会公报指出:"在严峻考验面前,受灾地区各级党委和政府坚决按照中央的部署带领广大党员、干部和人民群众奋起抗灾救灾,各级干部以身作则、靠前指挥,各有关部门和单位迅速行动、全力以赴,人民解放军、武警部队和公安民警勇挑重担、顽强拼搏,全国各地积极支援、众志成城,千方百计保交通、保供电、保民生,抗灾救灾斗争取得了重大阶段性胜利。事实再一次说明,只要紧紧依靠广大人民群众,充分发挥社会主义制度能够集中力量办大事的政治优势,我们就一定能够战胜前进道路上的各种挑战和风险,不断把中国特色社会主义伟大事业推向前进。"① 全国一盘棋的重要表现就是"集中力量办大事",统一调度资源,集中人力物力,解决突发性危机事件带来的冲击。

在重大突发事件应对中坚持全国一盘棋的基本原则已经演进并具体化为固定的政治制度,对口支援制度是其典型代表,并在唐山地震、汶川地震救援和新冠肺炎疫情防控中凸显了其制度优势。对口支援制度既包括其他地区对事发地人力资源的支持,也包括财政资金横向转移制度。举例来讲,2020年湖北省和武汉市抗击疫情中出现了新中国成立以来规模最大的医疗支援行动(见表1-1)。调动全国医疗资源和力量,全力支持湖北省和武汉市医疗救治。自2020年1月24日除夕至3月8日,全国共调集346支国家医疗队、4.26万名医务人员、900多名公共卫生人员驰援湖北省。19个省份以对口支援、以省包市的方式支援湖北省除武汉市以外16个市州及县级市,各省在发生疫情、防控救治任务十分繁重的情况下,集中优质医疗资源支援湖北省和武汉市。人民解放军派出4000多名医务人员支援湖北省,承担火神山医院等3家医疗机构的医疗救治任务,空军出动运输机紧急运送医疗物资。各医疗队从接受指令到组建2小时内完成,24小时内抵达,

---

① 《中国共产党第十七届中央委员会第二次全体会议公报》,央视网2008年2月27日,http://news.cctv.com/xwlb/20080227/105434.shtml。

并自带 7 天防护物资，抵达后迅速开展救治。大规模、强有力的医疗支援行动，有力保障了湖北省和武汉市救治，极大缓解了重灾区医疗资源严重不足的压力。①

表 1-1　省际对口支援湖北省除武汉以外市州及县级市新型冠状病毒肺炎防治工作对照②

序号	支援省份	受灾地区
1	重庆市、黑龙江省	孝感市
2	山东省、湖南省	黄冈市
3	江西省	随州市
4	广东省、海南省	荆州市
5	辽宁省、宁夏回族自治区	襄阳市
6	江苏省	黄石市
7	福建省	宜昌市
8	内蒙古自治区、浙江省	荆门市
9	山西省	仙桃、天门、潜江 3 个县级市
10	贵州省	鄂州市
11	云南省	咸宁市
12	广西壮族自治区	十堰市
13	天津市	恩施土家族苗族自治州
14	河北省	神农架林区

四、坚持属地管理为主

突发事件应急管理过程中，要坚持上级党委和政府统一领导和事

---

① 《〈抗击新冠肺炎疫情的中国行动〉白皮书（全文）》，国务院新闻办官网 2006 年 6 月 7 日，http://www.scio.gov.cn/zfbps/ndhf/42312/Document/1682143/1682143.htm。

② 参见《国家卫生健康委建立省际对口支援湖北省除武汉以外地市新型冠状病毒肺炎防治工作机制》，国家卫健委官网 2020 年 2 月 10 日，http://www.nhc.gov.cn/xcs/yqfkdt/202002/212cadc8932249fa9961d6c312cd2026.shtml。

发地政府属地管理相结合的原则，突发事件信息直报制度，以及紧急状态下必要的越级直报制度，使中央和各级地方政府及其有关部门基本明确职责和权限，发挥中央和地方两个积极性。世界各大国，普遍根据影响范围、损失大小将突发事件划分为不同等级，并对各级政府在不同等级突发事件中响应和处置行动进行了一般性规定。一般灾害处置主要由地方政府负责，重特大灾害一般由更高层级政府为主进行响应处置，地方政府参与。世界范围内的突发事件，绝大多数影响范围有限、损失数量较小，因此属地管理成为大国处置突发事件的一般原则。但属地管理为主的体制设计，在一定条件下也容易带来属地各自为政、以邻为壑等现象，不利于应对传染病疫情、环境污染等具有传导性、区域性类事件。

中国是受灾害类突发事件影响较大的国家，每年损失总量大，但灾害种类多，环境差异大，规模差异更是巨大。进入新世纪以来，面对错综复杂的风险格局，实行灾害突发事件属地管理为主是应急管理的必然选择。我国所坚持的属地管理为主原则坚持上级党委、政府统筹指导与同级党委、政府直接领导相结合。在制度设计上，突发事件中上级派出指导组，同级党委、政府具体作出指示批示。重特大突发事件中高层党委、政府建立指挥部，并建立信息直报系统沟通上下级信息等制度设计，弥补单纯属地管理的不足。譬如，抗击非典之后，中国建立了全国性的传染病网络直报系统，截至2008年底，全国100%的疫病预防控制机构、96.9%的县级以上医疗机构、82.2%的乡镇都实现了网络直报，对有效应对公共卫生事件发挥了重要作用。虽然在2020年疫情防控初期的信息报告中，因缺乏对新冠病毒特征的了解，直报系统一度没能有效发挥作用，但历年来，直报系统在鼠疫、霍乱等已知烈性传染病疫情防控中发挥了重要作用。目前，各级政府在自然灾害、事故灾难等各类突发事件治理中，都建有各级政府之间的直报系统，并形成规范的制度体系。今后，应着力提高网络直报系统的及时性，以进一步发挥其在公共卫生预警和突发公共卫生事件中的积极影响。

五、坚持联防联控与群防群控结合

联防联控主要针对那些具有跨区域影响，需要跨部门协作应对的传染病、动植物疫情、环境治理、流域环境事件，通过在相关区域地方政府之间、不同行业部门间建立协作机制，共同应对处置。联防联控机制是在行业部门间、上下级政府间应急管理体制分工的基础上，为协调纵向与横向政府机构职能而建立，旨在提高政府应急管理体制的运行效率。在2003年非典疫情防控、2009年甲型H1N1流感疫情防控、2010年应对空气污染、2014年应对埃博拉病毒、2016年应对部分地区水域污染事件、2020年抗击新冠肺炎疫情等事件中，都启用了联防联控机制。

群防群控主要针对那些对群众的生命财产安全影响直接，同时需要社会各界有效参与才能发挥治理效果的传染病、动植物疫情、社会治安事件，通过群防群控机制的建立，使得政府部门、企事业单位、各界群众直接参与到事件的预防预警、应急处置和恢复重建过程中，既能保护自身利益，同时也能发挥治理效果。群防群控工作机制是对政府应急管理体制的有力补充。在2003年非典疫情防控、2009年甲型H1N1流感疫情防控、2010年四川绵阳等地滑坡泥石流地质灾害防控和2020年新冠肺炎疫情防控中，群防群控都发挥了重要的积极作用。

第三节　深化我国应急管理体制改革

2018年，党和国家机构改革整合自然灾害、事故灾难相关的13个部门或机构组建应急管理部。全国各地按照统筹、优化、协调原则，对各自应急管理职能进行整合调整，全面完成了省、市、县三级地方政府应急管理部门的组建，为应急管理体系和能力现代化奠定了体制基础。

一、2018年应急管理机构改革

自2003年取得抗击非典疫情胜利以来，我国应急管理体制不断调整和完善，逐步建立了"统一领导、综合协调、分类管理、分级负责、属地管理"为主的应急管理体制，并纳入2006年国务院发布的《国家突发公共事件总体应急预案》和2007年出台的《突发事件应对法》中。这一体制充分调动了各级政府、各部门和社会各界的力量，对中国应急管理工作起到了巨大的推动作用。但是，这一体制并没有改变原有体制中存在的职能分散、缺乏统筹、重叠交叉的状况，亟待通过改革调整适应业已变化的新形势。

在新的历史时期，面对应急管理新形势、新问题，应急管理体制改革一直在探索进行。2013年，习近平总书记针对芦山地震灾后重建体制，提出"探索一条中央统筹指导、地方作为主体、灾区群众广泛参与的恢复重建新路子"。2016年，《中共中央 国务院关于推进安全生产领域改革发展的意见》提出安全生产管理体制的基本蓝图，强调要健全落实安全生产责任制，重申了"党政同责、一岗双责、齐抓共管、失职追责"的职责关系，并着力完善安全生产监管监察体制。[①]

在前期实践探索的基础上，2018年党和国家机构改革确定推进自中央至地方的应急管理体制改革。《中共中央关于深化党和国家机构改革的决定》强调，要"加强、优化、统筹国家应急能力建设，构建统一领导、权责一致、权威高效的国家应急能力体系"。按照新体制的要求，在国务院的常设机构中组建应急管理部，努力建成一个权威、强力、统一的综合协调机构，来牵头抓总，解决过于分散的问题，提高国家应急管理能力和水平，提高保障生产安全、维护公共安全、防

---

① 《中共中央 国务院关于推进安全生产领域改革发展的意见》，《中华人民共和国国务院公报》2017年第1号。

灾减灾救灾能力。

应急管理体制改革要贯彻以人民为中心的发展思想。在应急管理体制改革的策略上，采取积极稳妥、有力推进、无缝衔接的原则，不因改革影响突发事件处置和应急管理工作的进行。改革的着眼点，就是要建立统一领导、权责一致、权威高效的国家应急能力体系。改革的目标，就是要实现应急管理体系和能力现代化。改革重点是要建立统一的指挥体系，尤其是加强应急指挥中心建设，确保对重特大突发事件实现第一时间的应急响应、处置应对、统一指挥。衡量改革是否成功的基本标准，在于应急力量和应急资源是否实现了高效投入。

在前述方针指导下，应急管理部整合13个方面的职能，这13个方面的职能均属自然灾害和安全生产领域，大部分属于原所属部门的部分职能、机构、人员划转（见表1-2）。地方也根据各地实际，开展了职能整合重组，建立新的应急管理机构。在所划转的职能中，有些仍然与原有机构存在着业务的上下游关系。如，水旱灾害的防治，应急管理部与水利部在流域管理、灾害预防职能上仍然有着密切的职能联系。地方应急管理体制改革基本上按照国务院应急管理模式，在实施过程中有所创新。如北京市保留了原市应急委设置，应急委办公室设在应急局；市政府办公厅总值班室也保留协助领导处置突发事件、突发事件信息报送职能。

表1-2 组建应急管理部的职能划转

序号	原机构	主要职能
1	国家安监总局	全部职能
2	国务院办公厅（国务院应急办）	值守应急、信息汇总和综合协调
3	公安部	消防管理与救援
4	民政部	自然灾害救助

续表

序号	原机构	主要职能
5	国土资源部	地质灾害防治
6	水利部	水旱灾害防治
7	农业部	草原防火
8	国家林业局	森林防火
9	中国地震局	地震灾害应急救援
10	国家防汛抗旱总指挥部（办事机构设在水利部）	领导组织全国的防汛抗旱工作
11	国家减灾委员会（办事机构设在民政部）	减灾政策规划、重大活动、国际合作
12	国务院抗震救灾指挥部（办事机构设在中国地震局）	指挥和协调全国抗震救灾工作
13	国家森林防火指挥部（办事机构设在国家林业局）	指挥协调全国森林防火工作

二、坚持统筹协调优化的方针

应急管理部和地方各级应急管理机构的成立，对防范化解重特大安全风险、健全公共安全体系、整合优化应急力量和资源奠定了基础，为确保人民群众生命财产安全和社会稳定，推动形成统一指挥、专常兼备、反应灵敏、上下联动的中国特色应急管理体制发挥了积极影响。

进一步推进应急管理工作必须坚持统筹协调优化的基本方针，具体包括以下4个方面。

一是坚持总体国家安全观，防范化解重大安全风险。总体国家安全观为应急管理改革指出了方向，通过将应急管理纳入国家经济社会总体发展战略规划，提高应急管理的预防准备、监测预警、应急处置、恢复重建能力，满足人民群众的公共安全需要，构建新时代应急管理体制。总体规划和顶层设计公共安全体制格局，对相关部门的公共安全职责进行了重新界定，在新体制框架基础上有助于全面提升公共安全水平，满足人民对美好生活的需要。

二是应急管理职能整合优化。各级党委和政府的应急管理职能要适应从分散管理走向灾害综合治理。开始改变长期以来按事件种类、灾种分部门管理，将同一事件划分流程进行处置应对的传统做法。着力解决应急管理政令不一、标准差异，应急管理流程上部门分割、信息不畅，应急管理资源上分割分散、重复建设的突出问题。通过改革，初步形成了各个灾种统一规划、综合救援的格局，建立统一的信息系统，容易产生规模效益，有效提高信息共享程度。

三是完善统筹协调职能。应急管理领域除对各类突发事件实行综合管理之外，某类突发事件发生的时候，还需要综合协调各个职能部门共同参与，而这些部门未必就是专业的灾害管理部门，如财政、工信、发改、新闻宣传、外交等相关的职能部门。新组建的应急管理部在协调非灾害管理部门共同参与方面的制度建设正在逐步完善。

四是突发事件应急和日常管理相结合。应急管理既关注突发事件的事后应对，也强调早发现、早管控和提前做好应急预案。管理强调事前的预防和应急力量、资源等各要素机制建设。应急是非常态的、局部的、阶段性的，管理是常态的、系统的、全过程的，两者各有侧重、相辅相成。应急为管理提供导向，总结反思应急中发现的问题，可以更好地促进管理。管理为应急提供保障，通过加强预防和能力制度建设，可以有效减少应急，做到科学应急。这两者统一在同一部门以后，更有利于应急和管理的统筹，从而将各类安全风险纳入管控，并及早发现苗头，及早管控事态，有力有效处置，最大限度地保护人民群众生命财产安全。

三、应急管理职能分工

应急管理职能是各级党委和政府的全面性、综合性职能，从事件角度包括应急管理部主要负责的自然灾害、事故灾难管理职能，也包括公共卫生、社会安全领域的突发事件管理职能。从总体国家安全观出发，基于应急管理全流程、全领域视角，应急管理涉及几乎所有的综合性、专业性管理部门，涉及各级党委、政府的全部职能。

（一）应急管理职责配置

将多个部门管理的某一类突发事件整合到部门管理，或以一个部门为主、有关部门配合的体制，可以提高应急管理效率。如，美国国土安全部的职责范围主要包括自然灾害、部分公共卫生类事件、网络安全、恐怖袭击事件等类事件的应急管理工作；俄罗斯紧急情况部的职能主要包括自然灾害、部分事故灾难救援等工作。但突发事件应急管理的综合管理、专业管理都是相对的，世界各国也没有绝对标准，各国综合性的应急管理部门一般也不会将所有应急管理职能都包含在内。

参照国际应急管理惯例，结合我国突发事件实际，按照突发事件的性质和机理，我国应急管理中将突发事件分为自然灾害、事故灾害、公共卫生事件、社会安全事件、环境安全事件等各类突发事件。我国各级政府根据各类事件及其应急管理流程衍生的治理需求，建立合理、精干的应急管理体制和机构。

（二）我国应急管理职能配置[①]

第一，已整合突发事件的应急管理职能。我国中央和地方各级应急管理部门的组建，从体制上对突发事件实施了一定程度上的综合管理。按照《突发事件应对法》所列的4大类突发事件，新成立的应急管理部门的职能中包含了自然灾害、事故灾难两大类事件的绝大部分应急管理职能。但是公共卫生、社会安全、环境安全类事件应急管理职能的全部，自然灾害、事故灾难类事件应急管理的部分职能，尤其是自然灾害、事故灾难两类事件的"防"的职能，依然由各个有关专

---

① 本部分内容参照各部委局的现行三定方案。

业部门处置和管理。如，防汛抗旱的水旱灾害防治规划、防护标准，地质灾害的防治标准、灾害预警，等等。

党和国家机构改革方案和应急管理部门三定方案中，对应急管理部与自然资源部、水利部、国家林业和草原局等部门在自然灾害防救方面的职责分工及部分职责进行了规定，与自然资源、水利等其他部门之间的关系存在相互联系，逐步厘清关系，明确界限、分工是完善应急管理体制、加强综合协调能力的前提。举例来讲，我国近百年来在长期与水旱灾害斗争的过程中，形成了具有中国特色的防汛抗旱体制模式，其中全部国土面积划分为 7 大流域管理机构，是世界上少有的体制模式（见表 1-3）。在应急管理部和水利部三定方案中，专门对此职能作了明确规定，即各流域防汛抗旱指挥机构负责落实国家应急指挥机构以及水利部防汛抗旱的有关要求，执行国家应急指挥机构指令。

表 1-3　中国 7 大流域管理机构①

序号	机构名称	成立时间	驻地	职工人数/人	流域管理范围
1	长江水利委员会	1950 年	武汉	2.6 万	长江流域和澜沧江以西（含澜沧江）区域
2	黄河水利委员会	1946 年	郑州	近 3 万	黄河流域和新疆、青海、甘肃、内蒙古内陆河区域
3	淮河水利委员会	1929 年	蚌埠	1710	淮河流域和山东半岛区域
4	海河水利委员会	1980 年	天津	3400	海河流域、滦河流域和鲁北地区
5	珠江水利委员会	1979 年	广州	1360	珠江流域、韩江流域、澜沧江以东国际河流（不含澜沧江）、粤桂沿海诸河和海南省

① 根据水利部、各流域管理机构职能三定方案整理。

续表

序号	机构名称	成立时间	驻地	职工人数/人	流域管理范围
6	松辽水利委员会	1982年	长春	2860	松花江、辽河流域和东北地区国际界河（湖）及独流入海河流区域
7	太湖流域管理局	1984年	上海	330	太湖流域、钱塘江流域和浙江省、福建省（韩江流域除外）范围

第二，未整合的突发事件应急管理职能。任何国家都不可能将所有职能都整合进一个应急管理部门，综合具有相对性。从突发事件类型的角度来看，应急管理部门主要是整合了自然灾害、事故灾难两大类突发事件的应急管理职能，但对这两大类中的交通运输（陆海空）事故应急管理、核事故应急管理、环境类事故应急管理等职能，并未完全进行整合。

另有很多类型突发事件并不属于自然灾害、事故灾难应急管理范畴。具体包括公共卫生领域的传染病疫情事件、超级菌事件应急管理，农业领域的动物疫情、植物疫情事件应急管理，科技领域的实验室生物安全应急管理，自然资源领域的生物入侵事件、沙尘暴灾害事件、海洋灾害事件应急管理；更广泛的社会安全领域群体性事件、恐怖袭击事件、网络安全事件、涉外突发事件应急处置等方面的应急管理，都没有整合进现有的应急管理部门。各级政府必须对应急管理工作负总责，必须在党中央、国务院的统一领导下，不断加强部门配合、条块结合、区域联合、军民融合、资源整合，全面防控重大安全风险。

第三，全面应急管理视角的体制建设从突发事件处置全流程角度，自然灾害的前端预防与应急准备、风险防控、监测预警，后端的物资保障、灾后重建等部分职能，仍然要充分依靠和发挥各相关部门的作用。从政府常态管理、非常态管理划分角度，几乎所有的政府部门都有常态管理、非常态管理职能，非常态管理也就是广义上的应急管理职能。这些专业部门、机构可被视为依据不同突发事件类型而设置的分类管理专业机构，都应当坚持以防为主、防抗救相结合，坚持常态减灾和非常态救灾相统一。在现代化专业分工条件下，工作分类有助于建立科学研究独立的方法和体系，但也需进一步加强对各部门职能的综合与协调。

（三）应急管理部门职责

（1）基础管理。组织编制国家和各地应急总体预案和规划，指导各地区、各部门应对突发事件工作，推动应急预案体系建设和预案演练。

（2）体系建设。建立灾情报告系统并统一发布灾情；统筹应急力量建设和物资储备并在救灾时统一调度；组织灾害救助体系建设。应急管理部门要处理好防灾和救灾的关系，明确与相关部门和地方各自职责分工，建立协调配合机制。地震局、煤矿安全监察局由应急管理部门管理。

（3）灾害应对。指导安全生产类、自然灾害类应急救援；承担应对特别重大灾害指挥部工作；指导火灾、水旱灾害、地质灾害等防治。公安消防部队、武警森林部队转制后，与安全生产等应急救援队伍一并作为综合性常备应急骨干力量，由应急管理部门管理，实行专门管理和政策保障，采取符合其自身特点的职务职级序列和管理办法，提高职业荣誉感，保持有生力量和战斗力。

（4）行业监管。负责安全生产综合监督管理；工矿商贸行业安全生产监督管理等。应急管理部门的组建是科学的制度设计，可以实现应急工作的综合管理、全过程管理和应急力量资源的优化管理，增强了应急管理工作的系统性、整体性、协同性，推进了国家治理体系和治理能力现代化。

本章小结

新中国成立以来，我国自然灾害、事故灾难、公共卫生、社会安全、环境安全类应急管理体制经历了一个长期建设、改革和调整过程，最终形成了现有的体制框架。现行的应急管理体制贯彻了统一指挥、专常兼备、反应灵敏、上下联动的原则,并在历次突发事件处置中充分显示了党的集中统一领导、以人民为中心、全国一盘棋、属地管理为主、联防联控和群防群控相结合等方面特点,体现了中国特色应急管理体制的特有优势。中国应急管理体制仍然处于不断深化、持续变革的发展进程中,其后也应进一步进行调整改革以充分发挥我国的特色和优势,持续推进应急管理体系和能力现代化。

思考题

1. 我国应急管理体制的原则是什么?
2. 我国应急管理体制有哪些制度优势?
3. 如何认识我国应急管理体制的短板弱项,进一步改革应急管理体制?

推荐阅读书目

1. 闪淳昌、薛澜主编:《应急管理概论:理论与实践(第二版)》,高等教育出版社2020年版。
2. 钟开斌:《应急管理十二讲》,人民出版社2020年版。
3. 王宏伟:《中国应急管理改革:从历史走向未来》,应急管理出版社2019年版。

第二章　我国应急管理法治体系

作为中国特色社会主义法治体系的重要组成部分，我国应急管理法治体系建设，要优化我国应急管理法治体系的基本结构，提高应急管理法治化规范化水平，运用法治思维和法治方式有力推进我国应急管理事业健康发展。

第一节　我国应急管理法治体系的基本结构

应急管理法治体系建设意义重大。我国应急管理法治体系是由众多有关突发事件应急管理方面的法律、法规、规范性文件构成的一个开放式法律体系。

一、我国应急管理法治体系的地位和作用

我国应急管理法治体系是中国特色社会主义法治体系的重要组成部分。党的十八大以来，习近平总书记以高瞻远瞩的战略眼光和宏阔视野，从关系党的前途命运和国家长治久安的战略全局高度认识法治、定位法治、布局法治、推进法治、厉行法治，创造性地提出了新时代全面依法治国的工作布局。[①] 党的十八大提出，法治是治国理政的基

[①] 袁曙宏：《坚持法治国家、法治政府、法治社会一体建设》，《人民日报》2020年4月21日。

本方式。党的十八届三中全会提出，建设法治中国。在党的十八届四中全会上，习近平总书记深刻指出，法律是治国之重器，法治是国家治理体系和治理能力的重要依托。全面推进依法治国，总目标是建设中国特色社会主义法治体系，建设社会主义法治国家，并对这个总目标作出了阐释：在中国共产党领导下，坚持中国特色社会主义制度，贯彻中国特色社会主义法治理论，形成完备的法律规范体系、高效的法治实施体系、严密的法治监督体系、有力的法治保障体系，形成完善的党内法规体系，坚持依法治国、依法执政、依法行政共同推进，坚持法治国家、法治政府、法治社会一体建设，实现科学立法、严格执法、公正司法、全民守法，促进国家治理体系和治理能力现代化。[①]在党的十八届四中全会第二次全体会议上，习近平总书记强调，法治体系是国家治理体系的骨干工程，要紧紧围绕全面推进依法治国总目标，加快建设中国特色社会主义法治体系。我们必须认认真真讲法治、老老实实抓法治。各级领导干部要对法律怀有敬畏之心，带头依法办事，带头遵守法律，不断提高运用法治思维和法治方式深化改革、推动发展、化解矛盾、维护稳定能力。[②]党的十九大把"法治国家、法治政府、法治社会基本建成"确立为到2035年基本实现社会主义现代化的重要目标，开启了新时代全面依法治国新征程。

2020年2月5日，习近平总书记在中央全面依法治国委员会第三次会议上发表重要讲话指出，依法科学有序防控疫情至关重要。这次疫情发生以来，各级党委和政府在党中央统一领导下，积极开展防控工作，取得初步成效，但也有一些地方和部门面对突如其来的疫情进退失据，出台的一些防控措施朝令夕改，一些地方甚至出现了严重妨碍疫情防控的违法犯罪行为，群众对此不满意。实践告诉我们，疫情

[①] 习近平：《关于〈中共中央关于全面推进依法治国若干重大问题的决定〉的说明》，《求是》2014年第21期。
[②] 习近平：《加快建设社会主义法治国家》，《求是》2015年第1期。

防控越是到最吃劲的时候，越要坚持依法防控，在法治轨道上统筹推进各项防控工作，全面提高依法防控、依法治理能力，保障疫情防控工作顺利开展，维护社会大局稳定。各级党委和政府要全面依法履行职责，坚持运用法治思维和法治方式开展疫情防控工作，在处置重大突发事件中推进法治政府建设，提高依法执政、依法行政水平。各有关部门要明确责任分工，积极主动履职，抓好任务落实，提高疫情防控法治化水平，切实保障人民群众生命健康安全。[①] 由此可见，我国应急管理法治建设在法治国家、法治政府、法治社会一体建设中处于十分重要的地位，我国应急管理法治体系在建设中国特色社会主义法治体系、建设社会主义法治国家过程中具有十分重要的作用。我国应急管理法治体系是中国特色社会主义法治体系的重要组成部分，也是考验中国特色社会主义法治体系建设成效的试金石。

中国特色社会主义法治体系由完备的法律规范体系、高效的法治实施体系、严密的法治监督体系、有力的法治保障体系、完善的党内法规体系构成，它是一个立体的、动态的有机整体。法治体系包括价值观念体系、制度规范体系和执行程序体系，法治思维是贯穿法治体系始终的一条红线。[②] 作为中国特色社会主义法治体系的重要组成部分，我国应急管理法治体系建设，要在明确我国应急管理法治体系基本构成的基础上，提高应急管理法治化规范化水平；在阐明我国应急管理法律制度规范体系的一般规定和具体规定的前提下，进一步完善我国应急管理法律制度规范体系；在加强我国应急管理法治思维能力建设基本要求的保障下，运用法治思维和法治方式有力推进我国应急管理事业健康发展。

[①] 习近平：《全面提高依法防控依法治理能力 健全国家公共卫生应急管理体系》，《求是》2020 年第 5 期。

[②] 周尚君：《提高运用法治思维和法治方式的能力》，《光明日报》2019 年 7 月 17 日。

二、我国应急管理法治体系的基本构成

应急管理是一项内容庞杂、情况多变，涉及各方面利益又需要各方面参与，理论性和实践性都很强的工作，必须在法律上对应急管理工作的各个方面、各个环节进行严格规范。因此，我国应急管理法治体系建设意义重大。

2003年非典危机事件是我国应急管理法治体系建设的一个分水岭。2003年非典危机事件之前，我国应急管理法律法规主要适用于特定领域突发事件的应对工作，应急管理立法的部门色彩浓厚，缺乏适用于所有类型突发事件应对工作的综合性应急管理基本法。2003年非典危机事件的发生，直接促进了《突发事件应对法》的立法议程。2007年8月30日，十届全国人大常委会第二十九次会议通过了《突发事件应对法》，于2007年11月1日起施行。《突发事件应对法》是新中国成立以来第一部为应对各类突发事件而制定的综合性应急管理基本法，统一了分散的应急管理部门立法，弥补了单项立法的不足和缺陷。《突发事件应对法》的出台实施，标志着我国规范应对各类突发事件共同行为的基本法律制度也已确立，为有效实施应急管理提供了更加完备的法律依据和法治保障。

为配合《突发事件应对法》的有效实施，国家和各地、各部门研究制定了有关单行法律法规以及配套制度和措施，我国应急管理法治体系正在形成。目前，国家相继制定或修改了《国家安全法》《网络安全法》《核安全法》《反恐怖主义法》《生产安全事故应急条例》《消防救援衔条例》等单行法律和行政法规。与之同时，一些地方也抓紧出台了相关地方法规和规章，掀起了以《突发事件应对法》为依据的应急管理"二次立法"高潮。总体来看，我国目前已基本形成了以宪法为根本、以《突发事件应对法》为核心、以相关法律法规规章为基础，门类齐全、覆盖面广的应急管理法治体系。

综合来看，我国应急管理法治体系是由众多有关突发事件应急管理方面的法律、法规、规范性文件构成的一个开放式法律体系。具体而言，我国应急管理法治体系应当包含以下 5 个层次的主要内容。

第一，宪法中的有关条款规定。作为国家的根本大法，宪法一方面是我国应急管理法治体系的根本和立法依据，另一方面，宪法中的有关条款本身也对应急管理事项作出了具体规定。例如，《中华人民共和国宪法》（以下简称《宪法》）第六十二条、第六十七条、第八十条和第八十九条，对紧急状态和战争状态的确定和宣布，对动员令的决定和发布等，都直接作出了规定。关于紧急状态的确定和宣布，我国《宪法》第六十七条规定，全国人大常委会"决定全国或者个别省、自治区、直辖市进入紧急状态"。第八十条规定，由国家主席根据全国人大常委会的决定，"宣布进入紧急状态"。第八十九条规定，国务院"依照法律规定决定省、自治区、直辖市的范围内部分地区进入紧急状态"。这说明，决定和宣布进入紧急状态是一项宪法权力。全国或者个别省、自治区、直辖市进入紧急状态的，由全国人大常委会决定，国家主席宣布；省、自治区、直辖市的范围内部分地区进入紧急状态的，由国务院依照法律规定决定和宣布。关于战争状态的确定和宣布，我国《宪法》第六十二条规定，由全国人大"决定战争和和平的问题"。第八十条规定，由国家主席根据全国人民代表大会的决定，"宣布战争状态"。这说明，在我国，进入战争状态由全国人大决定，国家主席宣布。决定和宣布战争状态同样是一项宪法权力。关于动员令的决定和发布，我国《宪法》第六十七条规定，全国人大常委会"决定全国总动员或者局部动员"。第八十条规定，国家主席根据全国人大常委会的决定，"发布动员令"。这就是说，动员令由全国人大常委会决定，国家主席发布。其他任何机关和个人都无权决定和发布战时动员令。这说明，动员令的决定和发布是一种非常严肃的宪法权力。①

第二，综合性应急管理基本法，主要包括《突发事件应对法》《紧急状态法》。目前，《突发事件应对法》已于 2007 年 11 月 1 日起施行，但我国还未制定《紧急状态法》。《突发事件应对法》第六十九条规定，发生特别重大突发事件，对人民生命财产安全、国家安全、公共安全、环境安全或者社会秩序构成重大威胁，采取本法和其他有关法律、法规、规章规定的应急处置措施不能消除或者有效控制、减轻其严重社会危害，需要进入紧急状态的，由全国人民代表大会常务委员会或者国务院依照宪法和其他有关法律规定的权限和程序决定。紧急状态期间采取的非常措施，依照有关法律规定执行或者由全国人民代表大会常务委员会另行规定。这说明：紧急状态是不适用《突发事件应对法》和相应的其他法律、法规、规章的，紧急状态法应当由法律另行规定，这就为制定《紧急状态法》留出了立法接口。此外，《突发事件应对法》第三条规定，突发事件是指突然发生，造成或者可能造成严重社会危害，需要采取应急处置措施予以应对的自然灾害、事故灾难、公共卫生事件和社会安全事件。按照社会危害程度、影响范围等因素，自然灾害、事故灾难、公共卫生事件分为特别重大、重大、较大和一般四级。法律、行政法规或者国务院另有规定的，从其规定。突发事件的分级标准由国务院或者国务院确定的部门制定。第二条规定，突发事件应急管理主要包括突发事件的预防与应急准备、监测与预警、应急处置与救援、事后恢复与重建等应对活动。由此可见，《突发事件应对法》为适用于所有类型突发事件应对工作的综合性应急管理活动提供了基本法律依据。

第三，专业性应急管理单行法或专门法，即适用于某一类型突发事件或应急管理某一环节的单行性或专门性立法。按照《突发事件应

---

① 胡建淼：《领导干部该知道的应急法律知识》，《学习时报》2020 年 3 月 4 日。

对法》的规定，突发事件包括自然灾害、事故灾难、公共卫生事件和社会安全事件4大类。因此，可以将专业性应急管理单行法或专门法区分为4个类别：自然灾害类、事故灾难类、公共卫生事件类、社会安全事件类。

其中，自然灾害类专业性应急管理单行法或专门法主要有：《防震减灾法》《防洪法》《中华人民共和国防沙治沙法》《气象法》《森林法》《水法》《中华人民共和国公益事业捐赠法》《防汛条例》《海洋石油勘探开发环境保护管理条例》《军队参加抢险救灾条例》《人工影响天气管理条例》《水库大坝安全管理条例》《破坏性地震应急条例》《地质灾害防治条例》《汶川地震灾后恢复重建条例》《森林防火条例》等。

事故灾难类专业性应急管理单行法或专门法主要有：《安全生产法》《核安全法》《中华人民共和国矿山安全法》《特种设备安全法》《大气污染防治法》《中华人民共和国放射性污染防治法》《中华人民共和国海上交通安全法》《中华人民共和国环境保护法》《水污染防治法》《消防法》《生产安全事故应急条例》《消防救援衔条例》《铁路安全条例》《中华人民共和国海上交通事故调查处理条例》《建设工程安全生产管理条例》《煤矿安全监察条例》《铁路运输安全保护条例》《危险化学品安全管理条例》《农业转基因生物安全管理条例》《民用核设施安全监督管理条例》《特别重大事故调查程序暂行规定》《核电厂核事故应急管理条例》等。

公共卫生事件类专业性应急管理单行法或专门法主要有：《生物安全法》《动物防疫法》《传染病防治法》《中华人民共和国疫苗管理法》《中华人民共和国药品管理法》《野生动物保护法》《中华人民共和国职业病防治法》《中华人民共和国食品安全法》《中华人民共和国国境卫生检疫法》《中华人民共和国食品卫生法》《中华人民共和国农产品质量安全法》《进出境动植物检疫法》《中华人民共和国植物检疫

条例》《中华人民共和国突发公共卫生事件应急条例》《重大动物疫情应急条例》等。

社会安全事件类专业性应急管理单行法或专门法主要有：《国家安全法》《网络安全法》《反恐怖主义法》《中华人民共和国国防法》《中华人民共和国海警法》《中华人民共和国戒严法》《中华人民共和国集会游行示威法》《中华人民共和国治安管理处罚法》《中华人民共和国人民防空法》《中华人民共和国监狱法》《中华人民共和国民用航空法》《人民警察法》《中华人民共和国预备役军官法》《中华人民共和国民族区域自治法》《中华人民共和国领海及毗连区法》《中华人民共和国兵役法》《国防交通条例》《民用运力国防动员条例》《行政区域边界争议处理条例》《退伍义务兵安置条例》《中华人民共和国民用航空安全保卫条例》《信访条例》《防范和处置非法集资条例》等。

需要特别加以说明的是《戒严法》。根据《戒严法》的规定，戒严是适用严重危及国家的统一、安全或者社会公共安全的动乱、暴乱或者严重骚乱等社会安全事件，一般不适用自然灾害、事故灾难、公共卫生事件。戒严是国家处于紧急状态时对人采取的一种特别管控。它显然是紧急状态下的一种响应措施，但不是全部措施。戒严的决定权和宣布权，法律有特别规定。①

第四，相关法律法规中涉及应急管理的有关条款规定。例如，《中华人民共和国刑法》中关于"危害国家安全罪""危害国防利益罪""军人违反职责罪""拒不履行信息网络安全管理义务罪"等部分条款就涉及应急管理内容。

第五，国际条约中涉及应急管理的有关条款规定。例如，我国参加或承认的《公民权利和政治权利国际公约》《上海合作组织成员国关于地区反恐怖机构的协定》等国际条约中涉及突发事件、紧急状态

---

① 胡建淼：《领导干部该知道的应急法律知识》，《学习时报》2020年3月4日。

以及人权保护等的相关条款规定。

三、提高我国应急管理法治化规范化水平

总体来看，我国应急管理法治体系的突出特点，仍然表现出明显的以分类管理为基础的"一事一法"特征，即法律法规与突发事件类型以及政府部门职权存在着基本对应的关系。具体来讲，就是用一部法律、法规来规范一类突发事件的应对，而其主要的管理职责又赋予某一政府部门，将该部门确定为"执法机关"。我国应急管理法治体系"一事一法"特征，有利于提高应急管理专业化水平，但也存在不能适应应急管理综合化趋势、难以应对复合型突发事件、容易出现法律"空白地带"、强化部门分割的利益格局、弱化应急管理统一领导和综合协调、导致严重的"条条"分割等缺陷。此外，《紧急状态法》仍未制定，我国应急管理法治体系还存在不少立法空白、弱项、短板；现有的应急管理法律法规之间存在规定过于分散、立法冲突和矛盾较多的"法律条款打架"现象，立法质量不高、可操作性不强，亟待提高我国应急管理的法治化、规范化水平。

2019年11月29日下午，十九届中央政治局就我国应急管理体系和能力建设进行第十九次集体学习。习近平总书记在主持集体学习时强调，要坚持依法管理，运用法治思维和法治方式提高应急管理的法治化、规范化水平，系统梳理和修订应急管理相关法律法规，抓紧研究制定应急管理、自然灾害防治、应急救援组织、国家消防救援人员、危险化学品安全等方面的法律法规，加强安全生产监管执法工作。[①] 具体来说，学习贯彻落实习近平总书记的重要讲话精神，完善我国应急管理法治体系，进一步提高我国应急管理法治化规范化水平，当前要抓紧落实以下5个方面的重点工作任务。

---

① 《充分发挥我国应急管理体系特色和优势 积极推进我国应急管理体系和能力现代化》，《人民日报》2019年12月1日。

第一，优化应急管理综合性法治体系。修改、完善《突发事件应对法》，抓紧研究制定出台《紧急状态法》《应急管理法》《应急救援组织法》《国家消防救援人员法》等应急管理综合性法律法规，尤其要充分论证并稳妥处理好《突发事件应对法》与《应急管理法》这两个综合性应急管理法之间的各自定位、调整范围、职责分工等法律关系。

提高我国应急管理法治化规范化水平，当务之急是修改《突发事件应对法》。良法是善治的前提和基础，但法律的生命力在于实施，法律的权威也在于实施。然而，《突发事件应对法》在实际执行过程中却遭遇了诸多问题和困境，突出表现在：缺乏专职化、实权化、常态化并能够调度专业救援队伍和应急资源的日常应急管理组织机构作为《突发事件应对法》的执法主体和主责部门，从而导致《突发事件应对法》的执法主体、权限范围、监管方式、处罚措施等配套法规仍未出台，重大突发事件风险评估、宣教演练、物资储备、社会动员、应急财产征收征用补偿、建立应急管理公益性基金等方面还缺乏具体的配套政策措施。为防范化解重特大安全风险，健全公共安全体系，整合优化应急力量和资源，建议进一步明确《突发事件应对法》的执法主体和主责部门，并以法律的形式授予其职权，从而建立集中统一、高效权威的国家突发事件应急管理的领导体制，全面加强对突发事件应急管理工作的集中统一领导。

第二，优化自然灾害应急管理法治体系。抓紧制定出台《自然灾害防治法》，作为自然灾害应急管理法治体系的统领性法律，对自然灾害应急管理的法治精神、原则、体系、规范、程序要求、权利义务等作出一般性的规定。系统梳理和修订、完善、优化自然灾害应急管理有关法律法规。

第三，优化事故灾难应急管理法治体系。认真贯彻落实2021年新修订的《安全生产法》，将习近平总书记关于安全生产工作一系列重要指示批示的精神落实到位，坚持人民至上、生命至上，把保护人民生命安全摆在首位，树牢安全发展理念，坚持安全第一、预防为主、综合治理的方针，从源头上防范化解重大安全风险。抓紧研究制定《危险化学品安全法》，为危险化学品安全监管提供坚实的法治保障。系统梳理和修订、完善、优化事故灾难应急管理有关法律法规。

第四，优化生态环境事件应急管理法治体系。认真贯彻落实《环境保护法》《大气污染防治法》《水污染防治法》《核安全法》《民用核设施安全监督管理条例》《核电厂核事故应急管理条例》等法律法规，将习近平总书记关于生态环境安全与生态环境事件应急管理工作一系列重要指示批示的精神落实到位，健全生态环境应急管理制度体系，快速、科学、妥善应对生态环境事件，维护生态环境安全。系统梳理和修订、完善、优化生态环境事件应急管理有关法律法规。

第五，优化公共卫生事件应急管理法治体系。贯彻落实习近平总书记2020年2月14日在中央全面深化改革委员会第十二次会议上的重要讲话精神，强化公共卫生法治保障，全面加强和完善公共卫生领域相关法律法规建设，认真评估传染病防治法、野生动物保护法等法律法规的修改完善。[1] 贯彻落实习近平总书记2020年5月24日在参加十三届全国人大三次会议湖北代表团审议时的重要讲话精神，完善公共卫生应急法律法规，加快构建系统完备、科学规范、运行高效的公共卫生法律法规体系，健全权责明确、程序规范、执行有力的疫情防控执法机制，普及公共卫生安全和疫情防控相关法律法规，提高全民知法、懂法、守法、护法、用法意识和公共卫生风险防控意识。[2] 贯彻落实习近平总书记2020年6月2日下午在主持召开专家学者座谈会时发表的十分重要讲话精神，要有针对性地推进传染病防治法、突发公共卫生事件应对法等法律修改和制定工作，健全权责明确、程序规

---

[1] 习近平:《全面提高依法防控依法治理能力 健全国家公共卫生应急管理体系》,《求是》2020年第5期。

[2] 《习近平参加湖北代表团审议》,《经济参考报》2020年5月25日。

范、执行有力的疫情防控执法机制，进一步从法律上完善重大新发突发传染病防控措施。要普及公共卫生安全和疫情防控法律法规，推动全社会依法行动、依法行事。① 系统梳理和修订、完善、优化公共卫生事件应急管理有关法律法规。认真贯彻落实《生物安全法》和《动物防疫法》。

第六，优化社会安全事件应急管理法治体系。系统梳理和修订、完善、优化社会安全事件应急管理有关法律法规。认真贯彻落实《海警法》和《防范和处置非法集资条例》。做好《网络安全法》与《突发事件应对法》《国家安全法》《中华人民共和国刑法修正案（九）》的法律一致性与有效衔接问题。

第二节 我国应急管理法律制度规范体系

我国应急管理法律制度规范体系的一般规定主要体现在《突发事件应对法》中。我国应急管理法律制度规范体系的具体规定，主要体现在《国家安全法》《反恐怖主义法》《食品安全法》《网络安全法》等法律方面。

一、我国应急管理法律制度规范体系的一般规定

由于我国还未制定出台紧急状态法，因此我国应急管理法律制度规范体系的一般规定主要体现在《突发事件应对法》中。作为突发事件应急管理与公共安全领域的"龙头法""兜底法""基本法""一般法"，《突发事件应对法》具有极高的法律位阶和适用效力，它的发布标志着我国应急管理工作全面纳入了法制化轨道。《突发事件应对法》中关于我国应急管理法律制度规范体系的一般规定，主要体现在以下

---

① 《构建起强大的公共卫生体系 为维护人民健康提供有力保障》，《人民日报》2020年6月3日。

5个方面。①

第一，突发事件预防和应急准备制度。一是提高全社会危机意识和应急能力的制度。各级各类学校应该将应急知识教育纳入教学内容，基层人民政府应当组织应急知识的宣传普及活动，新闻媒体应当无偿开展突发事件预防与应急、自救与互救知识的公益宣传。二是隐患调查和监控制度。县级人民政府应当对本行政区域内危险源、危险区域进行调查、登记、风险评估，定期进行检查、监控；所有单位都应当建立健全安全管理制度。三是应急预案制度。应急预案具有同等法律文件的效力。四是建立应急救援队伍的制度。县级以上人民政府应当整合应急资源，建立或者确立综合性应急救援队伍；人民政府有关部门可以根据实际需要设立专业应急救援队伍；单位应当建立由本单位职工组成的专职或者兼职应急救援队伍。五是突发事件应对保障制度。主要包括应急物资储备保障制度、应急财政经费保障制度、应急通信保障体系。六是城乡规划要满足应急需要的制度。城乡规划应当符合预防、处置突发事件的需要，统筹安排应对突发事件所必需的设备和基础设施建设，合理确定应急避难场所。

第二，突发事件监测制度。一是建立统一的突发事件信息系统。具体包括：突发事件信息收集制度，突发事件隐患和预警信息的分析、会商和评估制度，上下左右互联互通和信息及时交流制度。二是建立健全监测网络。完善现有气象、水文、地震、地质、海洋、环境等自然灾害监测网；建立危险源、危险区域的实时监控系统和危险品跨区域流动监控系统；完善省、市、县、乡、村五级公共卫生事件信息报告网络系统，健全传染病和不明原因疾病、动植物疫情、植物病虫害和食品药品安全等公共卫生事件监测系统。

第三，突发事件预警制度。一是预警级别制度。根据突发事件发

---

① 汪永清：《〈突发事件应对法〉的几个问题》，《中国行政管理》2007年第12期；李岳德、张禹：《〈突发事件应对法〉立法的若干问题》，《行政法学研究》2007年第4期。

生的紧急程度、发展态势和可能造成的危害程度，分为一级、二级、三级和四级，分别用红、橙、黄、蓝色标示。二是预警警报的发布权制度。原则上，预警的突发事件发生地的县级人民政府享有警报的发布权，但影响超过本行政区域范围的，应当由上级人民政府发布预警警报。确定预警警报的发布权，应当遵守属地为主、权责一致、受上级领导三项原则。三是发布三级、四级警报后应当采取的措施。这些措施总体上是旨在强化日常工作，做好预防、准备工作和其他有关的基础工作，是一些强化、预防和警示性的措施。四是发布一级、二级警报后应当采取的措施。这时采取的措施应当更全面更有力，但从性质上仍然属于防范性、保护性的措施。

　　第四，突发事件应急处置制度。一是自然灾害、事故灾难或者公共卫生事件发生后可以采取的措施。包括：组织营救和救治受害人员，疏散、撤离并妥善安置受到威胁的人员以及采取其他救助性措施；迅速控制危险源，标明危险区域，封锁危险场所，划定警戒区，实行交通管制以及其他控制措施；禁止或者限制使用有关设备、设施，关闭或者限制使用有关场所，中止人员密集的活动或者可能导致危害扩大的生产经营活动以及采取其他保护措施等。二是社会安全事件发生后可以采取的措施。包括：强制隔离使用器械相互对抗或者以暴力行为参与冲突的当事人，妥善解决现场纠纷和争端，控制事态发展；对特定区域内的建筑物、交通工具、设备、设施以及燃料、燃气、电力、水的供应进行控制；封锁有关场所、道路、查验现场人员的身份证件，限制有关公共场所内的活动等。三是发生突发事件、严重影响国民经济正常运行时可以采取的措施。包括及时调整税率，宣布税收开征、停征以及减税、免税、退税等调控措施；调节货币供应量、信贷规模和信贷资金投向，规范金融秩序，实行外汇和国际贸易等方面的管制措施。

　　第五，突发事件事后恢复与重建制度。一是及时停止应急措施，同时采取或者继续实施防止次生、衍生事件或者重新引发社会安全事件的必要措施。二是在对突发事件造成的损失进行评估的基础上,制定恢复重建计划。三是上级人民政府提供指导和援助。四是国务院根据受突发事件影响地区遭受损失的情况,制定扶持该地区有关行业发展的优惠政策。

二、我国应急管理法律制度规范体系的具体规定

我国应急管理法律制度规范体系的具体规定,主要体现在《国家安全法》《反恐怖主义法》《食品安全法》《网络安全法》等法律方面。

(一)《国家安全法》应急管理法律制度规范

2015年7月1日公布并施行的《国家安全法》中的应急管理法律制度规范,主要体现在以下3个方面。

第一,国家安全风险管理与安全审查制度。《国家安全法》第五十六条规定,国家建立国家安全风险评估机制,定期开展各领域国家安全风险调查评估。第五十七条规定,国家健全国家安全风险监测预警制度,根据国家安全风险程度,及时发布相应风险预警。第五十九条规定,国家建立国家安全审查和监管的制度和机制,对影响或者可能影响国家安全的外商投资、特定物项和关键技术、网络信息技术产品和服务、涉及国家安全事项的建设项目,以及其他重大事项和活动,进行国家安全审查,有效预防和化解国家安全风险。

第二,紧急状态立法制度。《国家安全法》第三十五条规定,全国人民代表大会依照宪法规定,决定战争和和平的问题,行使宪法规定的涉及国家安全的其他职权。全国人民代表大会常务委员会依照宪法规定,决定战争状态的宣布,决定全国总动员或者局部动员,决定全国或者个别省、自治区、直辖市进入紧急状态,行使宪法规定的和全国人民代表大会授予的涉及国家安全的其他职权。第六十四条规定,

发生危及国家安全的特别重大事件，需要进入紧急状态、战争状态或者进行全国总动员、局部动员的，由全国人民代表大会、全国人民代表大会常务委员会或者国务院依照宪法和有关法律规定的权限和程序决定。第六十五条规定，国家决定进入紧急状态、战争状态或者实施国防动员后，履行国家安全危机管控职责的有关机关依照法律规定或者全国人民代表大会常务委员会规定，有权采取限制公民和组织权利、增加公民和组织义务的特别措施。

第三，国家安全科普宣教制度。《国家安全法》第十四条规定，每年4月15日为全民国家安全教育日。第七十六条规定，国家加强国家安全新闻宣传和舆论引导，通过多种形式开展国家安全宣传教育活动，将国家安全教育纳入国民教育体系和公务员教育培训体系，增强全民国家安全意识。

（二）《反恐怖主义法》应急管理法律制度规范

2016年1月1日施行的《反恐怖主义法》中的应急管理法律制度规范，主要体现在以下4个方面。

第一，反恐怖安全查验与风险管理制度。《反恐怖主义法》第二十条规定，铁路、公路、水上、航空的货运和邮政、快递等物流运营单位应当实行安全查验制度。第三十条规定，对恐怖活动罪犯和极端主义罪犯被判处徒刑以上刑罚的，监狱、看守所应当在刑满释放前根据其犯罪性质、情节和社会危害程度，服刑期间的表现，释放后对所居住社区的影响等进行社会危险性评估。第三十一条规定，公安机关应当会同有关部门，将遭受恐怖袭击的可能性较大以及遭受恐怖袭击可能造成重大的人身伤亡、财产损失或者社会影响的单位、场所、活动、设施等确定为防范恐怖袭击的重点目标，报本级反恐怖主义工作领导机构备案。第三十二条规定，重点目标的管理单位应当实行风险评估，实时监测安全威胁，完善内部安全管理。

第二，恐怖事件现场指挥制度。在法律层面上明确规定了恐怖事件现场应急处置指挥长负责制，并清晰地规范了指挥长的确定办法和人选；设立了现场指挥员制度，以弥补尚未确定指挥长时恐怖事件现场应急处置指挥的空白，并明确了依次递补确定担任现场指挥员人选的详细的可操作方法。《反恐怖主义法》第五十六条规定，应对处置恐怖事件，各级反恐怖主义工作领导机构应当成立由有关部门参加的指挥机构，实行指挥长负责制。第五十七条规定，恐怖事件发生后，发生地反恐怖主义工作领导机构应当立即启动恐怖事件应对处置预案，确定指挥长。按照反恐怖主义工作领导机构和指挥长的统一领导、指挥，协同开展打击、控制、救援、救护等现场应对处置工作。第五十八条规定，反恐怖主义工作领导机构尚未确定指挥长的，由在场处置的公安机关职级最高的人员担任现场指挥员。公安机关未能到达现场的，由在场处置的中国人民解放军或者中国人民武装警察部队职级最高的人员担任现场指挥员。现场应对处置人员无论是否属于同一单位、系统，均应当服从现场指挥员的指挥。指挥长确定后，现场指挥员应当向其请示、报告工作或者有关情况。

第三，恐怖事件应对处置措施制度。《反恐怖主义法》第六十一条规定，恐怖事件发生后，负责应对处置的反恐怖主义工作领导机构可以决定由有关部门和单位采取九项应对处置措施，其中有三项恐怖事件应对处置措施是首次在法律层面上规定的，并明确由省级以上反恐怖主义工作领导机构决定或者批准，其具体内容为：在特定区域内实施空域、海（水）域管制，对特定区域内的交通运输工具进行检查；在特定区域内实施互联网、无线电、通信管制；在特定区域内或者针对特定人员实施出境入境管制。

第四，境外恐怖事件应对处置制度。《反恐怖主义法》第四十一条规定，国务院主管部门应当建立境外投资合作、旅游等安全风险评估制度，对中国在境外的公民以及驻外机构、设施、财产加强安全保护，防范和应对恐怖袭击。第五十九条规定，中华人民共和国在境外的机构、人员、重要设施遭受严重恐怖袭击后，经与有关国家协商同意，国家反恐怖主义工作领导机构可以组织外交、公安、国家安全等部门派出工作人员赴境外开展应对处置工作。第七十一条规定，经与有关国家达成协议，并报国务院批准，国务院公安部门、国家安全部门可以派员出境执行反恐怖主义任务。中国人民解放军、中国人民武装警察部队派员出境执行反恐怖主义任务，由中央军事委员会批准。

（三）《食品安全法》应急管理法律制度规范

2015年10月1日施行的《食品安全法》中的应急管理法律制度规范，主要体现在以下3个方面。

第一，食品安全风险管理制度。《食品安全法》第十四条规定，国家建立食品安全风险监测制度。第十七条规定，国家建立食品安全风险评估制度。第四十二条规定，国家建立食品安全全程追溯制度。第四十三条规定，国家鼓励食品生产经营企业参加食品安全责任保险。第六十三条规定，国家建立食品召回制度。第九十五条规定，境外发生的食品安全事件可能对我国境内造成影响，或者在进口食品、食品添加剂、食品相关产品中发现严重食品安全问题的，国家出入境检验检疫部门应当及时采取风险预警或者控制措施。

第二，食品安全事故调查制度。《食品安全法》第一百零六条规定，发生食品安全事故，设区的市级以上人民政府食品药品监督管理部门应当立即会同有关部门进行事故责任调查，督促有关部门履行职责，向本级人民政府和上一级人民政府食品药品监督管理部门提出事故责任调查处理报告。第一百零七条规定，调查食品安全事故，应当坚持实事求是、尊重科学的原则，及时、准确查清事故性质和原因，认定事故责任，提出整改措施。

第三，食品安全事故问责制度。明确规定了"责任约谈"这种食品安全事故问责制度。《食品安全法》第一百一十四条规定，县级以上人民政府食品药品监督管理部门可以对食品生产经营者的法定代表人或者主要负责人进行责任约谈。责任约谈情况和整改情况应当纳入食品生产经营者食品安全信用档案。第一百一十七条规定，县级以上人民政府可以对其食品药品监督管理等部门主要负责人进行责任约谈。上级人民政府可以对下级人民政府主要负责人进行责任约谈。责任约谈情况和整改情况应当纳入地方人民政府和有关部门食品安全监督管理工作评议、考核记录。

（四）《网络安全法》应急管理法律制度规范

2017年6月1日施行的《网络安全法》中的应急管理法律制度规范，主要体现在5个方面。

第一，网络安全风险管理制度。《网络安全法》第一条明确了网络空间主权原则，将保障网络安全上升到维护网络空间主权和国家安全、社会公共利益的高度。《网络安全法》规定，国家监测、防御、处置来源于境内外的网络安全风险和威胁。网络产品、服务的提供者发现其网络产品、服务存在安全缺陷、漏洞等风险时，应当立即采取补救措施并及时告知用户、报告有关主管部门。国家鼓励有关企业、机构开展网络安全风险评估等服务。

第二，网络安全等级保护和重点保护制度。《网络安全法》第二十一条明确规定了网络安全等级保护制度的具体内容。第三十一条明确规定了网络安全重点保护制度的实施范围：在网络安全等级保护制度基础上，对关键信息基础设施强制实行网络安全重点保护制度。重要行业和领域的关键信息基础设施，主要限于三大类重要行业和领域：电子政务、公共服务等公共管理类，能源、交通、水利等基础设施类，金融、公共通信和信息服务等市场服务类关键信息基础设施。第三十三条规定了网络安全重点保护"三同步"制度：建设关键信息基础设施的同时，应当确保同步规划、同步建设、同步使用网络安全技术措施。第三十四条至第三十八条用5条的篇幅，详细规定了网络安全重点保护制度的具体内容。

第三，网络安全监测预警和信息通报制度。《网络安全法》第五十一条、第五十二条明确规定了国家建立健全网络安全监测预警和信息通报制度，加强网络安全信息的监测、收集、分析、预警和信息通报工作，由国家网信部门统一对外发布网络安全监测预警信息。强制实行关键信息基础设施网络安全重点保护的重要行业和领域的网络安全监测预警和信息通报制度。第二十九条规定，网络运营者之间相互合作进行网络安全信息的收集、分析并进行信息通报。第四十条至第四十五条详细规定了网络安全信息保密、用户信息保护制度的具体内容。

第四，网络安全事件应急预案制度。《网络安全法》第二十五条、第五十三条规定了网络安全事件应急预案制度，明确制定网络安全事件应急预案是网络运营者以及国家网信部门、负责关键信息基础设施安全保护工作的部门等有关监管部门的法定义务。强制实行关键信息基础设施网络安全重点保护的重要行业和领域的网络安全事件应急预案，由负责关键信息基础设施安全保护工作的有关监管部门制定并定期组织演练；其他的网络安全事件应急预案，由国家网信部门协调有关监管部门制定、定期组织演练，并建立健全网络安全事件应急工作机制。

第五，网络安全事件应急处置制度。《网络安全法》第五十四条至第五十八条用5条的篇幅，详细规定了网络安全事件应急处置制度的具体内容和措施，明确网络安全事件应急处置的权力和责任主体为省级以上人民政府有关部门，并不采用属地管理为主原则。而按照《突发事件应对法》的规定，一般的突发事件处置普遍采用分级负责、属地管理为主的应急管理体制，一般突发事件由发生地县级人民政府进行应急处置。此外，为了维护国家安全、网络空间主权、社会公共利益和社会公共秩序，满足应对重大突发社会安全事件等重特大突发事件的应急处置需要，经国务院决定或者批准，省级以上人民政府有关部门可以在特定区域,按照应急处置的权限和程序,采取网络通信限制等临时措施。

第三节　加强应急管理法治思维能力建设

应急管理法治思维能力建设,就是要提高运用法治思维进行应急管理的能力,严格依法应急管理、依法应对突发事件。运用法治思维和法治方式,从立法、执法、司法、守法各环节有力推进我国应急管理事业健康发展。

一、应急管理法治思维能力建设的基本要求

习近平总书记指出,法治是治国理政的基本方式。法律是治国之重器,法治是国家治理体系和治理能力的重要依托。[①] 他多次强调,"法律是治国理政最大最重要的规矩","任何人都没有法律之外的绝对权力","把对法治的尊崇、对法律的敬畏转化成思维方式和行为方式,做到在法治之下、而不是法治之外、更不是法治之上想问题、作决策、办事情"。习近平总书记的重要讲话精神,为坚持依法应急管理、推进突发事件应对法治化提供了根本遵循和思想武器,也为习近平全面依法治国新理念新思想新战略注入了新的内容。因此,必须坚持依法应对突发事件,全面提高依法应急管理能力,将法治思维贯穿于应急管理的各个领域、各个环节,始终恪守应急管理法治思维能力建设的基本要求。

所谓法治思维,是与人治思维、特权思维相对立的一种思维方式,指以法治理念为基础,运用法律规范、法律概念、法律判断、法律推理、法律原则、法律精神和法律逻辑对问题进行分析、综合、判断、

---

① 习近平:《关于〈中共中央关于全面推进依法治国若干重大问题的决定〉的说明》,《求是》2014年第21期。

推理和形成结论、决定的思想认识活动与过程。① 根据法治思维在不同领域、不同问题上的运用,可分为3个层次:一是认知判断层次,即运用法治原理和法律规定对社会问题进行观察、认识,自行得出初步判断。这是普通社会成员应具备的法治思维。二是逻辑推理层次,即运用法治原理和法律规定,对社会问题进行分析判断、综合推理,得出相应结论或者拿出解决办法。这是法律职业人员应具备的法治思维。三是综合决策和制度建构层次,结合经济、政治、文化、社会等因素进行综合衡量,作出符合法治要求的决策或者建构法律制度,对更宏观的问题提出长远的解决方案。这是领导干部应具备的法治思维。从国家工作人员的角度看,法治固有的取向是:权力来源于法律,权力受制于法律,权力与责任相统一,权力要尊重权利。②

法治思维是以法律作为判断是非曲直、塑造社会秩序、推进良法善治的逻辑化理性思维方式。从个体层面看,法治思维是一种理性的思维方式和办事原则;从社会层面看,法治思维表现为一整套有关权利、义务、权力、职责的制度性安排;从国家层面看,法治思维体现为一种宏观的国家治理方略;从精神层面看,法治思维呈现出国家对人的尊严的终极关怀,对良法善治的深刻洞见与守护。③ 一般来说,法治思维具有规则思维、权利义务思维、职权法定思维、权力责任思维、程序性思维、平衡性思维、制度性思维、建设性思维等突出特点。④

---

① 吴瀚飞:《努力掌握和善于运用科学思维方式——深入学习习近平同志关于思维方式的重要论述》,《人民日报》2017年6月8日;杨学博:《善用法治思维开展工作》,《人民日报》2019年7月18日;丁晋清:《提高科学思维能力 打赢疫情防控阻击战》,《人民日报》2020年2月11日。
② 汪永清:《法治思维及其养成》,《求是》2014年第12期。
③ 周尚君:《提高运用法治思维和法治方式的能力》,《光明日报》2019年7月17日。
④ 汪永清:《法治思维及其养成》,《求是》2014年第12期;杨宗科:《让法治思维成为领导干部履职履责的内在自觉》,《光明日报》2019年7月17日;周尚君:《提高运用法治思维和法治方式的能力》,《光明日报》2019年7月17日。

应急管理法治思维能力建设，就是要提高运用法治思维进行应急管理的能力，要依据我国应急管理法治体系的立法理念、立法目的、立法精神、立法原则，以及具体的法律条款等确立的法定主体、法定权限、法定内容、法定范围、法定程序、法定措施、法定方式、法定标准、法定条件、法定职责等，严格依法应急管理、依法应对突发事件。具体来说，应急管理法治思维能力建设的基本要求，主要体现在以下5个方面。

第一，牢固树立以人民为中心的应急管理法治理念，积极践行以人为本的应急管理法治实践。

牢固树立以人民为中心的应急管理法治理念。新冠肺炎疫情发生以来，习近平总书记最大的关切就是人民群众生命安全和身体健康，多次强调要始终把人民群众生命安全和身体健康放在第一位，集中展现了习近平总书记"我将无我、不负人民"的赤子情怀，展现了人民利益高于一切、人民生命重于泰山的执政理念。[①] 因此，坚持人民的生命健康高于一切，确保人民群众生命安全和身体健康，牢固树立以人民为中心的应急管理法治理念，是依法应急管理、依法应对突发事件的根本要求。

积极践行以人为本的应急管理法治实践。一是应急管理不得侵犯与人民生命健康密切相关的公民基本权利。应急管理任何限制公民人身和财产权利的措施都不能以损害人民生命和基本权利为代价，都必须坚持人道主义底线。与人民生命健康密切相关的生命权、知情权、隐私权、人格尊严等基本权利也必须予以尊重，不得任意进行非法限制和侵害。[②] 二是必须维持应急管理公权力与私权利的平衡。在应急状态下公权力一般会呈现出扩张趋势，公民的私权利相应地会受到一

[①] 中央全面依法治国委员会办公室：《为赢得疫情防控胜利提供法治保障和服务》，《求是》2020年第5期。

[②] 江必新：《用法治思维和法治方式推进疫情防控工作》，《求是》2020年第5期。

定程度的限缩、克减，或者增加公民的义务。但是，对公民的私权利限制应当要有一个"度"，从而最大限度地保障公民权益，体现对公民权利依法予以限制和保护相统一。因此，应急状态下预警期间的措施主要是防范性、保护性措施等。① 尊重公民财产权，被应急征用、财产征用后应当及时返还或补偿。尊重公民知情权，强调信息公开。三是应该遵循"有损害就有救济"的现代法治精神。应急管理中采取的许多措施都属于即时强制，应当赋予公民相应的事后救济机会。

第二，坚持应急管理合法性原则，必须做到应急管理权力主体适格、职权法定、符合法定权限、权力责任对等。

法治是维护正常社会秩序、保障社会正常运行的"稳定器"，是增强"社会免疫力"、提高"整体战斗力"的良方，明确了应急状态下的处置原则、程序、措施和相关主体的权利、义务、责任，为依法应急管理提供了遵循和依据。② 常规状态下，公权力运行一般坚持"法无授权不可为"的原则，私权利行使一般奉行"法无禁止即可为"的理念。但是，在应急状态下，需要授予公权力机关更多紧急行政权，政府必须发挥更加鲜明的主导作用，采取某些特殊应对措施，以更好地维护社会公共利益，不完全受"法无授权不可为"的局限。在人民生命健康受到现实威胁而法律又没有明确授权的情况下，各级党委、政府要勇于履职、敢于担当，按照法律的基本精神及原则作出处理，不得以法律没有明确授权为由消极无为、袖手旁观。但必须遵守不得滥用职权、徇私舞弊的底线，确保应急处置措施经得起事后的监督和审查。③ 应急管理法治思维强调职权法定思维、权力责任思维。职权

---

① 汪永清：《〈突发事件应对法〉的几个问题》，《中国行政管理》2007 年第 12 期；李岳德、张禹：《〈突发事件应对法〉立法的若干问题》，《行政法学研究》2007 年第 4 期。
② 中央全面依法治国委员会办公室：《为赢得疫情防控胜利提供法治保障和服务》，《求是》2020 年第 5 期。
③ 江必新：《用法治思维和法治方式推进疫情防控工作》，《求是》2020 年第 5 期；马怀德、王利明、张世君：《为疫情防控提供法治保障》，《光明日报》2020 年 3 月 3 日。

是公权力,权力就是责任,合法性是行使职权有效性的逻辑前提。职权法定意味着坚持法定职责必须为。① 在应急管理中要坚持权力责任对等,领导权主要表现为以相应责任为前提的指挥权、协调权。重点明确各级政府及其部门在应急管理中的主要职责,更加强调行政机关科学、及时、有效应对突发事件的积极责任,但有关单位和社会公众同样负有义不容辞的责任。②

第三,坚持应急管理合理性原则,应急管理措施必须符合比例原则。

应急管理是政府在非常时期提供的特殊公共服务。在现实法律体系对突发事件的规范并不明晰的情况下,允许政府"超出法律范围",通过自由裁量权的应用,采取有效措施应对突发事件。但是,这种"超出法律范围"的自由裁量权必须符合比例原则,具有合理性、必要性。比例原则是规制国家公权力的重要法律原则,在德国被称为行政法的"帝王条款"。一般来说,比例原则包括3个子原则:目的性(适当性)原则、必要性(最少侵害)原则、均衡性原则。比例原则要求在应急管理实践中公权力在侵犯公民权利时,必须有法律依据(即符合法律保留原则),且必须在侵害公民权利最小、最大程度地保护公民权益的范围内行使公权力。《突发事件应对法》第十一条专门对比例原则作出了明确规定:"有关人民政府及其部门采取的应对突发事件的措施,应当与突发事件可能造成的社会危害的性质、程度和范围相适应;有多种措施可供选择的,应当选择有利于最大程度地保护公民、法人和其他组织权益的措施。"

第四,坚持应急管理正当程序原则,既坚持效率优先、充分授权,又要求严格限权,坚持应急处置合目的性、合法性与正当性相统一。

---

① 杨宗科:《让法治思维成为领导干部履职履责的内在自觉》,《光明日报》2019年7月17日。
② 汪永清:《〈突发事件应对法〉的几个问题》,《中国行政管理》2007年第12期;李岳德、张禹:《〈突发事件应对法〉立法的若干问题》,《行政法学研究》2007年第4期。

应急管理法治思维是程序性思维。程序的本质是一种形式合理性、可实践的理性。① 程序性思维要求应急管理不仅要用"看得见的方式"——程序实现正义，更应重视正当程序建设。正当程序要求既坚持效率优先、充分授权，又严格限权。既根据中国国情授予行政机关充分的权力，以有效应对突发事件；又严格规定行政权力行使的规则和程序，在对突发事件进行分类、分级、分期的基础上，确定突发事件的社会危害程度、授予行政机关与突发事件的种类、级别和时期相适应的职权。② 要把握好效益与成本的关系，坚持应急处置合目的性、合法性与正当性相统一。既要依法依职权管控危机，实现有效控制危机的基本目标；也要适当控制应急成本，讲求应急效益，避免紧急状态实际情况与处置措施力度失衡。③

第五，领导干部应急管理法治思维的养成、应急管理法治思维能力的提高是关键。

领导干部是"关键少数"，必须深化对应急管理法治的认识、树立对应急管理法治的信仰、坚守应急管理法治底线、提高应急管理法治素养。领导干部要带头学法，不仅学履行应急管理职责所需的法律知识，而且学应急管理法治原则、原理、精神，重点掌握法律授予什么应急管理权力、边界在哪里、行使程序是什么、不依法行使应承担什么责任等，提高依照法定应急管理权限、程序行使权力的素养。领导干部还要加强应急管理法律逻辑训练和法治实践锻炼，依法办事，突发事件越是情况紧急，应急状态越是问题复杂，越要坚持法治的定力、坚守法治的底线、坚定法治的意志，越要坚持依法应急管理、运用法治思维去思考、处理：有法律规定的，遵循法律规定；没有法律

---

① 汪永清：《法治思维及其养成》，《求是》2014年第12期。
② 汪永清：《〈突发事件应对法〉的几个问题》，《中国行政管理》2007年第12期；李岳德、张禹：《〈突发事件应对法〉立法的若干问题》，《行政法学研究》2007年第4期。
③ 江必新：《用法治思维和法治方式推进疫情防控工作》，《求是》2020年第5期。

规定的，遵循法治原则和法治精神。①

二、运用法治思维和法治方式推进应急管理

习近平总书记指出，法治体系是国家治理体系的骨干工程。我们必须认认真真讲法治、老老实实抓法治。各级领导干部要对法律怀有敬畏之心，带头依法办事，带头遵守法律，不断提高运用法治思维和法治方式深化改革、推动发展、化解矛盾、维护稳定能力。② 要坚持依法管理，运用法治思维和法治方式提高应急管理的法治化、规范化水平。③ 各级党委和政府要全面依法履行职责，坚持运用法治思维和法治方式开展疫情防控工作，在处置重大突发事件中推进法治政府建设，提高依法执政、依法行政水平。坚持依法防控，要始终把人民群众生命安全和身体健康放在第一位，从立法、执法、司法、守法各环节发力，切实推进依法防控、科学防控、联防联控。④ 因此，必须在加强我国应急管理法治思维能力建设基本要求的保障下，运用法治思维和法治方式从立法、执法、司法、守法各环节有力推进我国应急管理事业健康发展。

法治思维是基于法治的固有特性和法治信念，认识事物、判断是非、解决问题的思维方式。法治方式是运用法治思维处理和解决问题的行为方式。⑤ 具体来说，运用法治思维和法治方式从立法、执法、司法、守法各环节有力推进我国应急管理事业健康发展，主要体现在以下4个方面。

第一，在立法环节，要完善应急管理相关立法，加强配套制度建

---

① 汪永清：《法治思维及其养成》，《求是》2014年第12期。
② 习近平：《加快建设社会主义法治国家》，《求是》2015年第1期。
③ 《充分发挥我国应急管理体系特色和优势 积极推进我国应急管理体系和能力现代化》，《人民日报》2019年12月1日。
④ 习近平：《全面提高依法防控依法治理能力 健全国家公共卫生应急管理体系》，《求是》2020年第5期。
⑤ 汪永清：《法治思维及其养成》，《求是》2014年第12期。

设，完善处罚程序，强化公共安全保障，构建系统完备、科学规范、运行有效的应急管理法律体系。

要修改、完善《突发事件应对法》，抓紧研究制定出台紧急状态法、应急管理法、应急救援组织法、自然灾害防治法、危险化学品安全法、国家消防救援人员法等，有针对性地推进突发公共卫生事件应对法等法律制定工作，认真评估《传染病防治法》《野生动物保护法》等法律法规的修改完善。加快推进修订《治安管理处罚法》，严厉打击与应急管理相关违法行为。同时，必须打通应急管理立法"最后一公里"，加强配套制度建设，该修改的修改、该细化的细化、该明确的明确，提高应急管理法律体系的可执行性、可操作性。[1] 重点是修改现有法律法规，解决法律法规适用冲突、衔接不畅、针对性不足、操作性不强，相关部门权限不足、手段缺失、体制不顺、机制不灵等问题。[2]

第二，在执法环节，要严格执行应急管理法律法规，健全权责明确、程序规范、执行有力的应急管理执法机制，完善执法管理体制及职责，加强风险评估，依法审慎决策，严格依法实施应急管理措施。

要严格执行应急管理法律法规，进一步从法律上完善应急管理措施，明确中央和地方、政府和部门、行政机关和专业机构的应急管理职责。加强治安管理、市场监管等执法工作，严格公正规范文明执法，严厉查处各类违法犯罪行为，对拒不执行应急管理措施的，依法从严从重追究相应法律责任。严禁过度执法、粗暴执法，始终在法治轨道上统筹推进应急管理工作。制定出台规范应急管理行政执法的指导意见，统一执法标准、程序、依据。[3] 依法规范捐赠、受赠行为，确保

---

[1] 中央全面依法治国委员会办公室：《为赢得疫情防控胜利提供法治保障和服务》，《求是》2020年第5期。
[2] 马怀德、王利明、张世君：《为疫情防控提供法治保障》，《光明日报》2020年3月3日。
[3] 中央全面依法治国委员会办公室：《为赢得疫情防控胜利提供法治保障和服务》，《求是》2020年第5期。

受赠财物全部及时用于应急管理。捐赠接收机构工作人员滥用职权、玩忽职守、徇私舞弊，致使捐赠物资造成重大损失的，由所在单位依照有关规定予以处理；构成犯罪的，移交有关部门依法追究法律责任。① 要依法做好突发事件报告和发布工作，按照法定内容、程序、方式、时限及时准确报告突发事件信息。

第三，在司法环节，要加大对危害应急管理行为司法力度，加强对相关案件审理工作的指导，及时处理，定分止争，为应急管理提供切实有效的司法保障。

要依法严厉打击妨害应急管理的各类违法犯罪。司法机关要保持高压态势，依法从快从严查办并公布妨害应急管理的犯罪案件，有效震慑违法犯罪，彰显应急管理法治的威严。② 人民法院要加强对疫情所涉民事、行政、执行案件的法律适用和对相关案件审理工作的指导，适时发布指导意见，指导地方各级人民法院妥善审理执行相关案件，有力维护正常经济社会秩序。检察机关要依法从严从重惩治妨害应急管理犯罪，回应社会关切，震慑违法犯罪。③

第四，在守法环节，要加强应急管理法治宣传和法律服务，组织基层开展应急管理普法宣传，提高全民知法、懂法、守法、护法、用法意识和突发事件风险防控意识，依法支持和配合应急管理工作。

要加强应急管理法治宣传和法律服务，加强应急管理期间矛盾纠纷化解，为困难群众提供有效法律援助。要进一步加大普法力度，充分发挥主流媒体和新兴媒体作用，深入宣传应急管理法治措施和成效，引导广大群众遵规守法，不信谣不传谣，依法支持和配合应急管理工作。要积极组织基层开展应急管理普法宣传，组织律师等法律服务人

---

① 江必新：《用法治思维和法治方式推进疫情防控工作》，《求是》2020年第5期。
② 中央全面依法治国委员会办公室：《为赢得疫情防控胜利提供法治保障和服务》，《求是》2020年第5期。
③ 江必新：《用法治思维和法治方式推进疫情防控工作》，《求是》2020年第5期。

员提供公益法律服务，为困难群众提供法律援助。① 要按照"谁执法谁普法""谁管理谁普法""谁服务谁普法"的普法责任制要求，全面压实应急管理普法宣传教育责任，切实发挥乡镇、街道、社区等基层组织作用。有关政府机关、人民团体、新闻媒体要充分履行公益普法职责，将普法宣传融入突发事件应急管理、服务和执法全过程，提高公众应急管理法治观念。②

案例 2-1

大理"征用"口罩引发争议③

2020年2月2日，云南省大理市卫生健康局发出一份"应急处置征用通知书"，主要内容是：由于当前新冠肺炎疫情防控形势严峻，大理市疫情防控物资极度紧缺。为切实加强疫情防控工作，根据《突发事件应对法》、《传染病防治法》和《云南省突发事件应急征用与补偿办法》，经大理市人民政府研究，"决定对你（单位）由顺丰物流从云南省瑞丽市发往重庆市的9件口罩"，依法实施应急征用。同时，该通知书还根据《云南省突发事件应急征用与补偿办法》第十八条的规定，要求被征用单位在收到补偿通知1年内，向大理市卫健局提出应急补偿申请。逾期未提出补偿申请且无正当理由的，视同放弃受偿权利。

大理市卫健局应急征用发往外省市的防疫用口罩一事，引起舆论哗然，称大理此举实乃"截胡"。众多媒体高度关注，连续跟踪报道。事件曝光后，大理市成立了工作专班，主动与被征用主体进行沟通。大部分被征用主体对此次有偿应急征用表示理解，同时大理市及时与重庆方进行沟通，已于2月5日达成共识，将对暂扣口罩予以全部放行退还。

---

① 中央全面依法治国委员会办公室：《为赢得疫情防控胜利提供法治保障和服务》，《求是》2020年第5期。
② 江必新：《用法治思维和法治方式推进疫情防控工作》，《求是》2020年第5期。
③ 参见沈岿：《防范"大理截胡"行为需要三项修法》，《经济参考报》2020年2月25日；新华社、《经济日报》、《法制日报》等相关报道。

2月6日下午，大理市召开新闻发布会，就暂扣口罩一事向社会公开道歉；2月6日晚，大理市发布通告，对市卫健局局长给予免职处理，对市工信和科技局局长给予政务记过处分。2月25日，云南省公布了立案调查结果：大理市违法扣押征用防疫口罩问题属实，情节恶劣、性质严重，决定对5个单位、8名责任人进行问责处理，其中，大理市委书记被免职，市长被撤职。

大理"征用"口罩事件，涉及《突发事件应对法》和《传染病防治法》的严格执法问题，引发学术界和舆论的普遍关注。

本章小结

我国应急管理法治体系是中国特色社会主义法治体系的重要组成部分。我国应急管理法治体系建设，要在明确我国应急管理法治体系基本构成的基础上，提高应急管理法治化规范化水平；在阐明我国应急管理法律制度规范体系的一般规定和具体规定的前提下，进一步完善我国应急管理法律制度规范体系；在加强我国应急管理法治思维能力建设基本要求的保障下，运用法治思维和法治方式从立法、执法、司法、守法各环节有力推进我国应急管理事业健康发展。

思考题

1. 结合工作实践，谈谈如何提高我国应急管理法治化规范化水平。

2. 结合具体突发事件案例，谈谈我国应急管理法律制度规范体系一般规定的主要内容。

3. 结合个人实际情况，谈谈加强应急管理法治思维能力建设的基本要求。

推荐阅读书目

1. 全国人大常委会法制工作委员会国家法室编著，李飞主编：《〈中华人民共和国突发事件应对法〉释义及实用指南》，中国民主法制出版社2007年版。

2. 全国人大常委会法制工作委员会编，乔晓阳主编：《中华人民共和国国家安全法释义》，法律出版社2016年版。

3. 全国人大常委会法制工作委员会编，郎胜、王爱立主编：《中华人民共和国反恐怖主义法释义》，法律出版社2016年版。

4. 杨合庆主编：《中华人民共和国网络安全法释义》，中国民主法制出版社2017年版。

第三章　预防与应急准备

预防与应急准备是应对突发事件的基础。有效应对突发事件，必须坚持预防为主、源头治理，把预防与应急准备放在优先位置。为此，要完善共建共治共享的社会治理格局，营造社会安全文化，有效防范各种安全风险，强化突发事件源头预防。要坚持底线思维的思想方法，凡事从坏处准备，做好应对突发事件的思想准备、预案准备、机制准备、工作准备等各方面的应急准备，努力争取最好的结果，牢牢掌握主动权。要加强应急预案管理，健全应急预案体系，落实各环节责任和措施，加强应急预案编制、评审、公布、备案、宣传、教育、培训、演练、评估、修订实施及监督管理工作。

第一节　坚持预防为主、源头治理

居安思危、预防为主、常备不懈，是我国应对各类突发事件的指导方针。[1] 预防突发事件的发生，加强应急准备工作，是推进应急管理体系和能力现代化的内在要求。党的十八大以来，以习近平同志为核心的党中央将突发事件预防和应急准备工作摆在更加突出的位置，

---

[1] 汪永清主编：《中华人民共和国突发事件应对法解读》，中国法制出版社2007年版，第36页。

提出了一系列新理念新思想新战略。

一、应急管理要高度重视预防与应急准备工作

预防与应急准备，是管理者采取各种措施对突发事件的风险进行预防和控制，以较小的成本获得较大安全收益或安全保障的制度安排。自然灾害、事故灾难、公共卫生事件、社会安全事件和生态环境事件等不同类突发事件，虽然诱发因素和生成机制存有一定差异，但如果预防与应急准备工作做得好，完全有可能大幅减低其危害和影响。做好应急管理工作，必须坚持关口前移，重视预防和应急准备工作。

（一）全面加强预防与应急准备工作

我国古代有非常多强调灾害预防与准备的表述。《周礼·地官》中提到"以防止水"，意思是构筑堤坝，防范洪水。东汉时期政论家、史学家荀悦在《申鉴·杂言》中讲过一段非常精辟的话，强调突发事件应对"防为上"的道理："进忠有三术：一曰防；二曰救；三曰戒。先其未然谓之防，发而止之谓之救，行而责之谓之戒。防为上，救次之，戒为下。"意思是说，在不好的事情发生之前阻止是上策，不好的事情刚发生就控制次之，不好的事情发生后再惩戒为下策。

党的十八大以来，改革进入攻坚期和深水区、全面建成小康社会处于决胜期，面对全面深化改革的发展任务、综合国内外风险互动叠加的现实环境，习近平总书记提出要全面加强预防与应急准备工作。

2014年5月9日至10日，习近平总书记在河南考察时强调，在战术上要高度重视和防范各种风险，早作谋划，未雨绸缪，及时采取应对措施，尽可能减少其负面影响。2015年5月27日，习近平总书记在浙江召开华东7省市党委主要负责同志座谈会时讲话指出，谋划"十三五"时期发展，要清醒认识面临的风险和挑战，把难点和复杂性估计得更充分一些，把各种风险想得更深入一些，把各方面情况考虑得更周全一些，搞好统筹兼顾。5月29日，习近平总书记在主持十八届

中央政治局第二十三次集体学习时强调，维护公共安全必须防患于未然，要坚持关口前移，加强日常防范，加强源头治理、前端处理，及时发现苗头性、倾向性问题，及时清除公共安全隐患。10月29日，习近平总书记在党的十八届五中全会第二次全体会议上指出："我们必须把防风险摆在突出位置，'图之于未萌，虑之于未有'，力争不出现重大风险或在出现重大风险时扛得住、过得去。"

党的十九大报告把"增强驾驭风险本领"作为增强执政本领八个方面之一，强调"健全各方面风险防控机制，善于处理各种复杂矛盾，勇于战胜前进道路上的各种艰难险阻，牢牢把握工作主动权"。2019年1月17日至18日召开的全国应急管理工作会议指出，防范化解重大安全风险，是应急管理部门的首要任务。2019年1月21日开班的省部级主要领导干部专题研讨班以"坚持底线思维着力防范化解重大风险"为主题；习近平总书记在开班式上讲话强调，防范化解重大风险，是各级党委、政府和领导干部的政治职责。2019年11月29日，习近平总书记在主持十九届中央政治局第十九次集体学习时明确指出，要健全风险防范化解机制，坚持从源头上防范化解重大安全风险，真正把问题解决在萌芽之时、成灾之前。

在自然灾害防治、安全生产、突发公共卫生事件管理、社会治安防控、生态环境保护等应急管理领域，都要落实加强突发事件预防与应急准备的要求。

在自然灾害防治方面，习近平总书记提出了"两个坚持、三个转变"思想——坚持以防为主、防抗救相结合，坚持常态减灾和非常态救灾相统一；努力实现从注重灾后救助向注重灾前预防转变，从应对单一灾种向综合减灾转变，从减少灾害损失向减轻灾害风险转变，全面提升全社会抵御自然灾害的综合防范能力。

在社会治安防控方面，习近平总书记强调，要增强发展的全面性、协调性、可持续性，加强保障和改善民生工作，从源头上预防和减少社会矛盾的产生；要加强风险研判，加强源头治理，努力将矛盾纠纷化解在基层、化解在萌芽状态，避免小问题拖成大问题，避免一般性问题演变成信访突出问题；要坚决打好防范和管控重大风险攻坚战，健全各方面风险防控机制，善于处理各种复杂矛盾，牢牢把握工作主动权。

在安全生产方面，习近平总书记强调，对易发重特大事故的行业领域采取风险分级管控、隐患排查治理双重预防性工作机制，推动安全生产关口前移；要站在人民群众的角度想问题，把重大风险隐患当成事故来对待。

在生态环境保护方面，习近平总书记强调，要加快构建生态文明体系，加快建立健全以生态价值观念为准则的生态文化体系，以产业生态化和生态产业化为主体的生态经济体系，以改善生态环境质量为核心的目标责任体系，以治理体系和治理能力现代化为保障的生态文明制度体系，以生态系统良性循环和环境风险有效防控为重点的生态安全体系。

（二）落实法律法规制度规定要求

为切实改变我国"有钱救灾，无钱防灾"的传统观念和这一观念影响下的传统做法，牢固树立预防为主、综合救援的现代应急管理理念，我们强化法治建设，通过《突发事件应对法》等相关法律法规明确预防和应急准备的优先位置。《突发事件应对法》第二章"预防与应急准备"以20余条、占全部条文1/3的篇幅对应急预防工作进行了法理明晰。

展开来讲，《突发事件应对法》围绕"预防与应急准备"规定的内容主要包括以下6点：一是国家建立重大突发事件风险评估体系，对可能发生的突发事件进行综合性评估；二是建立处置突发事件的组织体系和应急预案体系，为有效应对突发事件作了组织和制度准备；三是建立突发事件监测网络、预警机制和信息收集与报告制度，为最大限度减少人员伤亡、减轻财产损失提供前提；四是建立应急救援物资、设备、设施的储备制度和经费保障制度,为有效处置突发事件提供物资和经费保障;五是建立社会公众学习安全常识和参加应急演练的制度,为应对突发事件提供良好的社会基础;六是建立由综合性应急救援队伍、专业性应急救援队伍、单位专职或者兼职应急救援队伍以及武装部队组成的应急救援队伍体系,为做好应急救援工作提供可靠的人员保证。

二、把预防与应急准备放在优先位置

预防和应急准备,是应对突发事件的基础。《突发事件应对法》第二章"预防与应急准备"部分规定并列举了应急预案、危险源、培训、演练、保险等应急准备内容。展开来讲,突发事件预防和应急准备制度一般涉及以下具体内容。[①]

(一)推进全社会重视预防的制度建设

这是突发事件应对的基础性制度,主要包括:各级各类学校应该将应急知识教育纳入教学内容,培养学生的安全意识和自救、互救能力。基层人民政府应当组织应急知识的宣传普及活动,新闻媒体应当无偿开展突发事件预防与应急、自救与互救知识的公益宣传;基层人民政府、居民委员会、村民委员会、企业事业单位应当开展必要的应急演练。

(二)隐患排查与治理制度

这是最重要的预防制度,主要包括:县级人民政府应当对本行政区域内危险源、危险区域进行调查、登记、风险评估,定期进行检查、监控。所有单位都应当建立健全安全管理制度,矿山、建筑工地等重点单位和公共交通工具、公共场所等人员密集场所,都应当制定应急预案,开展隐患排查。县级人民政府及其有关部门、各基层组织应当

---

① 法律出版社法规中心编:《中华人民共和国突发事件应对法注释本》,法律出版社2008年版,第34页。

及时调解处理可能引发社会安全事件的矛盾纠纷。

（三）应急预案编制与管理制度

应急预案是应对突发事件的行动方案，是各级人民政府及其有关部门应对突发事件的计划和步骤，也是一项制度保障。预案具有同等法律文件的效力，比如，国务院的总体预案与行政法规具有同等效力，国务院部门专项预案与部门规章具有同等效力，省级人民政府的预案与省级政府规章具有同等效力。

（四）建立应急救援队伍的制度

这是重要的组织保障制度，主要包括：县级以上人民政府应当整合应急资源，组建或新建综合性应急救援队伍。人民政府有关部门可根据实际需要设立专业应急救援队伍。单位应当建立由本单位职工组成的专职或者兼职应急救援队伍。专业应急救援队伍和非专业应急救援队伍应当联合培训、联合演练，提高联合作业、协同应急的能力。

（五）突发事件应对保障制度

这是指确保应对突发事件所需物资、经费等保障的制度，主要包括：物资储备保障制度。国家要完善重要应急物资的监管、生产、储备、调拨和紧急配送体系；设区的市级以上人民政府和突发事件易发、多发地区的县级人民政府应当建立应急救援物资、生活必需品和应急处置装备的储备制度；县级以上地方各级人民政府应当根据本地区的实际情况，与有关企业签订协议，保障应急救援物资、生活必需品和应急处置装备的生产、供给。经费保障制度。国务院和县级以上地方各级人民政府应当采取财政措施，保障突发事件应对工作所需经费。另外，国家应建立健全应急通信保障体系，完善公用通信网，建立有线与无线相结合、基础电信网络与机动通信系统相配套的应急通信系统，确保突发事件应对工作的通信畅通。

（六）城乡规划要考虑突发事件预防的制度

城乡规划应当充分考虑到预防、处置突发事件的需要，统筹安排应对突发事件所必需的设备和基础设施建设，合理确定应急避难场所。

第二节 强化突发事件源头预防

党的十九届四中全会审议通过的《中共中央关于坚持和完善中国特色社会主义制度 推进国家治理体系和治理能力现代化若干重大问题的决定》（以下简称《决定》）强调，"构建系统完备、科学规范、运行有效的制度体系，加强系统治理、依法治理、综合治理、源头治理，把我国制度优势更好转化为国家治理效能"。事实上，源头治理不仅仅是加强和创新社会治理基本遵循的内容，更是做好突发事件应对工作的有效切入点。

一、完善共建共治共享的社会治理格局

构建共建共治共享的社会治理制度是现代社会治理价值取向和基本方式，社会公众积极参与是全方位、立体化公共安全网的重要组成部分。党的十九届四中全会《决定》强调，坚持和完善共建共治共享的社会治理制度，保持社会稳定、维护国家安全。

共建共治共享的社会治理制度，是我们党经过长期探索形成的，是被实践证明符合我国国情、符合人民意愿、符合社会治理规律的科学制度。共建共治共享的社会治理制度，是把共建共治共享的社会治理理念贯穿到制度建设之中，形成适合我国国情的社会治理制度。坚持和完善共建共治共享的社会治理制度，能够更好地整合社会治理资源，形成社会治理合力，提高社会治理效能。[①]

坚持和完善共建共治共享的社会治理制度是防范化解风险、建设更高水平的平安中国的迫切需要。从事前、事中、事后的整体视角进

---

① 林孝文：《把共建共治共享的社会治理落到实处》，《人民日报》2020年2月13日。

行防范，从源头、途径、环境等关键要素进行化解，形成整体的防控链条，提高风险防范化解的前瞻性、系统性、协同性，这都需要纳入社会治理工作中来予以考量。

一是全面推进基层单位的安全治理。以社区、乡村、学校、企业等基层组织和单位为重点，推进建立政府主导和社会参与相结合，全民动员、协调联动的应急管理工作格局。督促企事业单位积极履行安全管理主体责任，引导公众增强风险防范意识，增强全社会的风险防范能力；把公共安全教育纳入国民教育和精神文明建设体系，扎实做好公益宣传，健全社会安全心理干预体系，提高全民公共安全意识和应急技能。比如，通过掌握基层矛盾纠纷化解工作第一手资料，因地制宜、因地施策，助力构建共建共治共享基层治理新格局。

二是进一步发挥社会组织在有效防范治理突发事件中的关键作用。当前，我国社会组织的主要工作集中于救灾与灾后恢复阶段，对减灾与预防阶段应急管理的参与则十分有限。同时，社会组织救灾网络没有形成，政府与社会组织之间、各类社会组织之间缺乏有效的沟通与协作机制。政府往往以社会组织的"地位"为导向评判其应急管理参与能力，在相当程度上限制了社会组织的作用。[①] 在新冠肺炎疫情防控过程中，不仅需要国内社会与国际社会协同合作，还需要政府与企业、各类社会组织协同合作；不仅需要专业服务、商业服务，还需要志愿服务。在新冠肺炎疫情防控工作中，全国各地本着"一方有难、八方支援"的精神，各类防护物资、药品、蔬菜和食品等物资纷纷捐赠往疫情严重地区，但接收单位不一、多寡不均，缺乏规范性，这种情况需要引起重视，要着意从制度上加以完善。[②] 因此，要建立健全社会组织有序参与应急管理工作的制度，搭建社会组织有序参与应急

---

① 陶鹏、薛澜：《论我国政府与社会组织应急管理合作伙伴关系的建构》，《国家行政学院学报》2013 年第 3 期。

② 宋劲松：《发挥社会治理优势 下好疫情防控"一盘棋"》，《光明日报》2020 年 3 月 2 日。

管理工作的平台。

三是注意建立完善相关的绩效考核制度。比如，在社会安全领域，有的地方提出了将矛盾纠纷多元化解纳入综合考核和领导干部成绩单，实行目标化管理、项目化推进。严格矛盾化解领导责任制、部门责任制和单位责任制。坚持用发展的办法解决发展中的问题，实行重大事项社会稳定风险评估制度、重大不稳定问题清单制度和重大决策问责制度，防止因决策不当引发社会矛盾。可以考虑进一步严格落实社会治安综合治理领导责任制，加强考评问责，督促矛盾纠纷问题突出部门、单位限期整改；对因工作失职、决策失误、处置失当等原因造成矛盾激化且影响恶劣的，要依法依规追究有关部门单位及其相关责任人责任。

四是注意大数据等科技手段的应用。运用大数据等手段，加强对重点领域、重点区域、重点人群的分析研判，有效将突发事件风险化解的关口前移，节约矛盾社会成本和资源。比如，在此次疫情应对中，浙江省坚持发展新时代"枫桥经验"，积极构建疫情防控联防联控、群防群控、智防智控的工作格局，为统筹推进疫情防控和经济社会发展奠定了坚实基础。

二、营造全社会安全文化

在当前和今后较长一段时期内，中国面临的国内国际环境更趋复杂严峻，多重安全风险相互交织，呈现出自然和人为致灾因素相互联系、传统安全与非传统安全因素相互作用、既有社会矛盾与新生社会矛盾相互交织的特点。在工业化、城镇化、国际化、信息化推进过程中，突发事件的关联性、衍生性、复合性和非常规性不断增强，跨区域和国际化趋势日益明显，危害性越来越大，从突发事件应对的实际情况来看，需要进一步营造全社会安全文化氛围。

（一）注意引导校园等基层单位的安全文化建设

2015年5月29日下午，习近平总书记在主持十八届中央政治局第二十三次集体学习时强调，要坚持群众观点和群众路线，拓展人民群众参与公共安全治理的有效途径。要把公共安全教育纳入国民教育和精神文明建设体系，加强安全公益宣传，健全公共安全社会心理干预体系，积极引导社会舆论和公众情绪，动员全社会的力量来维护公共安全。

2008年"5·12"汶川特大地震来袭时，由叶志平担任校长的四川省绵阳市安县（今安州区）桑枣中学，创造了2200余名师生"零伤亡"的奇迹，叶志平也因此被人们亲切地称为"最牛校长"。实际上，该校除了重视校内安全问题、执着于加固校舍外，还特别重视地震应急演练。2020年3月30日下午，四川省凉山彝族自治州西昌市突发森林大火，火势蔓延迅速，危及西昌市区，大量浓烟飘进西昌城区，该起突发山火造成19名地方扑火人员殉职，据木里县森林公安局办公室消息，经查：木里县项脚乡瓦科梁子"3·28"森林火灾案系犯罪嫌疑人田某某（男，11岁）于2020年3月28日14时在木里县项脚乡项脚村瓦科组田某某家后山处用打火机点燃松针和木罗松烟熏洞内松鼠时不慎失火引发，进而造成巨大的社会危害。

前述案例均表明，搞好学校应急知识教育不仅具有重要的教育价值、实践价值，而且具有积极的社会影响。因此，学校应当把应急知识教育纳入教学内容，要注意组织开展应急知识的宣传普及活动，培养学生的安全意识和自救、互救能力，提升校园安全文化。

（二）注意在全社会推广"韧性"文化

韧性（resilience），在国内有抗逆力、抗压力、弹性、恢复力、御灾力等多种译法，该词来源于物理学，其词义为"回复到初始状态"，一般指在外力作用下，物体形变或受压后恢复至原来状态的能力。韧性文化，实质是一种安全文化，其内涵为实现持续的抵御外部巨大压力和干扰的理念。

从文化方面看，韧性文化侧重向公众宣传"不是想象突发事件不会发生,而是突发事件来了之后如何应对,如何科学减损"。为此,需要结合当地的实际情况,不断提高基础应急能力,并不断完善硬件和软件设施,提升组织和个体的抗毁抗压能力,进一步提升综合分析防范能力。要结合当地的实际调整与问题,在提高基层基础能力的基础上,加强综合风险防范能力的建设,更要考虑硬件和软件设施、组织和个体的抗毁抗压能力。另外,要加强突发事件中对贫困人口、残疾人、青少年、老年人等弱势群体保护,注重其心理层面的压力影响及疏导工作。

从社会方面看,韧性建设要求引导社会组织的广泛、持续参与,促进全社会的业务持续性管理工作;公共部门要注意搭建平台,促进风险防范志愿者队伍的建设,提升公民个体的应急准备能力,更要注意加强社会和个体心理的科学干预;需要注意的是,要努力培育良好的韧性文化,完善相关制度设计,促进公共部门、企业、个人在突发事件风险防范中的合作,促进全社会的整体韧性文化的培育。

三、防范各类突发事件

防范各种安全风险是应急管理工作中的基础性工作,从一些地方的应急体系发展现状看,重事后处置、轻事前准备,风险隐患排查治理不到位,法规标准体系不健全,信息资源共享不充分,政策保障措施不完善,防范各种安全风险能力亟待加强。领导干部要准确了解职责范围内的危险源、危险区域及其性质、特点,这是做好应急管理工作的重要前提与基础。

(一)"以人为本、安全发展"的理念

习近平总书记在关于安全生产的系列讲话中反复强调要强化"红线意识",实施安全发展战略。红线意识是指"发展绝不能以牺牲生命为代价,这是一条不可逾越的红线"。2013年11月22日10时25分,位于山东省青岛市经济技术开发区的中国石油化工股份有限公司

管道储运分公司东黄输油管道泄漏原油进入市政排水暗渠，在形成密闭空间的暗渠内油气积聚遇火花发生爆炸，造成 62 人死亡、136 人受伤，直接经济损失 75 172 万元。该事故发生后，党中央、国务院高度重视，习近平总书记作出重要指示，要求组织力量，及时排除险情，千方百计搜救失踪、受伤人员，并查明事故原因，总结事故教训，落实安全生产责任，强化安全生产措施，坚决杜绝此类事故。11 月 24 日，习近平总书记赶赴青岛事故发生地，看望慰问伤员，并在随后的会议中明确要求，各级党委和政府、各级领导干部要牢固树立安全发展理念，始终把人民群众生命安全放在第一位。综合理论与实践，这是从安全生产到安全发展的一个重大飞跃，拓展了安全生产的内涵和外延。安全发展成为我国推进安全生产的行动纲领，其内涵就是要把安全作为发展的基础、前提和保障，从而使经济社会的发展建立在安全保障能力不断提升、劳动者健康权益不断得到保障这个基础之上，从而使人民群众能平安幸福地享有经济社会发展的成果，能够更加体面地劳动、生活得更有尊严，努力实现以人民为中心的发展目标。

（二）隐患排查与治理

隐患一般指可能导致突发事件发生并造成人员伤亡、设施设备受到损坏并对环境造成影响，同时带来经济损失、社会波动等后果的各类潜在不安全因素。按照严重程度分类，通常可划分为一般隐患和重大隐患；在安全生产领域重大隐患的生成因素主要包括人的不安全行为、物的不安全存放、环境的不安全因素和管理上的缺陷等。

从自然灾害领域来看，我国大力推动自然灾害隐患排查工作。习近平总书记在 2018 年 10 月 10 日主持中央财经委员会第三次会议时强调，要针对关键领域和薄弱环节，推动建设若干重点工程。这些重点工程被称为九大工程，主要包括：实施灾害风险调查和重点隐患排查工程，掌握风险隐患底数；实施重点生态功能区生态修复工程，恢复森林、草原、河湖、湿地、荒漠、海洋生态系统功能；实施海岸带保护修复工程，建设生态海堤，提升抵御台风、风暴潮等海洋灾害能力；实施地震易发区房屋设施加固工程，提高抗震防灾能力；实施防汛抗旱水利提升工程，完善防洪抗旱工程体系；实施地质灾害综合治理和避险移民搬迁工程，落实好"十三五"地质灾害避险搬迁任务；实施应急救援中心建设工程，建设若干区域性应急救援中心；实施自然灾害监测预警信息化工程，提高多灾种和灾害链综合监测、风险早期识别和预报预警能力；实施自然灾害防治技术装备现代化工程，加大关键技术攻关力度，提高我国救援队伍专业化技术装备水平。以地质灾害领域为例，为切实加强地质灾害防治能力建设，2020年开始我国全面开展1:50000地质灾害调查，并在人口密集区等重点区域开展1:10000地质灾害调查，摸清重要地质灾害隐患的构造和可能影响范围，准确判断地质灾害风险。

从安全生产领域来看，所有单位应建立安全管理制度，定期检查本单位各项安全防范措施的落实情况，及时消除事故隐患；应按照规定及时向所在地政府或者政府有关部门报告本单位可能发生的突发事件和采取安全防范措施的情况。在危险化学品领域，2019年出台的《危险化学品企业安全风险隐患排查治理导则》是在深刻吸取近年来化工和危险化学品重特大安全事故教训，针对事故暴露出的问题，借鉴国际化工行业科学行之有效的化工过程安全管理方法而制定的，其主要内容包括总则、基本要求、排查方式及频次、排查内容、闭环管理和特殊条款等6个方面，坚持全面排查和突出重点相结合，推动企业强化安全管理基础性工作，科学有效排查安全风险、治理隐患，提高风险隐患排查治理的系统性。为了方便企业使用，专门将6个方面的内容细化分解为安全领导能力、安全生产责任制、岗位安全教育和操作技能培训、设计管理、试生产管理、装置运行安全管理、作业许可管理、变更管理等14个管理要素，为了方便企业应用，按专业配套制定了《危险化学品企业安全风险隐患排查表》。

(三) 枫桥经验

从我国社会安全的整体情况来看，要注意把社会矛盾解决在萌芽状态。20世纪60年代初，浙江省绍兴市诸暨县（现诸暨市）枫桥镇干部群众创造了"发动和依靠群众，坚持矛盾不上交，就地解决。实现捕人少，治安好"的"枫桥经验"，为此，1963年毛泽东同志就曾亲笔批示"要各地仿效，经过试点，推广去做"。"枫桥经验"由此成为全国政法战线一个脍炙人口的典型。之后，"枫桥经验"不断发展，形成了具有鲜明时代特色的"党政动手，依靠群众，预防纠纷，化解矛盾，维护稳定，促进发展"的"枫桥新经验"，成为新时期把党的群众路线坚持好、贯彻好的典范。"枫桥新经验"突出强调属地责任、主管责任，把问题解决在基层，把矛盾化解在萌芽状态。这就需要研究建立统一领导、部门协调，统筹兼顾、标本兼治，各负其责、齐抓共管的社会安全工作格局。其中统一领导是党政统一领导，部门协调要求各部门加强协调密切配合，主责部门要发挥协调作用；统筹兼顾、标本兼治是总体要求；各负其责、齐抓共管是要达到的目的。

第三节 做好全方位应急准备

应急准备是应急管理工作的重要内容。2020年4月8日，习近平总书记在中央政治局常委会会议上强调，"面对严峻复杂的国际疫情和世界经济形势，我们要坚持底线思维，做好较长时间应对外部环境变化的思想准备和工作准备"。应急准备的基本理念是，即使突发事件不能完全避免，但通过积极主动地准备行动，在事前做好减灾工作、在事后快速地采取应急响应和恢复行动，就可以防止突发事件升级或扩大，最大限度地减少突发事件的发生及其造成的损失和影响。[①]

[①] 李湖生：《应急准备体系规划建设理论与方法》，科学出版社2016年版，第3页。

一、应急准备的重大意义

《左传·襄公十一年》中记载"《书》曰：居安思危。思则有备，有备无患"，提醒人们凡事都应先有准备，这样才可以避免祸患。应急准备是防范化解重大风险的基础性工作，应急准备是否充分直接决定应急处置的成败；同时，应急准备还是防灾减灾、监测预警和恢复重建等其他应急管理工作的重要基础。

（一）应急准备充分与否直接决定应急处置与救援成败

应急准备是立足"防患于未然"原则，针对可能发生的突发事件，为迅速、有序地开展应急处置与救援而预先进行的一系列组织准备和应急保障工作。

应急处置与救援是突发事件发生后需要立即采取的行动，具体包括救援遇险人员（例如搜寻与营救、紧急庇护所、医疗救护、饮食供应等）、防范次生衍生灾害（例如发生起火爆炸事故后，紧急关停危险物质输送、紧急实施危险工艺停车、组织下风向公众疏散或避难、事故现场的危险物质紧急处置等）和快速恢复生产生活秩序（例如灾害现场安全评估、房屋建筑的恢复重建、生命线系统抢修等）。

如果上述应急处置与救援行动可以快速有效地开展，将会减少突发事件造成的人员伤亡和财产损失，而"快速"和"有效"需要以充足的应急能力作保障，应急能力则来源于扎实的应急准备行为。这包括事前基于风险评估的情景构建、基于情景分析的应急预案编制、应急演练的组织与评估、应急队伍建设、应急物资储备、应急设施保养、信息汇总与更新等各类应急准备行动。

（二）应急准备是其他所有应急管理行动的重要基础

在传统的应急管理学说中，应急管理过程被划分为预防、准备、响应和恢复四个阶段，应急准备被认为是针对应急响应的准备，是应急管理的一个阶段性任务。而现代应急管理实践认为，应急准备不仅针对应急响应提供能力支持，还为防灾减灾、监测预警和恢复重建等应急管理行为提供支撑。

以恢复重建为例，以前，在突发事件尚未发生时，通常很少考虑恢复重建问题，不会事先制定恢复重建规划。诸多经验表明，如果在突发事件发生后才开始着手研究恢复重建规划，可能会延缓生产生活秩序的恢复，还可能由于时间紧迫、调查不深入等原因致使恢复重建面临更多困难，甚至导致较大浪费。因此，国内外很多应急准备行动已经把恢复重建作为很重要的应急准备对象。例如，事先制定恢复重建计划，在其中规定灾害过后恢复重建的领导机构及相关部门职责、城市生命线功能恢复计划、建筑标准和土地规划、恢复重建资金筹措和公众补贴标准等。同样，应急准备还包括为防灾减灾和监测预警等事前的应急管理行为所作出的制度化和技术性工作安排。

因此，应急准备不仅仅是应急管理的一个阶段性行为，同其他应急管理行动之间的关系也不再是顺序相继的关系，应急准备成为贯穿应急管理全过程的基础性行动。

二、应急准备的主要内容

应急准备是一项系统工程，包括思想准备、组织准备、预案准备、机制准备和工作准备，具体涉及应急体系规划、预案及演练、组织与机构、人员队伍、物资与装备等各方面内容。

（一）应急规划

应急规划是指在突发事件发生之前，在开展风险评估的基础上，为有效开展预防与应急准备、监测与预警、应急处置与救援、事后恢复与重建等应急管理工作，而对未来一段时间的相关活动进行部署和安排的过程，规划成果包括愿景目标、能力建设方案、重点建设项目等。

应急规划是基于战略思维在事前有效协调政府、社会、市场等相关方，对可调度资源进行合理布局和组织，针对预期目标作出制度化安排的行为；规划过程中有助于相关方之间建立协作机制，提高各相关方开展应急准备的系统性、协同性和一致性。应急规划的最终目标，是建立和保持与风险相匹配的能力。例如，《国家突发事件应急体系建设"十三五"规划》在分析当时应急形势的基础上，设定了"应急管理基础能力持续提升，核心应急救援能力显著增强，综合应急保障能力全面加强，社会协同应对能力明显改善，涉外应急能力得到加强"的愿景目标；按照相关性、针对性、综合性、可实现、可分解落实、定性与定量相结合的原则，确定"十三五"期间各重点建设领域的规划分类目标；依托现有资源，着重强化综合应急能力和社会协同应急能力，提出多个具有综合性、全局性，需要多个部门和地区统筹推进的重点建设项目。

（二）应急预案

"凡事预则立，不预则废"，应急预案是应急准备工作的重要内容。应急预案是依据相关法律、法规的规定，在开展风险评估和能力评估的基础上，针对突发事件的性质、特点和可能造成的社会危害，对组织指挥体系与职责、突发事件预防与预警机制、处置程序、应急保障措施以及事后恢复与重建措施等内容作出的具体安排。

应急预案最基本的功能在未雨绸缪、防患未然，通过在突发事件发生前有针对性地部署和准备，对有可能发生的突发事件做到超前思考、超前谋划、超前化解，把应急管理工作纳入常态化、制度化和法治化的轨道。按照《突发事件应对法》要求，地方各级人民政府和县级以上地方各级人民政府有关部门要根据有关法律、法规、规章、上级人民政府及其有关部门的应急预案以及本地区的实际情况，制定相应的突发事件应急预案；同时，要促进各预案之间有效衔接，构建由总体预案、专项预案、部门预案等构成的应急预案体系；此外，还要加强应急预案培训和演练，针对风险和能力的变化及时修订预案。

（三）组织体系

应急管理组织体系是开展应急准备工作的重要组织保障。《突发事件应对法》第八条规定，县级以上地方各级人民政府设立本级人民政府主要负责人、相关部门负责人、驻当地中国人民解放军和中国人民武装警察部队有关负责人组成的突发事件应急指挥机构，统一领导、协调本级人民政府各有关部门和下级人民政府开展突发事件应对工作；根据实际需要，设立相关类别突发事件应急指挥机构，组织、协调、指挥突发事件应对工作。例如，2005年4月，北京市在全国率先成立了突发事件应急委员会（以下简称市应急委），统一领导应对全市突发事件工作，市应急委主任由市长担任，副主任由市委副书记和常务副市长担任，领导成员包括有关市委常委、所有副市长和北京卫戍区、武警北京市总队主要负责人以及市政府秘书长。北京市应急委办公室作为市应急委的常设办事机构，当时设在市政府办公厅（现在设于北京市应急管理局），同时加挂北京市应急指挥中心和市政府总值班室牌子。北京市应急委成立的同时，聘请应急管理、公共安全、防灾减灾等方面的专家成立专家顾问组，为北京市的中长期公共安全规划、信息系统建设、灾害发展趋势等方面提供意见和建议。

（四）综合保障

人、财、物与科技等方面的保障直接影响突发事件应急处置工作的效率，是平时应急准备工作的重要内容。

人员队伍是开展各项应急准备工作的有机力量。我国应急队伍包括应急管理人员、应急专家、专职应急队伍和辅助应急人员、社会应急组织、志愿者队伍以及人民解放军队伍等。在我国，应急队伍主要由国家综合性消防救援队伍、各类专业应急救援队伍、社会应急力量以及解放军、武警队伍等组成。其中，国家综合性消防救援队伍主要由消防救援队伍和森林消防队伍组成，编制共19万人，是我国应急救援的主力军和国家队。各类专业应急救援队伍主要由地方政府和企业专职消防、地方森林（草原）防灭火、地震和地质灾害救援、生产安全事故救援等专业救援队伍构成，是国家综合性消防救援队伍的重要协同力量，担负着区域性灭火救援和专业救援的职责。交通、铁路、能源、工信、卫生健康等行业部门，建立了水上、航空、铁路、电力、通信、医疗防疫等应急救援队伍，主要担负行业领域的应急抢险救援任务。社会力量主要包括基层政府、有关部门、企事业单位和群众自治组织组建的基层专（兼）职应急救援队伍，由共青团、红十字会、青年志愿者协会及其他社会组织建立的志愿者应急救援队伍。同时，解放军和武警部队是我国应急处置与救援的突击力量，担负着重特大灾害事故的抢险救援任务。

应急技术装备是指应对突发事件时，需要动用的交通运输工具、通用工程机械、通信设备、医疗卫生设备等。我国《突发事件应对法》规定，国家鼓励、扶持教学科研机构和有关企业研究开发用于突发事件预防、监测、预警、应急处置与救援的新技术、新设备和新工具。《国家突发事件应急体系建设"十三五"规划》针对应急队伍救援装备和核心能力不足的现状，指出要"加大公共安全与应急管理科研投入力度，加强公共安全与应急管理共性基础科学问题研究，开展城镇公共安全风险防控与治理、安全生产保障与重大事故防控、紧急医学救援与突发急性传染病防治、国家重大基础设施安全保障、综合应急技术装备、智能应急等重点方向的科技攻关、装备研制和应用示范"，"建立健全应急产品和应急服务标准体系；完善矿山、危险化学品生产经营场所、高层建筑、学校、医院、应急避难场所、交通运输工具应急设施设备配备标准；完善各类应急救援基地和队伍的装备配备标准"，"推动应急管理标准实施应用，促进应急管理工作规范化和应急技术装备标准化"。

资金和物资保障是应急准备的重要工作内容,是应急管理工作的重要支撑。应急资金是指应对突发事件时,确保应急工作开展的应急救援专项资金、应急储备资金。应急物资是指应对突发事件时,需要使用的生活必需品、药品及医疗器械和粮食等物资。我国《突发事件应对法》第三十一条规定:"国务院和县级以上地方各级人民政府应当采取财政措施,保障突发事件应对工作所需经费。"第三十二条规定:"国家建立健全应急物资储备保障制度,完善重要应急物资的监管、生产、储备、调拨和紧急配送体系。设区的市级以上人民政府和突发事件易发、多发地区的县级人民政府应当建立应急救援物资、生活必需品和应急处置装备的储备制度。县级以上地方各级人民政府应当根据本地区的实际情况,与有关企业签订协议,保障应急救援物资、生活必需品和应急处置装备的生产、供给。"在财政保障方面,应当设置应对突发事件专项准备资金,保障突发事件应对工作所需经费。

三、坚持底线思维的方法

底线思维是指导应急准备工作的重要原则。党的十八大以来,习近平总书记反复强调,领导干部要适应新时代中国特色社会主义的发展要求,提高坚持和运用底线思维的能力,"凡事从坏处准备,努力争取最好的结果"。

(一)底线思维的本质内涵

底线即最下限,是不可逾越的界限和事物发生质变的临界点,守之则安稳,越之则危险。[①] 领导干部要善于运用底线思维的方法,居安思危、未雨绸缪,增强忧患意识,不断提高底线思维能力。

---

① 吴家庆:《坚持和运用好底线思维》,《光明日报》2019 年 7 月 18 日。

底线思维是问题导向型思维，是以习近平同志为核心的党中央在思考解决新时代坚持和发展中国特色社会主义面临的重大实践问题中总结出来的。"要增强风险意识、强化底线思维，要把困难估计得更充分一些，把解决问题的措施想得更周全一些，把各项工作做得更扎实一些。"例如，1945年5月毛泽东同志在党的七大上作结论报告时，面对抗战即将胜利的大好形势，一口气列举了我们可能遭遇的"十七条困难"，其中包括发生内战、发生天灾、国际上被孤立等困难局面，并且提出"要在最坏的可能性上建立我们的政策"，尤其是对党的高级负责干部来说，更要有"对付非常的困难，对付非常的不利情况"的"精神准备"；邓小平同志在改革开放之初就提出"我们要把工作的基点放在出现较大的风险上，准备好对策。这样，即使出现了大的风险，天也不会塌下来"①。

2018年1月，习近平总书记在学习贯彻党的十九大精神专题研讨班开班式上列举了8个方面16个具体风险。习近平总书记所言"凡事从坏处准备"中的"坏处"意即"假想敌"。在开展应急准备时，各级领导干部在决策部署、动员实施之前要增强预判和研判能力、具备忧患意识，充分估计风险概率、程度，对可能出现的困难和风险进行多角度、多方位分析，并基于最坏的可能性去建立相应的防范、预警、应对和善后机制，确保在风险潜伏期、爆发期、扩散期和平息期都能有的放矢、从容应对，掌握主动权，从而控制和降低危害和影响。

（二）情景构建是坚持底线思维的重要抓手

"要善于运用底线思维的方法，凡事从坏处准备，努力争取最好的结果，做到有备无患、遇事不慌，牢牢把握主动权。"这句话给出了底线思维的精髓，即"从坏处准备，努力争取最好的结果"，

---

① 邓小平：《要吸收国际的经验（1988年6月3日）》。这是邓小平同志在会见"九十年代的中国与世界"国际会议全体与会者时谈话的一部分。

那么"坏处"是什么？这取决于不同主体面临的不同风险，可能因层级、区域、时期而异。例如，在疫情期间，党中央和国家层面要考虑外部环境的最坏局面，做好长期应对准备；而地方党委和政府要考虑外部环境下地方支柱产业的发展困局对社会产生的冲击而做好准备。

在国内外应急管理实践中，往往以最坏可信情景作为应急准备的目标。探究最坏可信情景的过程被称为情景构建，即在我们认知框架内发挥想象力去探究未来可能面临的最坏局面，用科学的方法和标准的范式去描述该最坏局面，使虚拟的假想敌具象化、清晰化，只有这样才能从心理和精神层面做好准备，即思想准备。情景构建过程中会分析从"现在"到"最坏可信情景"的若干可能路径，并研判我们可控的干预节点在哪里，从而事先做好工作安排，形成工作方案，即我们常常提及的应急预案，这就是工作准备。工作准备到位，才能"有备无患"；思想准备充分，才能"遇事不慌"，并最终"牢牢把握主动权"。情景构建是引领各层级党委和地方政府坚持底线思维开展应急准备的重要方法和抓手。北京、广州、海口、马鞍山等城市都基于情景构建引领城市的系统应急准备；中海油、中石油、中粮等央企也都基于情景构建引领企业的安全生产应急准备。

案例 3-1

北京市巨灾情景构建研究

2012年北京"7·21"水灾之后，北京市委、市政府痛定思痛，寻求提升北京市应急能力的新途径、新方法，在相关专家建议下，最终决定启动"北京市巨灾情景构建"试点工作。2012年下半年，在北京市应急委、北京市科委的联合支持下，国内第一个情景构建课题"北京地铁重大突发事件情景构建原型案例研究"启动，耗时一年时间，课题组构建了北京地铁发生重大恐怖袭击事件的演化情景，梳理了情景应对的全过程任务清单，评估了北京市应对该类事件的能力差距,并基于情景构建对预案体系进行了评估和修订,提出了针对性的应急能力建设目标。试点研究过程中,归纳了《北京市巨灾情景构建技术指南》。

上述试点课题取得的理论与实践成果得到了北京市相关领导的高度认可,从2013年12月开始,在试点课题成果的引领下,北京市应急委坚持底线思维,围绕破坏性地震、暴雪导致交通中断、水源严重污染、大面积停电、天然气门站停气、大规模网络信息安全、不明原因传染病疫情、大规模群体性事件、民航空难等10个巨灾主题继续开展情景构建研究,抓大带小、以点带面,取得了大量的区域性、行业性的风险分析成果,对北京市的应急准备体系进行了系统性"体检"。

北京市巨灾情景构建工作一方面对北京市的应急预案体系进行了系统性检验和评估,以上述若干"巨灾情景"为着力点,推进相关预案的衔接,实现了应急预案体系优化;另一方面,巨灾情景构建工作暴露了北京市应急准备体系存在的结构性短板与不足,实现了应急能力的有的放矢,进一步支撑了《北京市"十三五"时期应急体系发展规划》的编制,扎实推进了北京市应急准备能力的提升。

第四节 加强应急预案管理和应急预案体系建设

应急预案是应急管理工作的基础,应急预案体系建设是我国应急管理体系建设的重要组成部分。我国《突发事件应对法》明确要求,全国要建立健全突发事件应急预案体系。

一、我国应急预案体系

我国的应急预案体系建设开始于2003年非典时期。取得抗击非典胜利后，国务院组织制定了《国家突发公共事件总体应急预案》、专项应急预案和部门应急预案，我国应急预案体系建设进入快速发展期。我国各级应急预案编制工作取得重大进展，呈现出"横向到边、纵向到底、上下呼应、门类齐全"的基本特点，全国应急预案体系向多层次、全方位、宽领域、广覆盖方向不断发展，许多基层单位及企业通过应急预案规范化、简约化、牌板化，不断提高预案的实用性。

根据《突发事件应急预案管理办法》，应急预案按照制定主体可分为政府及其部门应急预案、单位和基层组织应急预案两大类；其中，政府应急预案体系，包括总体应急预案、专项应急预案、部门应急预案、联合应急预案等。

（一）总体应急预案

总体应急预案是应急预案体系的总纲，是政府组织应对突发事件的总体制度安排，主要规定突发事件应对的基本原则、组织体系、运行机制，以及应急保障的总体安排等，明确相关各方的职责和任务。由县级以上各级人民政府制定。

（二）专项与部门应急预案

专项应急预案是政府为应对某一类型或某几种类型突发事件，或针对重要目标物保护、重大活动保障、应急资源保障等重要专项工作而预先制定的涉及多个部门职责的工作方案，由有关部门牵头制定，报本级人民政府批准后印发实施。

部门应急预案是政府有关部门根据总体应急预案、专项应急预案和部门职责，为应对本部门（行业、领域）突发事件，或者针对重要目标物保护、重大活动保障、应急资源保障等涉及部门工作而预先制定的工作方案，由各级政府有关部门制定。

针对突发事件应对的专项和部门应急预案，不同层级的预案内容各有所侧重（见表3-1）。

表 3-1 不同层级专项和部门应急预案的内容要点

专项和部门应急预案类型		预案内容要点
针对特定类型突发事件	国家层面	侧重明确突发事件的应对原则、组织指挥机制、预警分级和事件分级标准、信息报告要求、分级响应及响应行动、应急保障措施等，重点规范国家层面应对行动，同时体现政策性和指导性
	省级层面	侧重明确突发事件的组织指挥机制、信息报告要求、分级响应及响应行动、队伍物资保障及调动程序、市县级政府职责等，重点规范省级层面应对行动，同时体现指导性
	市县级层面	侧重明确突发事件的组织指挥机制、风险评估、监测预警、信息报告、应急处置措施、队伍物资保障及调动程序等内容，重点规范市（地）级和县级层面应对行动，体现应急处置的主体职能
	乡镇街道层面	侧重明确突发事件的预警信息传播、组织先期处置和自救互救、信息收集报告、人员临时安置等内容，重点规范乡镇街道层面应对行动，体现先期处置特点
针对重要基础设施、生命线工程等重要目标物保护		侧重明确风险隐患及防范措施、监测预警、信息报告、应急处置和紧急恢复等内容
针对重大活动保障		侧重明确活动安全风险隐患及防范措施、监测预警、信息报告、应急处置、人员疏散撤离组织和路线等内容
针对为突发事件应对工作提供队伍、物资、装备、资金等资源保障		侧重明确组织指挥机制、资源布局、不同种类和级别突发事件发生后的资源调用程序等内容

（三）联合应急预案

鼓励地理位置相邻、相近的地方人民政府及其有关部门联合制定应对区域性、流域性突发事件的联合应急预案。联合应急预案侧重规范相邻、相近地方人民政府及其部门间信息通报、处置措施衔接、应急资源共享等应急联动机制。例如，广东省政府积极推动粤港、粤澳跨区域应急预案体系建设，联合制定了《粤港海上搜救合作预案》

《粤港核应急预案》《粤澳海上搜救合作应急预案》《粤澳核应急应急预案》等一系列应急管理跨区域应急预案。江西、湖南、广东、广西、贵州 5 省（区）政府牵头制定了《泛珠三角区域内地跨省（区）特别重大、重大矿山事故救援应急预案》《泛珠三角区域内地跨省（区）特别重大、重大道路交通突发事件应急预案》《泛珠三角区域内地跨省（区）特别重大、重大突发环境事件应急预案》《泛珠三角区域内地跨省（区）特别重大、重大突发森林火灾应急预案》《泛珠三角区域内地跨省（区）特别重大、重大食品安全事故应急预案》等 5 个应急预案，并注重组织跨区域桌面演练。

（四）单位和基层组织应急预案

单位和基层组织应急预案由机关、企业、事业单位、社会团体和居委会、村委会等法人和基层组织制定，侧重明确应急响应责任人、风险隐患监测、信息报告、预警响应、应急处置、人员疏散撤离组织和路线，以及可调用、可请求援助的应急资源情况和实施策略等，体现自救互救、信息报告和先期处置特点。

单位和基层组织可根据应急预案，针对突发事件现场处置工作灵活制定现场工作方案，侧重明确现场组织指挥机制、应急队伍分工、不同情况下的应对措施、应急装备保障和自我保障等内容。

单位和基层组织可结合本地区、本部门和本单位具体情况，编制应急预案操作手册，内容一般包括风险隐患分析、处置工作程序、响应措施、应急队伍和装备物资情况，以及相关单位联络人员和电话等。

对预案应急响应是否分级、如何分级、如何界定分级响应措施等，由预案制定单位根据本地区、本部门和本单位的实际情况确定。

大型企业集团可根据相关标准规范和实际工作需要，参照国际惯例，建立本集团应急预案体系。

二、应急预案编制与管理

《突发事件应急预案管理办法》规定，各级人民政府应当针对本行政区域多发易发突发事件、主要风险等，制定本级政府及其部门应急预案编制规划，并根据实际情况变化适时修订完善。

（一）应急预案编制

应急预案编制部门和单位应组成预案编制工作小组，吸收预案涉及主要部门和单位业务相关人员、有关专家及有现场处置经验的人员参加。编制工作小组组长由应急预案编制部门或单位有关负责人担任。

编制应急预案应知己知彼，以开展风险评估和应急资源调查为基础。风险评估，即针对突发事件特点，识别事件的危害因素，分析事件可能产生的直接后果以及次生、衍生后果，评估各种后果的危害程度，提出控制风险、治理隐患的措施。应急资源调查，即全面调查本地区、本单位第一时间可调用的应急队伍、装备、物资、场所等应急资源状况和合作区域内可请求援助的应急资源状况，必要时对本地居民应急资源情况进行调查，为制定应急响应措施提供依据。

目前公认的应急预案编制路径是"情景—任务—能力"路径。首先，在属地风险评估的基础上，针对主要风险和威胁开展情景构建，基于底线思维科学分析主要风险和威胁的演化规律及最坏可能结果。其次，在情景构建的基础上，梳理事前、事中和事后的应急任务清单，确定各项任务的牵头部门、配合部门及其协同机制。在任务梳理的基础上，分析完成逐项任务的目标能力和既有能力，分析能力差距并寻找解决办法，例如中长期的应急能力建设规划，或者建立区域间应急协作机制、军地应急协作机制、企地应急协作机制等来弥补能力缺口。最后，将上述工作成果以标准化的应急预案文档格式（总则、组织指挥体系及职责、预警和预防机制、应急响应、后期处置、保障措施、附则、附录）予以呈现。

应急预案编制完毕后，需从形式、用语规范性、要素完整性、法律依据的恰当性、情景设置的适当性、响应主体的正确性、相应程序的合理和完整性、响应行动的可行性、应急资源的可调度性和相关预案的衔接性等方面进行专家审定，并广泛征求意见。最终通过法定程序将预案发布与备案。

(二) 应急预案管理

应急预案管理是一个动态且持续的过程，具体包括对预案的宣教培训、落实预案中的响应机制、落实预案中涉及的应急资源、基于演练对预案进行检验评估，此外，应定期对风险环境和应急能力进行评估，适时对应急预案进行修订，保持应急预案的时效性，使应急预案始终与风险水平、应急能力相匹配。

关于应急预案的修订，应该遵循以下几个原则。

首先，在预案编制时应该设置修订期限和修订机制，各级政府都应该规定其总体预案和专项部门预案的修订周期。

其次，在经过突发事件响应或应急演练暴露问题后，在风险环境或应急资源发生重大变化时，需要及时对应急预案进行修订。

再次，在应急机制发生变化、组织机构及其程序发生变化、技术系统发生变动、关键工作人员更迭变化时，要对预案进行修订。

最后，在国家和地方颁布新的法律法规、影响到应急预案内容的时候，要立即对预案进行修订。

三、应急演练与评估

根据《突发事件应急预案管理办法》，应急预案编制单位应当建立应急演练制度，依据实际情况采取实战演练、桌面推演等方式，组织开展人员广泛参与、处置联动性强、形式多样、节约高效的应急演练。地震、台风、洪涝、滑坡、山洪、泥石流等自然灾害易发区域所在地政府，重要基础设施和城市供水、供电、供气、供热等生命线工程经营管理单位，矿山、建筑施工单位和易燃易爆物品、危险化学品、放射性物品等危险物品生产、经营、储运、使用单位，公共交通工具、公共场所和医院、学校等人员密集场所的经营单位或者管理单位等，应当有针对性地经常组织开展应急演练。此外，可以结合应急管理培训组织桌面推演，通过演练使学员了解所在地的主要风险及其基本特点，了解所在地的应急预案和应急体制机制，加强风险沟通。

（一）应急演练形式与目的

应急演练根据具体组织形式可分为桌面应急演练和实战应急演练；按内容划分，应急演练可分为单项应急演练和综合应急演练；按目的与作用划分，应急演练可分为检验性应急演练、示范性应急演练和研究性应急演练。常用的演练可分为桌面演练、单项演练（或功能演练）和综合演练。应急演练的目的包括以下5条。

1. 检验预案。通过开展应急演练，查找应急预案中存在的问题，进而完善应急预案，提高应急预案的实用性和可操作性。

2. 完善准备。通过开展应急演练，检查应对突发事件所需应急队伍、物资、装备、技术等方面的准备情况，发现不足并及时予以调整补充，做好应急准备工作。

3. 锻炼队伍。通过开展应急演练，增强演练组织单位、参与单位和人员等对应急预案的熟悉程度，提高其应急处置能力。

4. 磨合机制。通过开展应急演练，进一步明确相关单位和人员的职责任务，理顺工作关系，完善应急机制。

5. 科普宣教。演练是最好的培训方式，通过开展应急演练，普及应急知识，提高公众风险防范意识和自救互救等灾害应对能力。

在演练的过程中，可以重点对应急响应启动、面向公众的预警、信息报告、通信保障、交通与物流保障、物资保障、指挥协调与控制、面向公众的信息发布、医疗卫生救援、社会稳定维护、城市生命线运转、政府业务连续性管理、灾后恢复与重建等功能进行检验。

（二）应急演练策划与实施

应急演练策划包括成立应急演练组织机构、制定演练计划、设计演练方案。应急演练的组织开展需要根据应急预案来确定。

演练计划主要包括以下内容：一是演练目的，即期望通过演练解决的问题和预期效果；二是演练需求，确定需要参与演练的部门和人员、资源配备、安全保障设施等；三是确定演练范围，根据演练经费、资源和时间等约束条件，确定演练类型、等级、方式等；四是安排演练实施日期；五是落实演练经费预算。

演练方案包括确定演练目标、构建演练情景、编写策划方案说明书。演练目标应该简单、具体、可量化、可实现。演练情景的构建至关重要，需要基于底线思维，依据历史典型案例、属地风险评估和科学模拟计算来构建符合属地风险特点的情景，展示形式是演练场景和场景事件清单，演练场景之间的逻辑关联依赖于事件发展规律和演练行为。演练策划说明书包括演练人员手册、演练控制指南、演练评估指南、演练脚本等。

演练组织单位要成立演练领导小组，通常下设策划组、执行组、保障组、技术组、评估组等若干工作组。在演练领导小组协调支持下，依据演练方案开始组织实施演练，具体包括演练组织与行动、演练过程控制、演练解说、演练记录与评估等具体内容。

（三）应急演练评估

演练评估是在全面分析演练记录及相关资料的基础上，对比参演者表现与演练目标要求，对演练活动及其组织过程作出客观评价，并编写演练评估报告的过程。所有应急演练活动都应进行演练评估。

演练结束后可通过组织评估会议、填写演练评价表和对参演者进行访谈等方式，或者要求参演单位提供自我评估总结材料，进一步收集演练组织实施的情况。

演练评估报告的主要内容一般包括演练执行情况、预案的合理性与可操作性、应急指挥人员的指挥协调能力、参演者的处置能力、演练所用设备装备的适用性、演练目标的实现情况、演练的成本效益分析、对完善预案的建议等。

对演练中暴露出来的问题,演练单位应当及时采取措施予以改进,包括修改完善应急预案、有针对性地加强应急人员的教育和培训、对应急物资装备有计划地更新等,并建立改进任务表,按规定时间对改进情况进行监督监察。

本章小结

预防与应急准备是应对突发事件的基础,是最经济、最有效的应急管理策略。有效应对突发事件,必须坚持预防为主、源头治理,把预防与应急准备放在优先位置。做好预防与应急准备,要完善共建共治共享的社会治理格局,营造全社会安全文化,有效防范各种安全风险,强化突发事件源头预防。要坚持底线思维的思想方法,凡事从坏处准备,做好应对突发事件的思想准备、预案准备、机制准备、工作准备等各方面的应急准备,努力争取最好的结果,牢牢掌握主动权。要加强应急预案管理,健全应急预案体系,落实各环节责任和措施,加强应急预案编制、评审、公布、备案、宣传、教育、培训、演练、评估、修订实施及监督管理工作。

思 考 题

1. 如何加强预防与应急准备?
2. 如何做好应急预案的编制与管理工作?
3. 情景构建的方法与策略有哪些?

推荐阅读书目

1. 汪永清主编:《中华人民共和国突发事件应对法解读》,中国法制出版社2007年版。

2. 李湖生：《应急准备体系规划建设理论与方法》，科学出版社 2016 年版。

3.《中国应急管理的全面开创与发展（2003—2007）》编写组：《中国应急管理的全面开创与发展（2003—2007）》，国家行政学院出版社 2017 年版。

4. 李雪峰主编：《应急演练实施指南》，中国人民大学出版社 2018 年版。

第四章 监测与预警

监测与预警是做好突发事件应对工作，控制、减轻和消除突发事件引起的严重社会危害的重要前提。有效防范和应对突发事件，必须建立健全监测与预警机制，坚持抓早、抓小、抓苗头，真正把问题解决在萌芽之时、成灾之前。要适应科技信息化发展大势，建立统一的突发事件信息系统，有效整合现有资源，实现信息共享。要建立健全自然灾害监测系统，健全各类危险源、危险区域实时监控系统和危险品跨区域流动监控系统，健全公共卫生事件监测系统等各类突发事件监测网络。要建立健全风险预警制度，根据突发事件监测信息和风险评估结果，依据突发事件可能造成的危害程度、紧急程度和发展趋势，确定相应预警级别，发布相关信息并采取相应的预警措施，打通预警信息发布"最后一公里"。

第一节 坚持把问题解决在萌芽之时

一、监测与预警的重大意义

监测与预警是指有关部门和单位综合运用各种科学方法、技术手段和先进平台，结合有关数据、情报和资料，对可能导致突发事件的各类潜在威胁、危险源、危险区域、重要目标或系统运行状态进行实时动态的监控、观察和测量等活动；并在此基础上开展风险评估，通过科学评价突发事件发生的可能性和严重度,对事件发生发展的态势作出科学评判和推断;进而发布预防和警示信息,提醒有关政府部门、单位和社会公众有针对性地做好各项防范、准备和应对措施,从而将突发事件可能造成的损失降至最低的过程。①

根据突发事件生命周期理论,大多数突发事件虽然名为"突发",但其发生一般都有一定的事先征兆或者在暴发前会经历某些"临界点",对这些预兆或"萌芽"进行敏感捕捉、实时监控和有效管理并及时发布预防警示信息,可以显著降低突发事件暴发后可能造成的破坏,这是开展监测和预警工作的基本理论依据。

(一) 监测与预警的主要内容

监测与预警工作主要包括实时监测、风险评估、信息报告、预警发布、预警行动等关键要素,这些要素构成了监测与预警工作的基本流程(见图4-1)。

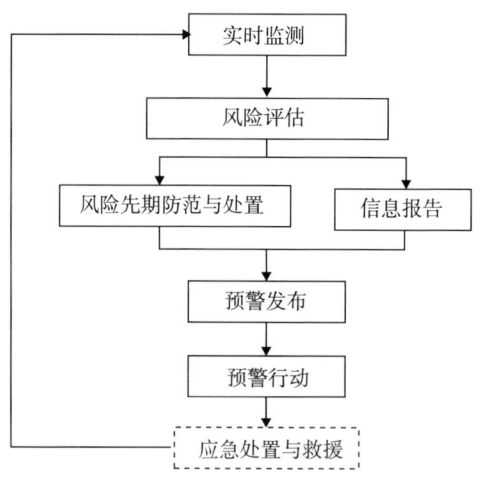

图4-1 监测与预警工作的基本流程

---

① 参见闪淳昌、薛澜主编:《应急管理概论》,高等教育出版社2012年版,第221页;钟开斌:《中外政府应急管理比较》,国家行政学院出版社2012年版,第205页。

第一,开展实时监测。要根据各地区、各行业、各单位面临的具体安全风险实际情况,有针对性地开展实时风险监测与值守活动。这些活动既可以借助各种高科技的监测系统实现,也可以借助值守应急活动等传统方式完成。

第二,进行风险评估。对于监测到的危险源状态改变或新发风险情况,要运用各种定量或定性方法进行科学的分析与评估,对突发事件的发生发展趋势进行科学预判预测。

第三,风险管控和信息报告。对可以防范的风险(如各种安全生产事故隐患或零散传染性疾病病例等),要及时采取先期防范与处置措施,避免风险隐患进一步演变成为重大突发事件。同时,当突发事件发生可能性明显增加或即将发生时,要按照有关规定及时向上级有关部门进行上报,并横向通报有关部门和单位。

第四,发布预警信息。风险评估的结果要用于预警信息的及时发布。对那些无法通过先期防范与处置措施消除的风险,经过研判发现其演变为突发事件的可能性显著增大或事件发生不可避免时,要及时对外发布预警。预警发布可以借助于多种手段和多个渠道,确保预警信息及时准确传递到各相关主体,并提醒有关各方做好必要的应急准备。

第五,开展预警行动。预警信息发布后,有关部门、单位和广大公众要开展相应的预警行动,如提前进行有关救援力量的部署,提前启动应急响应,做好充分的各项准备措施等,以最大限度地减少事件可能带来的损失。

需要指出的是,进入处置救援环节后,仍然需要对事件发展演变过程及可能衍生出的新风险进行动态监测和评估,根据最新的评估情况重新调整事件预警等级或发布次生衍生事件预警。

(二)监测与预警的关系

从承担的具体职能来看,监测与预警密不可分,二者相辅相成,缺一不可。一方面，监测为准确发布预警提供必要的信息。借助先进的技术手段进行科学分析，是准确预警的坚实基础。另一方面，预警是监测活动的重要构成和最终目的。监测的本质即要通过"早发现、早准备、早控制"有效降低突发事件的破坏性影响，这就需要将监测分析的结论以预警形式及早向有关部门和社会公布，提醒有关各方提前做好必要的应急准备并采取有效的防范措施。实践中，各行业、各部门、各单位开发的突发事件风险监测与预警系统，一般都兼具监测、风险评估、信息报告以及预警发布等核心功能，能够对风险开展动态精准监测识别与分析，并在此基础上及时发布相应等级的预警信息。

从工作主体角度来看，监测与预警的主体是有机统一的。一般情况下，各类公共安全风险的监测主体均为政府有关部门或其授权的特定单位，而预警发布的主体一般也是各级政府或其授权的有关部门，两类主体具有高度一致性。当然，需要指出，公共安全风险的监测往往具有更强的技术依赖性，有时是由政府授权的技术部门或单位负责；而发布预警信息时，为确保预警信息的权威性、准确性和及时性，一般是由各级政府（或授权有关主管部门）统一对外发布。

从信息流角度来看，监测活动是信息"由外向内"的过程，预警活动则是"由内向外"的过程。监测是一个从"发散"到"收敛"的过程，有关部门和单位将各类相关的信息进行充分收集、整理，然后去粗取精、去伪存真，对信息进行加工、研判和处理，从而得出科学分析结果，是信息"由外向内"的过程。而预警则是一个从"收敛"到"发散"的过程，监测获得的信息经过"精加工"后，变为有用的预警等级信息，经有关部门借助政府公开信息渠道和媒体渠道，向特定的目标人群或广大公众进行发布，追求的目标是尽可能让更多的受众及时获取这些信息，从而使预警的警示作用得到充分发挥，这是信息"由内向外"的过程。

(三) 监测与预警的重要意义

监测与预警是应对各类突发事件应对的"第一道防线",是一项处于前端关键节点的基础性活动。监测与预警既是决定突发事件破坏性后果是否扩大的重要"拐点",也是实现应急管理关口前移的重要保障,对应急管理工作具有特殊重要意义。概括来讲,监测与预警的重要作用和意义主要体现在以下3个方面。

一是"早发现"。即通过运用各种先进技术手段第一时间发现重大风险隐患或预判事件发展态势,为事件应对抢得先机。随着应急管理科学技术的不断进步和发展,各种先进的监测技术手段得到广泛应用,各种公共安全风险的快速识别和准确发现能力得到大幅提升。例如,自然资源部门可以借助先进的卫星导航系统,实现对山体滑坡微小位移的实时监测,一旦位移量超出临界值,即在第一时间触发警报。

二是"早控制"。即对发现的重大风险隐患或敏感信息,在开展科学分析和态势研判的基础上,及时采取有针对性的先期防范和控制措施,尽可能将事态扼杀在萌芽状态、消灭在成灾之前。如森林草原火灾防治过程中强调要"打早、打小、打苗头",就是要将"星星之火"扑灭在萌芽状态,避免其蔓延成森林大火。

三是"早准备"。即通过及时发布预警信息,提示有关部门单位和社会公众提前做好必要的应急准备,为后续的灾害应对争取主动权,从而将可能的灾害损失降至最低。例如,提前撤离危险区域的人员以规避即将发生的滑坡、泥石流等灾害风险,或提前做好各项物资准备以应对灾害爆发后的各种救援需求等。

二、把问题解决在萌芽之时和成灾之前

2019年11月29日,习近平总书记在主持十九届中央政治局第十九次集体学习时指出,要加强风险评估和监测。新时期,进一步健全完善监测与预警工作机制,对重大安全风险做到"早发现、早报告、

早控制、早准备",将问题解决在萌芽之时、成灾之前,是有效减轻重大安全风险威胁、降低突发事件影响后果最为经济和有效的方式之一。

(一) 我国监测预警体系建设过程

2003年非典事件发生以后,党中央、国务院高度重视突发事件监测预警体系建设。2003年,党的十六届三中全会首次提出建立健全预警机制,明确要求"建立健全各种预警和应急机制,提高政府应对突发事件和风险的能力"。2004年,党的十六届四中全会强调要"建立健全社会预警体系,形成统一指挥、功能齐全、反应灵敏、运转高效的应急机制,提高保障公共安全和处置突发事件的能力"。2005年,党的十六届五中全会进一步提出,要"建立健全社会预警体系和应急救援、社会动员机制,提高处置突发性事件能力"。2014年,党的十八届四中全会再次强调要"建立健全社会矛盾预警机制、利益表达机制、协商沟通机制、救济救助机制,畅通群众利益协调、权益保障法律渠道"。

2015年10月29日,习近平总书记在党的十八届五中全会第二次全体会议上指出,"要加强对各种风险源的调查研判,提高动态监测、实时预警能力,推进风险防控工作科学化、精细化"。2019年11月29日,习近平总书记在主持十九届中央政治局第十九次集体学习时强调,要加强风险评估和监测预警,加强对危化品、矿山、道路交通、消防等重点行业领域的安全风险排查,提升多灾种和灾害链综合监测、风险早期识别和预报预警能力;实施精准治理,预警发布要精准,抢险救援要精准,恢复重建要精准,监管执法要精准;适应科技信息化发展大势,以信息化推进应急管理现代化,提高监测预警能力、监管执法能力、辅助指挥决策能力、救援实战能力和社会动员能力。2020年1月25日,针对新冠肺炎疫情防控工作,习近平总书记在主持中央政治局常委会会议时指出,要做好疫情监测、排查、预警等工作,切实做到早发现、早报告、早隔离、早治疗。2020年5月4日，习近平总书记在参加十三届全国人大三次会议湖北代表团审议时指出，疫情监测预警贵在及时、准确。要改进不明原因疾病和异常健康事件监测机制，提高评估监测敏感性和准确性，建立智慧化预警多点触发机制，健全多渠道监测预警机制，及时研判风险。2020年6月2日，习近平总书记在主持召开专家学者座谈会时指出，要加强监测预警和应急反应能力。要把增强早期监测预警能力作为健全公共卫生体系当务之急，完善传染病疫情和突发公共卫生事件监测系统，改进不明原因疾病和异常健康事件监测机制，提高评估监测敏感性和准确性，建立智慧化预警多点触发机制，健全多渠道监测预警机制，提高实时分析、集中研判的能力。2020年7月17日，习近平总书记主持中央政治局常委会会议，研究部署防汛救灾工作，提出要精准预警严密防范，及时准确对雨情、水情等气象数据进行滚动预报，加强对次生灾害预报，特别要提高局部强降雨、台风、山洪、泥石流等预测预报水平，预警信息发布要到村到户到人。

  我国制定出台的相关法律法规和规范性文件，为突发事件预警提供了较强的法律支撑，初步规范了预警分级、发布与响应等工作。2006年，国务院发布《国家突发公共事件总体应急预案》，规定"各地区、各部门要针对各种可能发生的突发公共事件，完善预测预警机制，建立预测预警系统，开展风险分析，做到早发现、早报告、早处置"。2007年颁布的《突发事件应对法》通过国家立法明确了"国家建立健全突发事件预警制度"。2011年7月，国务院办公厅印发《关于加强气象灾害监测预警及信息发布工作的意见》，加强了气象灾害预警的规范与管理。2013年修订的《传染病防治法》增加了"国家建立传染病预警制度"的内容。2015年颁布的《国家安全法》规定"国家健全国家安全风险监测预警制度，根据国家安全风险程度，及时发布相应风险预警"。

(二) 各类突发事件的监测预警体系建设

总体来看，2003年非典危机之后，我国在重大公共安全风险监测与预警体系建设方面取得了重大成绩，建立起涵盖各大类突发事件的监测预警网络体系，为及时有效防范化解各类重大公共安全风险提供了坚实保障。同时，我国大力推动各类先进技术在风险监测工作中的应用，全面提升风险监测的科技化、信息化和智能化水平。全球卫星定位系统（GPS）、遥感技术（RS）、地理信息系统（GIS）、无线传感技术、物联网技术、高清视频影像识别技术等先进技术手段在各领域得到了广泛应用，公共安全风险监测水平得到大幅提升。

在防灾减灾方面，气象、地震、自然资源、森林防火等各类专业监测预警系统和平台相继建成，在自然灾害防治工作中发挥了极其重要的作用。我国目前已建成天地空一体化的综合立体气象观测体系，卫星、雷达等监测能力位居世界前列。据统计，我国已建成由7颗在轨运行气象卫星、216部雷达、7万多个气象观测站组成的新一代气象监测网络，并建成生态、环境、农业、海洋等专业气象监测网，形成了全球最大的综合气象观测网络。[①] 2015年，我国依托中国气象局公共气象服务中心成立了国家预警信息发布中心，并建立起国家突发事件预警信息发布系统，为有关部门发布各类突发事件预警信息提供了综合平台和渠道。

在安全生产方面，煤矿瓦斯监测系统、危化品动态风险监测预警系统、油气管线监控预警系统、重点污染企业污染物排放监测系统等各类监测预警系统和安全生产应急指挥系统平台逐步建成并不断完善。这些系统平台发挥着及时发现重大隐患的"千里眼"作用，为有效推动构建安全风险分级管控和隐患排查治理双重预防机制提供了精准可靠的数据信息支撑，成为有效遏制安全生产事故特别是重特大事故发

---

① 《中国气象局：中国已形成全球最大的综合气象观测网》，搜狐网2020年5月10日，https://www.sohu.com/a/394465675_123753。

生的利器。

在公共卫生方面,我国在非典疫情后建成了传染病疫情和突发公共卫生事件网络直报系统。该系统可实现传染病疫情风险信息由基层哨点医院直通中国疾病预防控制中心(CDC)和国家卫生健康委员会,突发公共卫生事件信息平均报告时间缩短至4小时内,具备在72小时内检测300余种病原体的能力,在有效防控和应对甲型H1N1流感、中东呼吸综合征、埃博拉等一系列传染病过程中发挥了重要作用。[1] 同时,我国还建立起食源性疾病监测报告系统,形成食源性疾病监测网络体系。国家卫生健康委员会专门下发《食源性疾病监测报告工作规范(试行)》,对食源性疾病的监测报告、信息通报、组织保障等各方面工作进行详细规定,明确了食源性疾病的报告名录,进一步提高了食源性疾病监测报告工作的规范性水平。

在社会安全方面,国内多数大城市建成了针对人员密集地点和区域的大客流风险实时监测预警系统,可针对大客流区域内的人员流动态势开展实时监控,并能够根据风险情况提前启动干预措施,发布必要的预警提示信息,从源头上有效降低了大客流风险进一步演变为拥挤踩踏事件的可能性。此外,公安系统还建立起统一的网上舆情监测、研判和预警工作机制。

在生态环境方面,我国大力推进生态环境监测预警体系建设。生态环境监测预警工作主要包括:大气、地表水及地下水、海洋、噪声、酸雨等环境质量监测预警,以及土壤、温室气体、污染源、辐射等生态与污染源监测预警工作。2015年7月,国务院办公厅下发《生态环境监测网络建设方案》,明确要实现"环境质量、重点污染源、生态状况监测全覆盖",建成"陆海统筹、天地一体、上下协同、信息共享的生态环境监测网络"。与此同时,各地不断加快推进生态环境监

---

[1] 《我国已建成全球最大的传染病疫情和突发公共卫生事件网络直报系统》,新华网2017年11月17日,http://www.xinhuanet.com/politics/2017-11/17/c_1121972734.htm。

测预警工作。例如，2019年江西省出台《江西省生态环境监测预警办法》，规范了生态环境监测预警的工作流程，并进一步提高了大气环境质量、地表水水质、重点排污单位监督性监测和预警工作的要求。

第二节　做好综合监测和风险评估

及时发现、精准把握各种风险隐患情况是开展应急管理工作的基础。因此，要广泛并充分利用各类先进的信息化手段和各种渠道机制，切实做好综合监测和风险识别工作。要健全各类突发事件监测工作机制，加强监测工作制度化建设，大力推广各种先进监测技术和手段，建立并完善涵盖各类公共安全风险与突发事件的监测网络。要加强突发事件信息报告工作机制建设，完善各类突发事件信息收集与报告系统，优化信息上传下达的渠道和流程，有效整合各类风险隐患和突发事件信息，构建上下贯通、左右共享的突发事件信息收集和管理体系。要加强对各类风险数据信息的深度挖掘和有效利用，充分运用大数据、"互联网+"、云计算以及智慧城市等先进技术手段和系统平台，提高对风险信息的精细化加工水平。

一、建立统一的突发事件信息系统

信息是突发事件应急管理的"生命线"。在突发事件可能发生、刚刚发生或事态扩大的不同阶段，相关信息必须快速、准确地传递至各级党委、政府及有关部门，为对应的防范准备和应对处置措施提供必要的决策依据。随着大数据、物联网、云计算、5G等信息化、数字化技术的快速发展，数据信息在突发事件监测预警和处置救援过程中的重要性日益凸显。因此，要继续完善各类突发事件信息系统，有效整合和共享各类信息资源，不断优化信息报告和流转等各项工作机制，切实发挥好信息在应急管理全流程特别是监测预警环节的"驱动"

作用。

（一）构建统一的突发事件信息系统

目前，我国各级政府、各有关部门已经建成纵横交错、涵盖各领域的突发事件应急信息系统网络体系。纵向来看，我国已经构建起从县（区）、市（地）到省（自治区、直辖市）再到国务院的四级值守应急信息系统平台；横向来讲，相关行业管理部门和有关部门也都建立起自上而下的突发事件应急信息系统平台。这些信息系统平台在各类重特大突发事件的监测预警和应急处置过程中发挥了不可替代的重要作用。

进入新时代以来，公共安全形势发生深刻变化，应急管理体制改革工作也逐步落实，内外部环境的变化对突发事件应急信息系统的换代升级和功能完善提出更高要求。为此，要进一步深入拓展和挖潜各级各类突发事件信息系统的功能，提高系统的信息化、数字化和科学化水平；同时，有效整合各类信息系统平台，有效实现各类公共安全风险和突发事件信息数据的互通共享，切实提升突发事件信息系统网络在发现风险、监测预警、辅助决策以及协同处置等方面的效能。

一是要加快各类应急信息系统改造升级。要进一步加大各类应急信息系统对各类新技术、新手段和新渠道的应用力度，全面提升系统科技含量。要全面拓展各级政府应急信息系统的功能，集信息接报汇总、应急值班值守管理、地图标绘、报表管理、信息自动流转等多功能于一体。要进一步拓宽信息获取的渠道，在当前以政府部门内部信息报送为主的基础上，鼓励社会公众个人积极报告突发事件相关信息，逐步增加社会面信息来源。要充分利用物联网、大数据和5G等先进技术为各级应急信息系统服务，不断丰富完善信息报送的方式，逐步增加高清图像、音视频等直观信息数据的比重。

二是要有效整合各类信息系统平台，打通相互间的"关节"，全面实现信息系统平台间的互联互通。应急管理体制改革后，原各级政府应急管理办公室并入新组建的各级应急管理部门，原有的各级政府应急信息系统平台大多留在了政府办公室。新形势下，如何根据应急管理机构的职责对应急管理信息系统功能作出适应性调整，应急管理部门是否需要新建突发事件信息系统，原有的防汛抗旱、气象减灾、地质灾害防治以及安全生产等信息系统或平台如何进行有效对接等问题都需要及时解决。

应以应急管理体制改革为契机，由各级应急管理负责部门牵头，会同水利、自然资源、气象、水文、地震、地质等相关部门，建立统一的突发事件应急信息系统，将各专业领域的应急信息系统功能实现有机整合，彻底打通部门间的信息"壁垒"，真正实现多灾种和灾害链的综合信息管理。平时，各专业部门仍在各自职责范围内负责对专业类信息实施监测和管理，但应急管理部门负责对各类应急信息进行统筹管理，实时掌握最新的数据信息。临灾时，要确保应急管理部门在第一时间获取台风、水情汛情旱情、森林火灾以及滑坡、泥石流等各类自然灾害的最新信息，牵头统一发布预警和灾情信息，统一组织研判会商。战时，应急管理部门则要依托综合应急信息平台，牵头统一领导救援行动，统一调动应急队伍和调拨救灾物资。

（二）不断完善信息报告与流转工作制度

突发事件信息报告和流转必须做到"快、准、全"。要高度重视、不断完善信息报告相关制度和报告程序，健全相关部门间信息通报与流转机制，加强跨部门、跨行业、跨区域以及条块、军地、企地之间的信息交流与情报合作。

目前，我国从中央到地方各级政府、各行业部门均相继出台了若干项有关突发事件信息报告的制度规定和有关预案，其中对报告的时限、报告的主要内容、报告的对象和流程都作出了规定。例如，国家总体预案、有关专项预案、部门预案以及各地区、各行业制定的相关预案和其他有关制度中均对报告时限作了明文规定，根据突发事件性质和后果的不同，报告时限从 4 小时、2 小时到 1 小时不等。原国务院应急办于 2015 年下发的《关于切实加强突发事件信息报告工作的通知》要求，重特大事件发生后，要力争 30 分钟内向国务院总值班室电话报告，1 小时内书面报告。

在实践中，我国突发事件信息报告工作已经形成较为完善和规范的制度体系并得到很好落实。但也应当看到，仍有极少数单位还存在制度规定执行不到位甚至谎报、瞒报等情况。2019 年 12 月 4 日，湖南省浏阳市碧溪烟花制造有限公司发生一起重大爆炸事故，共造成 13 人死亡、13 人受伤。但当地有关人员在已经掌握实际数据的情况下，仍然按照"7 死 13 伤"向应急管理部进行报告，造成了恶劣的社会影响。①

未来，要进一步细化并严格落实突发事件信息报告与流转制度体系，继续强化突发事件信息报告的时效性、真实性、准确性和全面性，力争实现信息全面共享，督促各单位和各部门严格落实执行。

要在现有各项制度的基础上，进一步完善信息报告流转的各项制度，细化相关的时限、内容、对象和流程等关键要素，形成"横向到边、纵向到底"的信息报送与信息通报制度文件体系。要进一步在有关制度中明确条块之间信息接报的职责边界，避免多头分散报告；特别是在报告内容格式要求差别较大的情况下，要尽可能提升基层单位和部门信息报送的效率。要进一步完善配套的考核和奖惩制度，对迟报、漏报、谎报、瞒报现象"零容忍"。要进一步细化完善突发事件信息的横向通报制度，切实打破以往信息在条块间流转相对滞后的局面，真正实现应急管理与消防、气象、水利、自然资源、地震等部门信息同步，并推动应急管理和公安、交警、医疗急救等部门间的信息沟通和信息共享水平。同时，要考虑建立地方政府与驻地军队和武警、

---

① 《浏阳市碧溪烟花制造有限公司"12·4"重大爆炸事故调查报告》，湖南省应急管理厅官网 2020 年 4 月 11 日，http://yjt.hunan.gov.cn/yjt/sgdcbgx/202004/t20200411_11876495.html。

驻地中央企业以及垂直管理中央部门间的信息会商通报和共享机制。

二、健全突发事件监测网络和监测机制

（一）健全突发事件监测网络

按照不同的分类标准，突发事件风险监测活动可分为若干类型。在开展监测活动的过程中，要根据实际情况和不同风险的特点，单独或综合采取灵活的监测方式，构建起突发事件监测的网络体系。

按照监测对象的不同属性及特点，可以分为确定性目标监测和不确定性目标监测。前者如针对某些特定危险源、危险区域和场所的监测活动，后者如有关部门针对媒体、电视、网络等开源渠道开展的公共安全风险信息监测活动。在实践中，有关监测主体往往会结合监测对象的不同情况，综合运用上述两种监测方式，形成立体化的监测网络。例如，针对特定灾害风险，欧盟的监测系统包括欧洲森林火灾监测管理系统、欧洲旱情监测管理系统、全球洪灾风险监测管理系统、基于卫星图像的人类定居及人口分布的监测与风险评估系统等各种系统。针对不特定风险，欧盟还专门建立了基于开放源媒体数据的欧盟媒体信息监控管理系统，负责从开源渠道广泛收集各类公共安全风险和突发事件信息，为欧盟开展危机决策和支援提供数据支撑。

按照监测活动的主体不同，还可以将其分为专业监测和社会监测。一方面，我国在气象、地震、水文、地质灾害等领域，由相关部门和机构开展了大量专业性较强的风险监测活动，取得了良好效果，切实有助于进一步提升防灾减灾能力；另一方面，在加强专业监测的同时，我国还特别注重发挥各类基层组织和村、社区力量在风险监测工作中的积极作用，通过群测群防、群防群治，构建起风险识别和信息报告的"第一道防线"。例如，北京市房山区在"7·21"特大暴雨后，不断壮大群测群防人员队伍，常年对地质隐患点开展监测和巡视工作，在风险监测和防范中起到了非常好的效果。2018年8月11日，房山区

地质灾害群测群防人员就成功化解了一起山体崩塌灾害,避免了人员伤亡。① 在同一种灾害风险的监测过程中,可以有机结合专业监测和社会监测,同时发挥两种监测方式的优势,做到优势互补,形成监测合力。

另外,按照监测活动持续时间的长短,还可将其分为常态化日常监测、临灾监测和事件动态监测。其中,常态化监测主要是指有关部门针对公共安全风险开展的日常风险监测活动,这些活动往往是全天候不间断的,一旦发现问题可以立即进行研判并为后续预警和响应措施提供支持。临灾监测则主要是针对那些在特定时间出现的灾害或风险来开展,如每年针对台风的监测活动,或者进入汛期后根据气象预报情况开展的河流洪涝监测等。随着监测技术的不断进步,可以对这些灾害开展较为精准的临灾监测活动,相关部门能够借助先进的监测系统提前对台风、暴雨和洪涝灾害情况作出相对准确的预测和预判。事件动态监测则主要是指各类突发事件发生后,针对灾情演变发展过程所开展的实时动态监控活动,以便能够及时调整应急响应和处置救援措施。

对于以上各种监测方式,在实践中可根据监测主体、对象和持续时间等的不同,相互结合并综合加以运用,从而形成系统化的突发事件风险监测体系。

(二) 形成监测工作长效机制

做好综合监测和风险评估工作,必须进一步落实有关法律法规和规章的要求,加强风险监测相关制度体系建设。同时,要进一步厘清风险监测活动中相关各方的职责边界,做到主体责任清晰。

具体而言,要明确政府有关部门、相关专业机构、涉事或有关机构和单位、一线人员等相关主体的具体责任,做到事权清晰、责任明

---

① 张楠:《房山塌方避险功臣安宏三获表彰奖现金 10 万元 该路段仍断路禁行》,《北京晚报》2018 年 8 月 20 日。

确。同时，还要进一步厘清条块关系、部门关系、专业部门与行政部门之间的关系等。此外，还要重视监测制度在各级各类应急预案中的落实，真正发挥监测活动在风险防控和先期处置中的重要作用。

要强化跨部门公共安全风险信息共享，形成风险监测合力。新时代，各种公共安全风险和突发事件形态日益复杂，复合型、系统化特点凸显，各类风险和事件之间的关联性增强，事态发展错综交织，引发次生衍生事件的概率增加，这些都对做好风险监测工作提出了新的更高要求。为此，在风险监测工作中，要进一步打通部门和行业间的信息壁垒，进一步完善信息共享渠道，将各类风险监测数据资源有机整合起来，发挥系统合力。

案例 4-1

"智慧安全佛山"系统平台

2019 年，广东省佛山市成立了跨部门、跨领域的城市安全运行监测中心，并开发了"智慧安全佛山"系统平台，负责统筹城市公共安全风险的全方位监测、快速感知和信息实时共享等各项工作，并可为后续的事件应对处置工作提供精准的信息支撑。该系统整合了分布在各部门的各类数据资源信息，打破了部门间的数据孤岛，并在监测基础上实现数据深度挖掘。目前，该系统已经初步整合了桥梁、燃气、排水、轨道交通、消防、高风险企业、电梯、道路运输车辆等 8 个方面的城市安全风险数据信息，可以实现对上述各类城市安全风险的实时监测功能，初步形成了城市运行安全监测"一张网"。

要加强专业监测队伍建设，鼓励社会力量参与风险监测相关工作。监测工作最终落实是要靠人，要充分发挥专业和社会两方面力量的作用，专群结合、群防群测，形成相对完备的公共安全风险监测队伍体系。一方面，要加大对风险监测队伍的投入和支持力度，特别是要加大对基层监测机构和专业队伍在人才培养、职级晋升等方面的政策倾斜力度，确保这支队伍的稳定性。另一方面，要充分发挥基层信息报告员、应急志愿者的作用，大力推动群防群测工作。要制定激励性政策，鼓励基层群众和一线人员积极参与风险信息的发现和报告工作，夯实风险监测的群众基础。

三、完善突发事件风险评估体系

风险评估既是对风险信息进行加工的关键环节，也是有效衔接监测与预警工作的中间环节，是监测预警工作的"神经中枢"。对于监测到的各种风险信息和数据结果，必须经过严谨科学的数据加工和分析评估过程才能得出科学的评估结论，也只有科学的评估结果才能有效地指导后续风险控制和预警发布等各项工作。为此，在风险评估环节，必须高度重视数据来源的准确性、全面性和科学性，建立健全科学的评估准则和评估标准，并进一步优化规范完整的风险评估程序和工作机制，从而有效提升风险评估工作的可靠程度。

（一）建立健全科学的评估方法标准体系

风险评估是一项技术性很强的工作，评估的方法有很多，针对不同类别的公共安全风险，可能会采取不同的评估方法，这些方法的关键在于其科学性。理论上，风险评估是从质量和数量上全面确认并定义风险，评价风险发生概率有多大、损害有多少，并确定风险等级。主流的风险评估理论方法主要是成本—收益分析法，其核心是通过计算风险发生后果及发生概率的组合，得到相应的风险等级，进而为后续风险控制提供依据，可用公式表述为：风险＝概率×后果。在此基础上，联合国国际减灾战略署又提出如下评估公式：

$$Risk(风险) = \frac{Hazard(危险) \times Vulnerability(脆弱性)}{Capacity(能力)}$$

这些方法主要是从理论上为我们开展风险评估工作提供基本思路。随着人们对风险认识的不断深入，在各领域的风险评估过程中，还需要结合各自的专业知识和理论，采取更为复杂和科学的评估方法。例如，在技术风险评估领域，侧重于科学定量（或半定量）分析的安全检查表法、预先危险性分析（PHA）法、事件树分析（ETA）法、故障树分析（FTA）法、多级模糊综合评价方法、漏洞威胁评估法、危险概率评价法、风险分级等多种方法得到了广泛应用。在具体实施评估的过程中，又引申出了若干具体的评估操作方法，如专家打分法、基于以往数据的经验评估法、外推法、风险枚举法、问卷调查法等，这些思路成为指导各领域开展安全风险评估的主流方法。

需要说明的是，上述风险评估方法往往都需要建立起一套较为科学的评价指标体系，以统筹可能影响风险等级的各种因素，这些指标既包括纯技术层面的硬性指标，也可能涉及社会面影响的软性指标。随着风险评估技术的日益成熟，对各种公共安全风险评估的指标体系也在不断完善。

今后，要结合公共安全风险的具体特点，在科学监测的基础上，以快速、全面、准确的数据信息为支撑，着力建设科学完备的风险评估方法和标准体系。

一是要高度重视各种最新风险评估技术方法的运用。要根据实际情况的变化发展和典型事件的应对经验，动态完善各类风险评估指标体系，构建科学系统的风险评估指标体系。同时，要在完善技术性指标的基础上，适当增加"软性"指标在风险评估指标体系中的比重。不但关注风险本身，还要关注风险可能带来的社会秩序、公众生活、社会心理以及周边环境等各方面问题，综合考量风险可能带来的全面影响，注重风险评估工作的系统性和完整性。

二是要充分借助包括云计算、大数据等在内的先进技术手段，尽可能提高风险评估结果精准化水平。要充分发挥海量数据挖掘和先进数据处理技术在风险评估中的科学作用，最大限度降低不可预知性和不确定性，得出尽可能接近真实风险水平的科学判断结果。要加快构建起各类公共安全风险评估数据库。结合历史数据和典型案例，建立完善的风险评估对标分析和智慧评估数据库,发挥评估过程中海量数据的客观优势,"靠数据来说话,向数据要结果"。

三是要进一步构建科学的公共安全风险评估标准和评估准则体系。要根据各类公共安全风险的不同特点,研究有针对性的风险评估标准和评估方法,健全科学的风险评估标准体系,提升风险评估工作的科学化水平。要关注那些可能引发次生衍生事件的跨界风险,制定尽可能全面的评估标准,提升风险评估的可靠程度。

(二) 加强风险评估制度化建设

要加大对风险评估的制度化建设和安排,通过机制设计进一步明确风险评估的主体、时机和程序等,提高风险评估工作的规范化水平。

首先,要通过制度化建设对风险评估活动进行授权和免责。风险研判和评估活动带有一定的不确定性,因此一定要在政策上给予评估人员适当的冗余度,使其敢于研判、敢于决断。应当赋予那些经过严谨科学程序并充分吸收各方意见之后得出的评估结果以充分的权威,以其作为指导后续风险处置和预警行动等各项活动的基本依据。

其次,要解决好专业人员和行政人员在风险评估工作中的相互关系和职责边界,让"专业的归专业,行政的归行政"。鉴于公共安全风险评估工作普遍具有较强的专业性,要建立专家研判工作机制,健全完善相关制度,发挥好各方面专家在风险研判和评估中的决策咨询作用。要完善专业人士和行政人员特别是决策者之间的沟通渠道,建立专家与决策者的对话机制,充分发挥专家学者在专业领域的关键作用。

最后,要根据各类公共安全风险的实际情况,适当提升技术部门在公共安全风险研判和评估中的地位和话语权。例如,要充分发挥疾病控制预防机构在公共卫生风险评估中的作用,为第一时间准确把握风险的特性和关键要点提供可靠的制度保障。

案例 4-2
美国防控新冠肺炎疫情

纵观美国防控新冠肺炎疫情，可以看到其在风险研判和评估环节上出现了比较大的问题，主要体现在两点：一是研判评估主要是"靠直觉"而不是"靠科学"；二是专家和专业人员的作用被削弱。

其一，对于新冠肺炎疫情暴发的可能性，特朗普政府在初期盲目乐观，一味地淡化病毒的严重性，强调其不可预见性，并没有把关注重点放到疫情防控工作上，而是更多地把注意力放在经济运行、竞选活动等其他问题上。特朗普总统在疫情研判上的表态随意性较大，在其推特账号及白宫记者会上不断强调"我们的状态很好""（病毒）总有一天会奇迹般消失""（病毒）得到有效控制"等言论。显然，这些判断与后续美国疫情发展的严峻现实存在严重偏差，这充分说明，特朗普总统的这些判断更多的是依赖直觉而不是靠严谨的科学和大量的数据分析来获得的。

其二，美国有关专业部门和专业人员的意见未得到充分重视，专家作用没有能够得到有效发挥。从疫情初期美国卫生和公共服务部、美国疾控中心以及国家安全委员会等专业机构部分专家的表现看，自2020年1月底开始，特别是到了2月中下旬，相关专业机构主要官员和一些专业人士事实上已陆续开始意识到新冠肺炎疫情很可能会给美国带来严重威胁并可能造成重大后果。随后，他们通过提交评估报告、备忘录等各种渠道向特朗普政府进行了反映，并提出了一些对策建议。[1] 但遗憾的是，这些意见和建议未被特朗普政府及时采纳，从而导致错过了疫情初期防控的最佳时间窗口。

---

[1] 《纽约时报复盘美国疫情：特朗普为何忽视警告、一错再错》，环球网2020年4月14日，https://world.huanqiu.com/article/3xpSwku05Sz。

第三节 做好风险预测预警

预警是指针对发生或可能发生的突发事件以及现实或潜在的风险，在监测、评估和预测的基础上，政府相关部门预先警示潜在的受影响者，使其提前做好必要的防范准备工作。预警是防范化解风险的关键因素和处置突发事件关口前移的首道防线，能够有效保护人民生命安全与身体健康，减少各项经济损失，维护社会正常秩序，避免公众恐慌心理。为了做好风险和突发事件预警，需要明确预警级别、预警发布和预警响应等制度。

一、预警级别制度

（一）预警级别

预警实行分级制度，突发事件或风险预警一般划分为 4 个级别。通常用中文数字、罗马数字或形容词来描述预警级别，从高到低依次为一级、二级、三级和四级，或Ⅰ级、Ⅱ级、Ⅲ级和Ⅳ级，或特别严重、严重、较重和一般。预警级别实行颜色标识机制，使用红、橙、黄、蓝四种颜色对一至四级预警进行描述，同时不同类型突发事件的预警信号会标注特殊的警示图标，便于公众快速识别与记忆。《突发事件应对法》第四十二条规定："可以预警的自然灾害、事故灾难和公共卫生事件的预警级别，按照突发事件发生的紧急程度、发展势态和可能造成的危害程度分为一级、二级、三级和四级，分别用红色、橙色、黄色和蓝色标示，一级为最高级别。"

把预警划分为不同级别的目的，是向政府和社会提供具体的警示指引，提高响应准备工作的科学性和匹配度。通过科学研判事态变化，第一时间精准判定预警级别，及时发布准确的预警信息，可以避免响应不足或响应过度情形发生。预警研判大致可以分为两类，一类是科学性判断，一类是政治性判断，前者依赖于对客观事实和科学原理的把握，后者依赖于对经济损失、社会影响等方面的成本效益分析。①2011年，日本"3·11"九级地震引发海啸和福岛核电站核泄漏事故，造成约2万日本人遇难。据媒体报道，其中九成左右的遇难者死于海啸，原因之一即在于日本政府最初发布的海啸预警级别不足，先是发布3米以下警报，随后改为3~6米，6~10米，最终又发布了10米以上预警，造成沿海居民初期缺乏警惕，没能第一时间撤离海岸地区，最终酿成悲剧。

（二）划分标准

预警级别的划分标准由政府部门统一制定。根据本辖区、部门或领域内的风险等级状况、应急资源储备、应急响应能力等条件，政府部门在应急预案中明确规定突发事件或风险预警级别的划分标准。《突发事件应对法》第四十二条规定："预警级别的划分标准由国务院或者国务院确定的部门制定。"为了提高预警的针对性与实用性，政府部门制定的预警级别划分标准要科学合理、适时更新。在实践中，部分应急预案明确对预警级别进行划分与规范，并与突发事件分级标准区别开来，而有的应急预案并没有规定预警级别，在此情形下，预警级别一般与突发事件级别相对应，通常以突发事件分级条件为参照确定预警级别的划分标准。

根据发生概率的大小，预警也分为突发事件预警和风险预警两种类型，前者主要是针对确定性较强的即将发生的突发事件，如暴雨、台风等灾害预警，而后者主要是针对具有较大不确定性的风险隐患，如泥石流等地质灾害风险预警。2021年2月7日，印度北阿坎德邦靠近中印边境的喜马拉雅山脉南达德维冰川断裂，引发山洪，洪水沿着恒河源头的道里根加河呼啸而下，一路冲毁五座桥梁，以及大坝、施

---

① 葛翔：《从风险行政看突发疫情信息预警机制的完善》，《上海法学研究》集刊2020年第1卷（总第25卷）。

工隧道、石油工地和村庄。事发地区一座位于阿勒格嫩达河的水电站被摧毁，另一座位于陶利根加河的在建水电站也遭到了破坏。截至2月15日，搜救人员已在事发现场搜寻出54具遇难者遗体，另有179人仍然处于失踪状态。而早在山洪暴发之前，印度科学家曾多次向该国政府发出风险预警，反复警告在该地区进行大规模的开发项目风险极高，该地区"脆弱的"生态环境并不适合诸如建设水电站之类的大型开发项目，但遭到印度政府无视，政府并没有作出任何相关情况的应对准备。①

突发事件预警级别的划分标准主要是突发事件发生的紧急程度、影响范围、发展态势和危害程度，而风险预警级别的划分标准主要是风险隐患的严重等级、发生概率、影响范围和紧急程度。2015年颁布的《国家安全法》第五十七条规定："国家健全国家安全风险监测预警制度，根据国家安全风险程度，及时发布相应风险预警。"

案例 4-3

北京市地质灾害和暴雨预警

按照《北京市突发地质灾害应急预案》（2014年修订）规定，由北京市地质灾害防汛专项分指挥部负责地质灾害气象风险预警级别的确定，地质灾害气象风险预警由低到高划分为四级，并依次采用蓝色、黄色、橙色和红色加以表示，其中蓝色预警标准是"气象因素致地质灾害有一定风险"。而按照《北京市防汛应急预案》（2019年修订）规定，暴雨预警分为红色、橙色、黄色和蓝色四级，当预计未来可能出现下列条件之一或实况已达到下列条件之一并可能持续时，可以发布蓝色预警：（1）1小时降雨量达30毫米以上；（2）6小时降雨量达50毫米以上；（3）24小时降雨量达70毫米以上。

---

① 《印度冰川断裂引发山洪 已找到54具遇难者遗体》，央视网2021年2月15日，http://m.news.cctv.com/2021/02/15/ARTIVO8RXJUtOA5C5mdMn1Wn210215.shtml。

(三) 级别调整

根据突发事件和风险的变化趋势，预警级别需要适时动态调整。突发事件基本上会经历潜伏、发展、爆发和平息等不同阶段。由于突发事件通常处于持续变化的动态过程中，以及存在监测技术不高、仪器装备落伍、人为经验判断失误等因素，导致在突发事件初期阶段难以通过监测完全掌握突发事件的全貌，更无法一步到位地发布预警。故此，预警信息发布要根据监测客观情况和突发事件实时变化，及时调整预警的级别，保持动态发布。《突发事件应对法》第四十七条规定："发布突发事件警报的人民政府应当根据事态的发展，按照有关规定适时调整预警级别并重新发布。"

当突发事件已经得到妥当处置，不再具有危险性的时候，预警发布主体应当宣布解除预警，终止预警期。《突发事件应对法》第四十七条规定："有事实证明不可能发生突发事件或者危险已经解除的，发布警报的人民政府应当立即宣布解除警报，终止预警期，并解除已经采取的有关措施。"

二、预警发布制度

预警发布应当遵循以人为本、及时发布、信息准确、精准分区、渠道多样、覆盖全面、动态重复等原则，解决好预警"最后一公里"难题。

(一) 发布主体

预警发布的主体为县级以上各级人民政府以及承担应急管理职能的相关部门，由其统一向社会发布突发事件或风险预警。由于预警信息是公共产品，涉及每个公民的人身安全、企业生产经营和社会正常运转，不实的预警信息甚至恶意制造虚假的预警信息，容易造成生产经营与社会秩序扰动，引起社会恐慌心理，因此原始的预警信息应由政府部门对外统一发布。《突发事件应对法》第四十三条规定："可以预警的自然灾害、事故灾难或者公共卫生事件即将发生或者发生的可能性增大时，县级以上地方各级人民政府应当根据有关法律、行政法规和国务院规定的权限和程序，发布相应级别的警报，决定并宣布有关地区进入预警期，同时向上一级人民政府报告，必要时可以越级上报，并向当地驻军和可能受到危害的毗邻或者相关地区的人民政府通报。"

预警实行分类发布制度。按照突发事件类型和部门职责分工的不同，各类突发事件预警分别由不同的部门对外发布。一般来说，自然灾害预警和事故灾难预警由应急管理、水利、交通运输、住房建设等部门发布，公共卫生事件由卫生行政部门发布，社会安全事件由公安机关等部门发布。以汛期的自然灾害预警为例，北京市实行的汛情预警包括暴雨预警、地质灾害气象风险预警和洪水预警三种，其中暴雨预警由市气象部门发布，地质灾害气象风险预警由市国土局会同市气象局联合发布，洪水预警则由市水文总站发布。

预警实行分级发布制度。按照属地管理原则，一般情况下预警信息由事发地政府及其部门负责向社会发布。需要指出的是，由于某些类型的突发事件影响巨大、性质敏感，按照相关法律法规和应急预案的规定，其预警发布主体可能为县级以上的某级地方政府。例如，在地震预警方面，由省（自治区、直辖市）人民政府对外发布临震预报。《国家地震应急预案》（2012年版）规定："省级人民政府根据预报的震情决策发布临震预报，组织预报区加强应急防范措施。"在传染病预警方面，由国务院卫生行政部门以及获得授权的省（自治区、直辖市）人民政府对外发布传染病预警和疫情信息。《传染病防治法》第十九条明确规定："国家建立传染病预警制度。国务院卫生行政部门和省、自治区、直辖市人民政府根据传染病发生、流行趋势的预测，及时发出传染病预警，根据情况予以公布。"《突发公共卫生事件应急条例》第十四条规定，"县级以上地方人民政府应当建立和完善突发事件监测与预警系统"。第二十五条规定,"国务院卫生行政主管部门负责向社会发布突发事件的信息。必要时,可以授权省、自治区、直辖市人民政府卫生行政主管部门向社会发布本行政区域内突发事件的信息"。

案例 4-4

湖南默戎山洪、泥石流成功预警

2016 年 7 月 17 日 8 时至 13 时,湖南省古丈县普降暴雨,默戎镇 5 小时降水量达 203 毫米,1 小时最大降雨量达 104.9 毫米,为该年全省最大雨强。强降雨导致默戎镇境内发生洪灾和山体滑坡,房屋被冲垮,道路被冲毁。整个强降雨期间,古丈县防汛部门通过山洪灾害监测预警系统发布预警广播 624 站次、预警短信 1188 条次,多次电话通知相关部门及默戎镇基层防汛责任人加强巡查防守。默戎镇党委、政府迅速组织隐患点群众转移,滑坡区域内村民全部成功避险。

专群结合、及时预警是此次成功避险的关键。10 时至 11 时,湖南省气象局向古丈县分别发出暴雨橙色、红色预警。10 时 20 分,湖南省地质灾害中心向古丈县发送短时预警信息,并通知古丈县国土资源局严加防范。10 时 50 分,湖南省防指通知古丈县防指,要求其密切关注、严加防范,强降雨区域必须转移人员。11 时许,值班巡查的默戎镇龙鼻村村主任、地质灾害群测群防员石远忠,组织村组干部采取敲锣、吹哨等方式进行预警,并组织村组党员干部、广大民兵和青壮年挨家挨户排查,紧急撤离了坡体下方的 5 户 26 人。截至当天 11 时 50 分,他们共疏散受影响区群众 500 余人,将其安置在当地的一所小学和一所幼儿园内。据石远忠回忆,"大概 11 时左右我走到排几楼组,看到村子后面的山开始冒水,感觉要出事,我赶紧到寨子里把他们都喊出来了"。12 时 5 分,默戎镇龙鼻村排几楼自然寨背后高达几百米的高山,发生巨大垮塌,约 1 万方的泥石流倾泻而下,瞬间冲毁房屋 5 栋 14 间,但无一人伤亡。

（二）发布内容

预警信息通常由标题、正文、图标、行动指南等部分组成，其中正文包括突发事件或风险类别、预警级别、预警期限、发布机关、可能影响的范围、警示信息、相关措施、咨询电话等内容。《国家突发公共事件总体应急预案》对"预警信息包括突发公共事件的类别、预警级别、起始时间、可能影响范围、警示事项、应采取的措施和发布机关等"作出明确规定。从发布的预警规模来看，适用于暴雨、洪水、地震等自然灾害的预警最为普遍，其次为事故灾难和公共卫生事件预警，而社会安全事件预警较为罕见。

预警发布内容跟预警类型有密切联系，不同类型的预警对预警内容要求有较大的差异。2007年颁布的《突发事件应对法》规定可以对自然灾害、事故灾难和公共卫生事件进行预警，但并未将社会安全事件纳入预警体系。由于群体性事件、恐怖袭击等社会安全事件较为特殊，不仅性质比较敏感，而且难以预测发生时机、发展态势和紧急程度，因而难以对社会安全事件预警进行强制要求。但在实践中，有的地方和部门积极探索，在应急预案中制定了群体性事件等社会安全事件的预警级别标准、发布流程和响应措施等内容，发挥了积极作用。2018年修订的《反恐怖主义法》对社会安全事件中的恐怖事件预警进行了规范，第四十七条规定，"国家反恐怖主义情报中心、地方反恐怖主义工作领导机构以及公安机关等有关部门应当对有关情报信息进行筛查、研判、核查、监控，认为有发生恐怖事件危险，需要采取相应的安全防范、应对处置措施的，应当及时通报有关部门和单位，并可以根据情况发出预警"。

（三）发布渠道

预警发布渠道主要是电视、广播、报纸等传统媒体，网络、微博、微信、微视频、客户端等新媒体，以及手机短信、专用预警接收器、显示屏、流动宣传车、传真机、铜锣、基层信息员等多种手段。2006年国务院发布的《国家突发公共事件总体应急预案》规定,"预警信息的发布、调整和解除可通过广播、电视、报刊、通信、信息网络、警报器、宣传车或组织人员逐户通知等方式进行,对老、幼、病、残、孕等特殊人群以及学校等特殊场所和警报盲区应当采取有针对性的公告方式"。不同类型的预警发布渠道各具独特优势且互为补充,譬如,应急广播具有超越狭小空间限制、覆盖面广、传递迅速等优点,可以在地震、山洪等灾害和农村、边远山区等区域的预警发布中发挥良好效果。目前我国初步建立起中央、省、市、县四级信息共享、分级负责、反应快捷、安全可靠的全国应急广播体系。这一应急广播系统在2013年芦山地震等重大灾害抢险救灾中发挥了积极作用。

为整合预警发布资源,提高发布效率和效果,依托中国气象局,我国建立了综合性突发事件预警信息发布平台。截至2019年5月,已建成1个国家级、31个省级、358个市级及2016个县级预警发布管理平台,涵盖了16个行业领域的76类预警信息,实现了国家、省、市三级平台和县级终端的互联互通、共享共用,预警公众覆盖率达到85.8%,预警发布时效达到3~8分钟。① 在全国范围内,公安、应急管理、生态环境、自然资源、交通运输、水利、农业农村、卫生健康、食品药品等16个部门90种预警横向连通各级预警信息发布平台,初步实现了集约高效的预警发布。按照"谁发布、谁负责"的原则,各单位对本单位所发布的预警信息负责。

三、预警响应制度

预警响应又称为预警行动、预警措施。只是发布预警,并不能保

---

① 《全国预警信息立体传播网络构建工作正式启动》,《经济日报》2019年5月10日。

证预警能够取得预期的效果。衡量预警成功的唯一标准是目标部门、机构和个人等预警接收者迅速启动预警响应，唯有按照预警的期望目标，及时采取适当的行动，才能有效规避风险与减少损失。为此，要构建行动导向型预警体系，其核心特征是拥有充足的时间、合理的建议和适当的行动。[1] 在启动预警响应的过程中，要坚持快速反应、底线思维、分级负责、分区响应等原则。

（一）预警响应与应急响应的关系

一般来说，在预警发布以后，突发事件发生或到来之前采取的响应措施是预警响应，而在突发事件发生或到来之后采取的响应措施是应急响应。但在实践中，两者常被混淆使用。例如，某地上游地区因强降雨发生洪水，此时上游地区启动的是应急响应，而下游地区在洪水到来之前紧急启动的响应，严格来说属于预警响应。再比如，某城市发生严重雾霾，按照重污染天气应急预案，在空气质量指标超过一定阈值后，该市发布了空气重污染红色预警并宣布启动预警响应，但是实际上雾霾天气是一个从无到有的持续恶化过程，在发布预警之前雾霾就已经出现，此时启动的预警响应更符合应急响应的标准。在特殊情况下，应急响应和预警响应可以并存。例如，2021年7月27日，德国制药和农用化学品巨头拜耳公司位于勒沃库森的危险废物焚烧工厂发生爆炸，现场冒出大量浓烟。德国有关部门发布"极度危险"警报，消防部门警告市民保持门窗关闭，如果在户外尽可能返回室内。在该案例中，首先，德国发布的不是原生灾害火灾爆炸预警，而是次生灾害环境污染与危害方面的预警；其次，根据警报内容，德国警方采取关闭事发地点附近多条高速公路等措施，这种响应行为既属于原生灾害火灾爆炸的应急响应，也属于环境危害的预警响应。

预警响应与应急响应之间既有联系，也有区别。两者共同之处在

---

[1] 董泽宇：《论突发事件预警体系的行动导向》，《中国行政管理》2013年第2期。

于都是为了有效应对突发事件，减少人员伤亡和经济损失，通过特定机制来启动响应措施，通常会采取应急状态下的临时管制措施等。区别之处在于预警响应是在突发事件形成之前、尚未造成损失的情形下采取的预防性措施，而应急响应是在突发事件已经发生、有可能造成一定损失的情形下采取的处置性措施。相比较而言，预警响应是在社会经济秩序正常的情况下采取防御行动，比应急响应付出的代价要小，效果更佳。

（二）预警响应措施

预警发布以后，县级以上地方政府应当根据预警级别的大小以及突发事件或风险的最新发展趋势，适时采取不同类型和等级的预警响应措施。突发事件的破坏性取决于4个因素，即致灾因子、承灾体、暴露度和响应能力。针对可能或即将发生的突发事件，可以重点从这4个维度入手，采取以下各项预警响应措施。

一是程序性措施。《突发事件应对法》第四十四条规定，政府及其相关部门应适时"启动应急预案"。政府及其相关部门应根据预警级别和当地实际情况，按照法律规定和应急预案要求，及时采取预警响应措施或直接启动应急响应。

二是预判性措施。通过加强应急监测，提高监测的频率和密度，时刻观察可能发生的突发事件发展变化，及时组织相关部门和专家进行会商研判，评估风险的严重后果与迫切程度，为指挥部的科学决策以及后续的预防准备和应急处置活动提供有力支撑。

三是控制性措施。突发事件发生后，最重要的不是取得最好的结果，而是第一时间努力避免最坏的结局，将事态控制在最小范围之内。针对致灾因子的强度、范围、速度等特征，在突发事件发生前，要预先采取各种有效措施，尽最大可能减轻严重程度、缩小破坏范围、减缓影响速度，以赢得缓冲时间，做好各项准备。

四是发布性措施。在发布预警信息以后，政府部门应当实行定期与动态相结合,进一步向社会发布有关突发事件的预测、评估和警示等信息,以便各方和公众了解最新情况,做好防范和应对工作。

五是维护性措施。供水、供电、通信、交通等基础设施涉及公共利益和社会的正常运转,政府部门要制定业务连续性计划,提前采取必要措施,保障应急处置的需要和社会生产生活的基本需求。

六是保护性措施。针对银行、监狱、大坝、核电站等重要保护目标,要减少承灾体的系统脆弱性,加强保卫防御,避免突发事件带来的严重冲击。

七是避险性措施。一般而言,人类难以约束自然灾害等致灾因子的破坏力,而在减少暴露度,保护承灾体等方面可以发挥更大的作用。为减少承灾体在致灾因子面前的暴露度,可以优先选择采取疏散、转移、隔离等避险措施。

八是准备性措施。面对突发事件带来的威胁,要提前布置人员、物资、设施和避难场所等方面的通知、集结和待命等工作,随时做好投入应急处置工作的准备。

九是限制性措施。突发事件意味着一种紧急状态,在紧急状态下,可以对公民和社会组织的正常权利进行有限约束以保障应急处置工作的顺利进行。在预警响应过程中,要遵循最小比例原则,避免公权力过度扩张,侵犯公民的合理权利。

本章小结

监测与预警是做好突发事件应对工作的基础性工程。为有效应对突发事件,必须建立健全监测与预警机制,坚持抓早、抓小、抓苗头,真正把问题解决在萌芽之时、成灾之前。要适应科技信息化发展大势,建立统一的突发事件信息系统,有效整合现有资源,实现信息共享。要建立健全自然灾害监测网,危险源、危险区域实时监控系统和危险品跨区域流动监控系统，公共卫生事件监测系统等各类突发事件监测网络。要建立健全风险预警制度，根据有关突发事件的预测信息和风险评估，依据突发事件可能造成的危害程度、紧急程度和发展趋势，确定相应预警级别，发布预警信息，采取预警响应措施，打通预警信息发布"最后一公里"。

思考题

1. 灾害来临前，如果没有发布预警，会带来什么后果？
2. 如何利用现代科学技术，提高突发事件监测水平？
3. 怎样看待实际工作中的预警缺失现象？如何落实预警发布责任制？

推荐阅读书目

1. 姚国章、邓民宪、袁敏：《灾害预警新论》，中国社会出版社2014年版。
2. 陈秋玲：《社会风险预警研究》，经济管理出版社2010年版。

第五章 应急处置与救援

突发事件发生以后的首要任务是进行有效处置、组织营救和救治受伤人员,防止事态扩大和次生、衍生事件的发生。应急处置与救援,要坚持综合研判、统筹协调、科学施救的基本原则,构建统一指挥、反应灵敏、组织有序、处置有力、平战结合的应急指挥与处置体系。重点做好综合研判、应急决策、应急处置、社会动员等各项工作,坚持有效控制事态和损益合理原则,综合采取各类控制性、救助性、保护性、恢复性措施,最大限度地控制和消除损害。要优化突发事件现场决策指挥和应急处置机制,依法、协同、高效应对各类突发事件,提升应急处置能力。要完善应急指挥平台建设与运行,加强应急救援队伍管理和调度。

第一节 应急处置与救援的内涵与原则

突发事件发生后,根据突发事件的级别与类别,我国相应级别的人民政府与相关的突发事件分类管理部门应立即组织有关部门,调动应急救援队伍和社会力量,采取有效措施,最大限度减轻损害,防止突发事件扩大和次生灾害滋生。应急处置与救援包括搜索与救援,医疗急救,紧急疏散,开展灾害评估,处置危险源影响,提供水、食品及避难场所,进行卫生管理,维持治安,提供社会心理咨询服务，恢复关键性基础设施，对捐赠进行管理和协调等 12 项活动。

一、应急处置与救援的重要意义

应急处置与救援是突发事件应对的核心环节。应急处置与救援具有高度紧迫性和不确定性、非常规行政管理行为、以控制为核心等特点。做好突发事件的应急处置与救援工作意义重大。

（一）应急处置与救援体现政府责任担当

做好应急处置与救援是政府"以人为本"的重要体现，政府面对突发事件时积极采取科学有效的应急处置救援措施，有助于树立"负责任政府"的良好形象，有益于增强政府公信力。应急处置与救援活动本身具有公共产品属性，及时做好应急处置和救援应最大限度保护公民的生命财产安全和生态环境，是拥有公权力的政府必须向公众提供的、也必须提供好的一项服务，是政府履行社会管理和公共服务职能的重要体现。能否及时有效地开展应急处置与救援，能否维护公共安全和社会秩序，是政府社会管理职能是否高效运行的试金石，也是对党的执政能力的考验。

（二）应急处置与救援能够减轻突发事件造成的损害

突发事件往往可能造成或直接造成人员伤亡和财产损失，应急处置与救援的主要目标就是以最快的速度、采取最有效的措施、尽最大可能减少人员伤亡和降低各类损害。以"5·12"汶川特大地震为例，我国政府组织开展了中国历史上处置救援速度最快、动员范围最广、投入力量最大的抗震救灾斗争，最大限度地挽救受灾群众生命，最大限度地降低灾害造成的损失。在这次救援中，共有 84 017 名群众被从废墟中抢救出来，149 万名被困群众得到解救，430 多万名伤员得到及时救治，1510 万名紧急转移安置受灾群众基本生活得到妥善安排，还有 881 万名灾区困难群众得到救援。

（三）应急处置与救援有利于防止次生、衍生灾害的发生

突发事件的发生、发展、演变虽然具有一定的规律性，但其具体路径却往往难以预测，将突发事件控制在萌芽状态，或者及早采取有效措施切断突发事件灾害链，能够有效防止次生、衍生事件的发生。如果不及时采取应急处置与救援措施，或者应急救援处置不当，不仅会威胁人员生命、财产和生态环境安全，还可能造成恶劣的社会影响。为此，突发事件发生后，应及时启动应急响应，制定科学有效的应急处置方案，迅速组织应急资源，有针对性地采取应急处置措施，及时抢救受伤人员，尽快控制事态发展，以有效控制突发事件可能产生的负面影响，进而规避更严重的危机情况。

（四）提高应急处置与救援能力是提升国家应急能力的需要

提高国家应急管理水平，提升突发事件应急处置与救援能力，是实现"两个一百年"奋斗目标、实现中华民族伟大复兴中国梦的必然要求，是关系人民群众生命财产安全和国家安全的大事，是我们党治国理政的一项重大任务。当前，人民对美好生活需要日益广泛，不仅对物质文化生活提出了更高要求，而且在民主、法治、公平、正义、安全、环境等方面的要求日益增长。应急处置与救援能力体现了对公众安全的保障，是不断提升人民群众幸福感与安全感的客观要求。

二、应急处置与救援的主要内容

（一）应急处置与救援活动

我国《突发事件应对法》第四十八条规定："突发事件发生后，履行统一领导职责或者组织处置突发事件的人民政府应当针对其性质、特点和危害程度，立即组织有关部门，调动应急救援队伍和社会力量，依照本章的规定和有关法律、法规、规章的规定采取应急处置措施。"根据该规定，可以把应急处置与救援定义为：在突发事件发生后，根据突发事件的级别与类别，我国相应级别的人民政府与相关的突发事

件分类管理部门,立即组织有关部门,调动应急救援队伍和社会力量,采取有效措施,最大限度地减轻损害,防止突发事件的扩大和次生灾害的滋生。

应急处置属于应急响应的重要内容,但两者既有联系又有区别。从时间上来看,应急处置和应急响应都是在突发事件发生后采取的行动,不同于预警响应是在突发事件发生之前启动。譬如,当气象预警显示台风即将来临时,将公众疏散到避难场所就属于预警响应而不是应急处置或应急响应。从活动内容上看,应急响应不仅包括应急处置,还包括有关突发事件的信息公开和危机沟通在内的多方面活动;从组织主体来看,应急响应主体可以是政府、专业力量、公众、志愿者等,但应急处置工作主要由行政机关主导。[①]

应急救援是在应急处置过程中,针对正在受到威胁的生命、财产和生态环境进行拯救的工作,是应急处置的核心工作,但有些应急处置工作无需应急救援。例如,有些群体性事件或网络舆情事件虽然需要进行应急处置,但如果没有生命财产和环境安全威胁,则不需要进行应急救援。

(二) 应急处置与救援的特点

相比应急管理的其他流程,应急处置与救援处于应急管理的核心位置,具有以下特点。[②]

1. 高度紧迫性、不确定性

一是在毫无预见的状态下突然发生、偶然性较强、难以根据经验或常规性规则准确判断;二是进展迅速、瞬息万变,并且在各种诱因的作用下,突发事件可出现次生、衍生、耦合、变异和扩大等变化,常常会出现很多"第一次",非但几无规律可循和经验性的知识可用,

---

① 汪永清主编:《中华人民共和国突发事件应对法解读》,中国法制出版社2007年版,第118页。

② 刘铁民:《重大事故应急处置基本原则与程序》,《中国安全生产科学技术》2007年第3期。

而且一旦触发则迅速蔓延,存在失控并由此造成更大危害的可能。

2. 非常规行政管理行为

为迅速控制事故,防止事态扩大,应急管理相关部门在政府授权下不得不采取紧急状态行为,如征用民间物资、动员公众力量、限制人身自由和实行新闻管制等。应急管理人员必须在信息欠缺、资源有限和时间紧迫的条件下作出非程序化决策,使突发事件得到有效控制并迅速扭转形势直至其恢复常态。而在面对异常严峻的局势和极端紧迫的情境时,现场应急指挥也可实行临机决断、事后补办授权的程序。但是,在任何紧急状态下采取的所有非常规行政管理都必须依法行事。

3. 核心是控制

突发事件常常产生次生和衍生灾害,需要尽量在突发事件的先期处置阶段采取有效措施控制事态;在时间上要迅速,越快越好,在空间上要控制规模和影响范围,越小越好。只有控制好事态,防止出现事态升级失控,才能实现救援与救人的目的。

（三）应急处置与救援的主要活动

突发事件发生后,事发地基层政府、单位、社会组织和公众应进行先期处置和自救互救、信息收集报告、人员临时安置等举措。由于先期处置面临专业队伍、专家、物资资源不充分等限制性因素,处置危机的有效性往往比较有限。因此,需要在此基础上根据预案的规定启动相应级别的应急响应活动。此时的应急响应活动是全方位的。根据《突发事件应对法》第四十九条,自然灾害、事故灾难或者公共卫生事件发生后,履行统一领导职责的人民政府可以采取下列一项或者多项应急处置措施:

(1) 组织营救和救治受害人员,疏散、撤离并妥善安置受到威胁的人员以及采取其他救助措施;

(2) 迅速控制危险源,标明危险区域,封锁危险场所,划定警戒

区,实行交通管制以及其他控制措施;

(3) 立即抢修被损坏的交通、通信、供水、排水、供电、供气、供热等公共设施,向受到危害的人员提供避难场所和生活必需品,实施医疗救护和卫生防疫以及其他保障措施;

(4) 禁止或者限制使用有关设备、设施,关闭或者限制使用有关场所,中止人员密集的活动或者可能导致危害扩大的生产经营活动以及采取其他保护措施;

(5) 启用本级人民政府设置的财政预备费和储备的应急救援物资,必要时调用其他急需物资、设备、设施、工具;

(6) 组织公民参加应急救援和处置工作,要求具有特定专长的人员提供服务;

(7) 保障食品、饮用水、燃料等基本生活必需品的供应;

(8) 依法从严惩处囤积居奇、哄抬物价、制假售假等扰乱市场秩序的行为,稳定市场价格,维护市场秩序;

(9) 依法从严惩处哄抢财物、干扰破坏应急处置工作等扰乱社会秩序的行为,维护社会治安;

(10) 采取防止发生次生、衍生事件的必要措施。

三、应急处置与救援的基本原则[①]

在有限的时间内以及信息不全的情况下,应急处置与救援需遵循一些制度性原则,另外,尽管不同类型突发事件具有不同的特点,但各类突发事件的应急处置与救援也有一些应该遵循的共同性原则。

(一) 应急处置与救援的制度性原则

1. 属地先期快速处置原则

不论发生哪一个级别的突发事件(恐怖袭击、核事故和银行挤兑

---

① 宋劲松:《危机决策》,中国人民大学出版社2018年版,第139—141页。

危机等除外），属地政府或职能部门都要及时开展先期处置，以防止突发事件事态进一步扩大、升级。突发事件一旦发生，时间就是生命，应急处置与救援的速度与突发事件后果的严重度密切相关，对保护生命、保护环境和减少财产损失具有决定性意义。属地政府熟悉事发地周边情况，属地应急力量可以在第一时间赶到突发事件现场，有助于把突发事件消灭在萌芽状态。

2. 权力集中与程序简化原则

应急处置与救援过程中，应适当集中决策者的决策权，让决策者根据自己的经验、能力和能够调动的各类资源及时作出决策，此时的决策程序也应该是简化的，这样有利于节省时间，对突发事件迅速作出反应，及时采取措施加以解决。权力适当集中的另一个要求是，在此种情况下，不能出现政出多门、多头指挥的现象，需要坚持统一指挥、统一协调、统一调度原则。无论涉及应急救援活动单位的行政级别和隶属关系如何不同，都必须服从应急指挥部的统一指挥协调、统一号令，做到步调一致、令行禁止。

3. 政府主导、多方协作原则

"政府主导、多方协作"已经成为发达国家应急管理工作的基本原则。政府应急处置工作需要整合协调机制：从协调对象上看，包括其他地方政府、军队、企业组织、公共服务组织、运输经营单位以及社会公众等各方面力量参与应急处置工作；从协调内容上看，有应急处置所需设备、设施、场地、交通工具和其他物资的征用。

4. 依法规范、损益合理原则

应急处置与救援中，要遵循比例原则、补偿原则和救济原则。比例原则是指处置突发事件所采取的措施应该与突发事件造成的社会危害的性质、程度、范围和阶段相适应。补偿原则是指行政机关应当及时返还为处置突发事件而征用的公民、法人或者其他组织的财产，不能返还或者财产毁损的，应当依法给予补偿。救济原则是指公民、法人或者其他组织认为行政机关和行政机关工作人员应对突发事件的具体行政行为侵犯自己合法权益的，可以依法申请行政复议或者提起行政诉讼，其合法权益受到损害的，有权依法要求赔偿。

5. 授权与监督相结合原则

应急处置与救援过程中，要授予执行者一定的自由裁量权，以便其在遇到突发问题时根据具体情况灵活采取措施，这样既可以节省层层上报的时间，又可及时对新问题作出反应。但是，领导者在授予执行者自由裁量权时，需进一步加强监督，确保执行者的应急处置与救援行为以及自由裁量权合规、依法使用，确保执行者对自由裁量权的运用服务于应急处置与救援。

（二）应急处置与救援的战术性原则

总结近年来国内外应急处置与救援的经验，有如下战术性原则。

1. 以人为本，安全第一

坚持以人为本，就是坚持"先救人、后救物"，在任何情况下都要确保人的生命安全和健康，绝对不能拿生命冒险。同时，也要十分注意保护应急救援队伍自身的安全，如果保护不了应急救援队伍自身的安全，就无法救护别人。每一个应急指挥员，都有责任保障应急救援队伍的安全，任何一级指挥员都没有权力因为财产等物质原因让应急人员冒生命危险。

2. 耐心处置有担当，冷静面对不慌乱

面对突发事件事故调查和责任追究，属地政府或部门有时会出现推诿、逃避等现象，结果导致事态失控、扩大。参与应急处置与救援工作必须具有担当精神，否则，不仅面临法律的追究，也面临道德的拷问。面对意想不到的突发事件，要冷静思考，理智对待，不能慌乱。"每临大事有静气"，切忌在应急处置与救援中自乱方寸。

3. 依靠科学，专业处置

在应急处置与救援过程中，必须科学有序进行。一是必须充分利用和借鉴各种高科技成果，特别是要重视先进信息技术和有效应急装备在应急处置中的重要作用；二是要充分发挥各类应急专家的外脑作用，形成科学合理的应急处置方案；三是要充分发挥专业应急处置力量的作用，发挥好、利用好专业应急处置力量处置经验丰富、熟练使用各种救援装备的长处。

4. 注重细节，动态调整

事故灾难、社会安全性事件多由细节问题特别是管理中的细节问题导致；在多数情况下，细节问题处理的好坏也是应急处置与救援能否成功、处置队伍是否得到有效保护的关键。在紧急情况下，最初的应急处置与救援方案可能并不是最为理想的可行方案，甚至可能存在某些纰漏和疏忽，因此，也应在应急处置和救援过程中持续地收集反馈信息，不断完善应急处置与救援方案。

5. 积极沟通、化解风波

突发事件发生后，要尽早做好沟通、协调和舆论疏导工作，争取新闻界的理解与合作，正确引导舆论，掌握事件报道的主动权。要遵循公开、坦诚、负责的原则，统一信息发布的口径，及时、透明地披露信息，诚恳表明当下和未来的应对措施，以低姿态、富有同情心和亲和力的态度来表达歉意、表明立场。

第二节　应急处置与救援的主要措施

突发事件信息研判是定性的基础，定性是应急处置与救援的基础。对于领导干部，应急处置与救援的核心是应急决策，应急决策可按决策主体、应急管理流程和决策性质等进行分类。应急决策流程可以简化为"确认问题、探讨与评估处置方案、确定实施方案、执行实施方案和评估形势"五大流程。本节主要介绍先期处置三件事，自然灾害、事故灾难或公共卫生事件的应急处置，社会安全事件的应急处置；

在应急管理社会动员方面，主要探讨应急处置志愿服务社会动员和应急处置商业动员。

一、突发事件综合研判

（一）突发事件信息收集与上报

基层政府应急管理部门值守人员在接到事发地报告后，应按一定的格式询问、记录有关突发事件的情况以及突发事件可能的发展态势，并按突发事件信息报送原则，报相关领导或部门，必要时可越级报告。

（1）接到突发事件信息后，政府值守应急部门应核实、掌握或补全事发时间、地点、事件起因和性质、基本过程、已造成的后果、影响范围、事件发展趋势、已经采取的措施等信息要素，并研判是否符合向上级政府或主管部门报送的范围与标准，对符合报送范围与标准的应按规定及时上报。对情况不明但事件紧急、性质严重的，可边了解边报告。

（2）接到多个单位同时报告同一事件信息，原则上合并报送，但要特别注意有关数据是否有不同或存在冲突。

（3）县级以上地方各级人民政府应当及时汇总分析突发事件隐患和预警信息，必要时组织相关部门、专业技术人员、专家学者进行会商，对发生突发事件的可能性及可能造成的影响进行评估。认为可能发生较大或以上突发事件的，应当立即向上级人民政府报告，并向上级人民政府有关部门、当地驻军和可能受到危害的毗邻或者相关地区的人民政府通报。

（4）接报较大及以上突发事件信息，或者情况紧急、情况不清晰的，接报信息的经办人员应主动与现场指挥人员保持密切联系，跟踪掌握事态发展变化，及时掌握第一手信息，并适时按规定报送。

在应急处置与救援中，不仅要高度重视信息搜集分析工作，而且要根据突发事件信息供求的特点，科学地组织力量进行信息的搜集研判工作，合理分配宝贵的应急资源。

突发事件初期，可供应急指挥使用的信息很少，但应急指挥对信息的需要却很多。随着事态的发展和应急指挥在处置中不断获取信息，信息的供给增加，与此同时，随着应急处置措施的实施，事态逐渐被控制，对信息的需要开始下降。突发事件的不同阶段，收集整理信息的成本是不一样的，在突发事件的初期，信息取得的成本较高，例如在"5·12"汶川特大地震中，为获取唐家山堰塞湖的险情，从5月15日开始，先后多次派出直升机进行探查，至5月20日才第一次取得现场资料。随着应急处置的进展，获取信息的成本降低。之后，获取信息的成本增加，例如，在灾难之后的财产损失登记中，就很难取得真实信息。

（二）突发事件信息研判

研判是定性的基础。突发事件往往会打破既有社会状态，导致原有的组织体系、情报系统出现故障，给事件定性工作带来一定困难，因此，需要在事件研判方面下力气、花功夫。例如，自然灾害发生后，按照我国突发事件分类原则，需要按死亡人数或经济损失确定响应级别，但是由自然灾害导致的交通与通信损毁，数据难以准确统计，有时只能进行粗略估计。在传染病发生初期的研判也非常重要，如果误判，有可能响应过度并造成社会恐慌。在群体性事件预防与处置中，做好研判工作可以有效预防或处置群体性事件。

定性是应急处置与救援的基础。突发事件发生后，准确定性有利于根据应急预案准确地启动响应级别，有利于同级人民政府多个部门准确按应急预案规定动作应对突发事件，也有利于上级部门进行指导与支持应急处置，特别是在群体性事件应急处置中，准确定性对于应急处置异常重要。

在突发事件影响不明的情况下，对突发事件级别的判断应本着"就高不就低""宁可信其有，不可信其无"的原则。同时，对于敏感时间、敏感地点、敏感人群发生的突发事件,坚持从高定级的原则。

案例 5-1

地震灾情信息收集

2010年4月14日凌晨7时49分,青海省玉树藏族自治州发生7.1级地震,震中位于玉树县(现玉树市)结古镇附近的上拉秀乡日麻村。震源深度仅14公里,最大烈度达到9度,波及范围约3万平方公里,重灾区面积约4000平方公里。为当地有历史记载以来最强烈的一次地震。地震发生时当地的气温为-1.2℃,比北京时间晚一个多小时时差,大多数居民正在睡梦中,相当一部分居民被压埋。地震发生后,玉树州政府向青海省政府报告发生地震,但地震灾害情况不明,需进行灾情研判,以便属地政府进行初期响应和上级人民政府确定响应级别。玉树州政府及随后成立的应急指挥部主要进行了如下灾情信息收集工作。

1. 临时指挥部领导在政府所在地结古镇驱车目测灾情,感觉比较严重;

2. 派出5个分队去了解灾情:一支分队去214国道通天河大桥了解受损情况,一支分队去机场路了解机场道路情况,一支分队去地中隆宝镇了解情况,两支分队在结古镇了解灾情。

3. 中午12点左右,州临时指挥部决策上报省政府死亡人数为400人左右(实际死亡人数2698人,按国家地震应急预案,死亡300人以上启动国家一级应急响应)。

二、突发事件应急决策

应急决策是指决策者(群)在时间压力和信息不对称的约束下,为有效减缓、控制突发事件所造成或有可能造成的严重社会危害,尽快从突发事件中恢复,制定以短期应对措施(治标措施)为主的行动方案的决策活动。

(一) 应急决策的特点[①]

与常规决策相比，应急决策具有以下主要特点。

(1) 时间紧迫、压力巨大。突发事件具有突发性和严重社会危害性，且事件信息不完全、不及时、不准确，资源与人力约束大，这就使得应急决策的时间紧迫，决策者的压力巨大。时间是个极为重要的因素，赢得了时间就相当于赢得了机会，增加了可以迅速扭转被动局面的可能性。

(2) 决策步骤非程序化。应急决策是典型的非程序化决策，因此，在进行应急决策时应该尽量简化决策步骤，抓住关键步骤和步骤中的关键环节，因势利导，靠自己的经验、洞察力和直觉，果断地作出决定，在分析和处理非程序化决策时要大胆，要敢于创新。

(3) 决策目标为有效减缓、控制和恢复突发事件造成的严重社会危害。突发事件发生后，最重要的是对危险源、危险区域和所划定的警戒区实施有效静态控制，为应急处置与救援创造条件。在有效控制和处置突发事件后，需尽快恢复受影响的区域、空间和组织，使社会迅速进入常态。

(4) 应对措施以短期"治标"为主。为达到有效减缓、控制危机所造成的严重社会危害的目的，需采取临时性的保护性措施、救助性措施、控制性措施、保障性措施、预防性措施、动员性措施和稳定性措施等。各类"治标"措施宜短期使用，不宜长时段连续使用。

(二) 应急决策的分类

应急决策可按决策主体、应急管理流程和决策性质等进行分类。

1. 按决策主体分类

按决策主体分类有个人决策、磋商式决策、集体决策和授权式决

[①] 宋劲松：《危机决策》，中国人民大学出版社2018年版，第5—7页。

策 4 种类型，这 4 种类型表明领导人对决策的控制权逐渐从全权控制减弱到毫无控制，但领导人都是最终的责任承担者。在突发事件现场，没有足够的时间进行其他方式的决策，可选择个人决策或磋商式决策；在时间紧迫下，决策者如果没有足够的专业知识来作出好的决策，此时不宜进行个人决策，而是需要在其他 3 种决策形式中进行选择；如果问题很复杂，需要其他参与应急处置人员的支持，集体决策是一种比较好的选择；如果负有责任的决策者不在现场，选择在现场的合适人员进行授权式决策也是一种选择。

2. 按应急管理流程分类

应急决策按应急管理流程分类可分为事发决策、事中决策和事后决策。事发决策是指在突发事件刚发生或者预警到马上要发生时，应急管理者必须在时间高度紧迫、各种信息极不对称以及各种资源极不明确的情况下，以预案和经验为依据进行决策。事中决策是指伴随着突发事件的发展与应对，突发事件信息逐步明确、丰富，各种资源清单和准备也逐步到位，此时应急决策的科学性得到提高，但由于时间仍然紧迫，所以事中决策仍然制约着决策方案的选择和试验。事后决策是指在突发事件平息后，须进行以临时恢复为主的决策，此时的时间紧迫性相对弱化，各类信息基本明确，可以用常态的管理决策流程与方法进行决策。

3. 按应急决策性质分类

应急决策按决策性质分类可分为政策类决策、管理类决策和战术类决策。政策类决策是指为有效应对突发事件，有时需在法律允许范围内，紧急制定政策，以便迅速有效应对突发事件。例如，应对新发性大规模传染病的医治费用开支就需要按相关法律法规制定实施政策。管理类决策是指在应急决策中，为执行应急处置与救援方案，需要制定大量的管理类决策，如应急资源动员、社会管理和交通管理等。战术类决策主要是针对突发事件现场的决策，具有技术性强、专业性强的特点。例如，针对危化品爆炸的处置方案决策、阻止传染病疫情传播的决策等。

（三）应急决策流程

著名管理学者西蒙把管理决策概括为情报活动、设计活动、抉择活动和评审活动4项活动。应急决策也是一种管理决策，其基本流程也应遵从管理决策的流程，但由于危机决策往往面临时间紧迫、信息严重不对称、资源与人力约束大等诸多限制性约束，应急决策往往采取非程序化决策模式。其非程序化主要表现在两方面：一是在突发事件中，其管理决策的情报活动不可能像常规决策一样，有足够的时间进行问题的识别和定义，需要非常规的方法；二是其设计活动相比常规的管理决策，可供选择的方案受到极大的限制。美国应急管理学院认为应急决策包含以下5个步骤。①

（1）确认问题。确认问题环节是整个应急决策过程中最难也是最重要的部分。问题是人或组织将来可能出现的条件或状况，例如，事件发生后，各参与突发事件应对的部门相当混乱，其问题是协作沟通困难，解决方法是建立应急指挥中心。思考"发生了什么事，涉及了哪些人，有哪些风险"对确认问题非常重要。

（2）探讨与评估处置方案。通过头脑风暴法、调查、小组讨论等形式开发尽可能多的应急处置方案。对各种应急处置方案可以从6个方面进行评估：一是从技术、政治（法律法规的制约）、经济、社会、人力资源和时间等方面确定处置方案的局限性；二是评估处置方案在当前条件下是否合适；三是评估处置方案是否能力挽狂澜；四是评估处置方案是否符合目标要求；五是评估处置方案的成本和收益比；六是评估处置方案的副作用。

（3）确定实施方案。确定可行的处置方案需要综合政治、安全、

---

① 宋劲松：《危机决策》，中国人民大学出版社2018年版，第115—118页。

经济、环境和伦理道德等影响因素对处置方案对比选优。

（4）执行实施方案。由制订行动计划、确定目标、确认所需物资、制定计划、执行计划5个小部分构成。

（5）评估形势。包括监控进度和评估结果。

三、突发事件应急处置

2020年1月20日，习近平总书记在国家高级别专家组确认新冠病毒具有"人传人"特点后的第一时间即指明疫情的防控方向，强调要把人民群众生命安全和身体健康放在第一位，坚决遏制疫情蔓延势头。在获取进一步疫情信息后，1月25日，习近平总书记提出"坚定信心、同舟共济、科学防治、精准施策"的总要求，这成为随后我国疫情防控的科学指导方针。1月27日，习近平总书记作出指示，要让党旗在防控疫情斗争第一线高高飘扬，强化党对疫情防控的领导。疫情防控"牵一发而动全身"。2月3日，习近平总书记指出，疫情防控要坚持全国一盘棋。这就要求发挥中国特色社会主义制度优势。领导干部在突发事件发生后，首先要明确应急处置与救援的总方向，并进一步对应急救援与处置工作提出总要求，同时要强化党对应急处置与救援工作的领导，充分发挥新时代中国特色社会主义的制度优势。

（一）基层政府先期处置工作重点[①]

先期应急处置在整个应急处置中极为重要，突发事件发生后，基层组织和单位要立即组织应急队伍，以营救遇难人员为重点，开展先期处置工作；要采取必要措施，防止发生次生、衍生事故，避免造成更大的人员伤亡、财产损失和环境污染；要及时组织受威胁群众疏散、转移，做好安置工作。

---

① 《国务院办公厅关于加强基层应急管理工作的意见》，中国政府网2007年8月7日，http://www.gov.cn/jrzg/2007-08/07/content_709112.htm。

案例 5-2

2010年"4·14"青海玉树7.1级地震面临的先期处置任务

1. 组织力量救援被埋、被困和受伤人员

2010年青海玉树"4·14"地震后半小时,玉树州医院汇报已经满员,且医院本身也受损,医生和药品奇缺。州府所在地只有一条"丁"字形的大街,在群众自救互救后,大街边上有大量的伤员和尸体。经联系,州辖区内其他5个县受灾不重,有的县没受影响。寺院住持和民族中学校长都来请求派人去救被埋的僧人和学生,但救援力量不足。

2. 排险与抢险,防止次生灾害

地震造成山体滑坡,州府通往机场的道路被阻断。加油站和居民点起火。8:30有传言说经过州府所在地扎曲河上游的水库出现险情。州府所在地通往省会的国道有多座大桥可能受损。供电、供水、通信都出现了问题。

3. 救灾物资分配,妥善安置灾民

结古镇只有两条主干街道,物资发放难度很大,物资发放地点集中在结古镇中心地带州委、州军分区大院前。虽然政府有人在做宣传工作,老百姓排队领取物资,但要等几个小时,且到达的物质根本不能满足灾民每人一份的要求,在地震发后的两三天内出现了哄抢物资的情况。最初时,物资发放采取两种方式:一是大多数救援物资由政府按基层组织发放,二是僧人们挨家挨户发放。僧人发放的物资老百姓不抢,但寺院储存的物资少,僧人们大多是用政府的物资在发放,反而造成政府不作为的局面。

(二) 自然灾害、事故灾难或公共卫生事件的应急处置

根据《突发事件应对法》第四十九条,自然灾害、事故灾难或者

公共卫生事件发生后，履行统一领导职责的人民政府可以采取下列应急处置措施。

（1）救助性措施：组织营救和救治受害人员，疏散、撤离并妥善安置受到威胁的人员以及采取其他救助措施；启用本级人民政府设置的财政预备费和储备的应急救援物资，必要时调用其他急需物资、设备、设施和工具。

（2）控制性措施：迅速控制危险源，标明危险区域，封锁危险场所，划定警戒区，实行交通管制以及其他控制措施。

（3）保障性措施：立即抢修被损坏的交通、通信、供水、排水、供电、供气、供热等公共设施，向受到危害的人员提供避难场所和生活必需品，实施医疗救护和卫生防疫以及其他保障措施；保障食品、饮用水、燃料等基本生活必需品的供应。

（4）预防性措施：禁止或者限制使用有关设备、设施，关闭或者限制使用有关场所，中止人员密集的活动或者可能导致危害扩大的生产经营活动以及采取其他保护措施；采取防止发生次生、衍生事件的必要措施。

（5）动员性措施：组织公民参加应急救援和处置工作，要求具有特定专长的人员提供服务。

（6）稳定性措施：依法从严惩处囤积居奇、哄抬物价、制假售假等扰乱市场秩序的行为，稳定市场价格，维护市场秩序；依法从严惩处哄抢财物、干扰破坏应急处置工作等扰乱社会秩序的行为，维护社会治安。

（三）社会安全事件的应急处置

社会安全事件的起因是人为因素，在应急处置中，需坚持几项特别原则并对应采取特殊的应急处置措施。

1. 社会安全事件的应急处置原则

预防为本，及时控制：建立健全社会利益协调机制和社会稳定的预警工作机制,立足于防范,坚持抓早、抓小、抓苗头,强化信息的广泛收集和深层次研判,争取早发现、早报告、早控制、早解决,把社会安全事件控制在萌芽阶段和一定范围内,避免造成社会秩序失控和混乱。

依法处置,区分性质:必须依照国家法律法规办事,该断必断,该柔必柔。在处置过程中,既不能无原则迁就,也不能一味强行,要做到有理有节有据,坚持优先选择协调、协商的处置方式,争取取得双方共同认可的结局。严格区分、正确处理两类不同性质的矛盾,注意工作方法和策略。对于大多数人民内部矛盾事件,要及时化解矛盾,防止事态扩大,做到依法办事、合情合理,维护人民群众的合法权益;对不属于人民内部矛盾的事件,要最大限度地团结人民群众,最大限度地孤立和打击极少数不法分子。对发生暴力行为或严重扰乱社会治安秩序、危害公共安全的事件,要及时、果断地采取措施,坚决制止违法犯罪行为,尽快平息事态。

加强教育,正确引导:预防和处置群体性事件,要将法制宣传、教育疏导工作贯穿整个过程。要通过新闻媒体、现场广播、印发通告等方式,广泛宣传有关法律法规和政策,教育人民群众遵守法律法规,依法维护自身合法权益,通过合法、正当渠道和方式反映问题。群体性事件一般不公开报道,确需公开报道的,要按照党中央、国务院的指示精神统一部署,组织好信息发布工作。对国内外的歪曲性报道或谣言应及时澄清并在必要时予以反驳,正确引导舆论。

宜散不宜聚,宜解不宜结,宜顺不宜激:要以教育疏导为主,做到谈清问题、讲明政策、解疑释惑、理顺情绪、化解矛盾、尽快劝返,防止矛盾激化。综合运用法律、政策、经济、行政等手段和教育、协商、调解等方法加以处置,做到动之以情、晓之以理、明之以法。对涉事对象乃至广大群众应让其懂得即使合理合法,表达方式不合法、不合程序也属违法行为,也必须承担相应的法律责任。

快速侦办原则：采取一切有效措施和手段，尽快查清事件真相，维护法律尊严，维护国家安全和社会稳定。

2. 社会安全事件的应急处置措施

根据《突发事件应对法》第五十条，社会安全事件发生后，负责处置工作的人民政府应立即组织有关部门并由公安机关针对事件的性质和特点，采取下列应急处置措施。

（1）强制隔离措施：强制隔离使用器械相互对抗或者以暴力行为参与冲突的当事人，妥善解决现场纠纷和争端，控制事态发展；封锁有关场所、道路，查验现场人员的身份证件，限制有关公共场所内的活动。

（2）保护控制措施：对特定区域内的建筑物、交通工具、设备、设施以及燃料、燃气、电力、水的供应进行控制。

（3）重点保卫措施：加强对易受冲击的核心机关和单位的警卫，在国家机关、军事机关、国家通讯社、广播电台、电视台、外国驻华使领馆等单位附近设置临时警戒线。

（4）其他合法措施：法律、行政法规和国务院规定的其他必要措施。

严重危害社会治安秩序的事件发生时，公安机关应当立即依法出动警力，根据现场情况依法采取相应的强制性措施，尽快使社会秩序恢复正常。

（四）生态环境事件的应急处置[①]

突发生态环境事件，是指由于污染物排放或者自然灾害、生产安全事故等因素，导致污染物或者放射性物质等有毒有害物质进入大气、水体、土壤等环境介质，突然造成或者可能造成环境质量下降，危及公众身体健康和财产安全，或者造成生态环境破坏，或者造成重大社会影响，需要采取紧急措施予以应对的事件。

---

① 全国干部培训教材编审指导委员会办公室组织编写：《应急管理体系和能力建设干部读本》，党建读物出版社 2021 年版，第 166—171 页。

核设施及有关核活动发生的核与辐射事故造成的辐射污染事件按照核与辐射相关规定执行。重污染天气应对工作按照《大气污染防治行动计划》等有关规定执行。①

1. 突发生态环境事件先期处置

突发生态环境事件常伴随有毒有害物质、污染物等泄漏或排放造成的空气、水以及土壤等污染，危及人民群众身体健康甚至生命。突发生态环境事件发生后，责任方、所在地政府要在第一时间采取应对措施，有效控制污染源，遏制污染范围扩大。实施先期处置是落实分级负责、属地为主、快速反应的必然要求。其主要流程如下。

（1）分析研判。成立指挥部，组织有关部门和机构、专业技术人员及专家进行分析研判，预估可能的影响范围和危害程度，确定应急目标。

（2）预警行动。提前疏散、转移可能受到危害的人员，并进行妥善安置。责令应急救援队伍、负有特定职责的人员进入待命状态，动员后备人员做好参加应急救援和处置工作的准备，并调集应急所需物资和设备，做好应急保障工作。对可能导致突发生态环境事件发生的相关企业事业单位和其他生产经营者加强环境监管。

（3）防范处置。采取切断或者控制污染源以及其他防止危害扩大的必要措施，控制事件苗头。在涉险区域设置注意事项提示或事件危害警告标志，利用各种渠道增加宣传频次，告知公众避险和减轻危害的常识、需采取的必要的健康防护措施。

（4）舆论引导。及时准确发布事态最新情况，公布咨询电话，组织专家解读。加强相关舆情监测，做好舆论引导工作。

2. 突发生态环境事件应急监测

突发生态环境事件发生后，应急监测队伍应立即按照相关预案，

---

① 《国务院办公厅关于印发国家突发环境事件应急预案的通知》，中国政府网2015年2月3日，http://www.gov.cn/zhengce/content/2015-02/03/content_9450.htm。

在确保安全的前提下,开展应急监测工作,尽快出具兼具时空代表性的监测结果,尽快为突发生态环境事件应急决策提供可靠依据。在污染态势初步判别阶段,应以尽快确定污染物种类、监测项目、大致污染范围及程度为工作原则;在跟踪监测阶段,应以快速获取污染物浓度及其动态变化信息为工作原则。

3. 突发生态环境事件污染控制的主要措施

突发生态环境事件发生后,地方人民政府成立应急指挥部,指挥开展污染控制工作。

(1) 收集汇总相关数据,组织进行技术研判,开展事态分析。

(2) 迅速组织切断污染源,分析污染途径,明确防止污染物扩散的程序。

(3) 组织采取有效措施,消除或减轻已经造成的污染。

(4) 明确不同情况下现场处置人员须采取的个人防护措施。

(5) 组织建立现场警戒区和交通管制区域,确定重点防护区域,确定受威胁人员疏散的方式和途径,疏散转移受威胁人员至安全紧急避险场所。

(6) 协调军队、武警有关力量参与应急处置。

四、突发事件社会动员

应急管理社会动员是指政府为有效应对突发事件,通过有关法律、法规、政策和各种形式的宣传,使志愿服务和商业服务有序参与应急管理的过程。应急管理社会动员的主体为政府以及在政府协调下的社会组织。应急管理社会动员客体为志愿者(组织)和商业组织。

(一) 应急处置志愿服务社会动员

2008年"5·12"汶川特大地震中,我国志愿者积极参与应急处置与救援,他们为灾区应急救援提供搜救、清理现场、安置灾民、医疗陪护和运送物资等多种服务,在应急救援中发挥了重要作用。在此之后，我国志愿者参与应急处置与救援服务蓬勃发展，进一步推动了我国应急救援体系的发展与完善。

发达国家在多年实践经验的基础上形成了一套规范和促进志愿者参与应急救援的比较成熟的法律制度和政府措施。其一般原则是"有求才应"：当突发事件出现时，在专业应急服务到达前，本地的居民可以互相帮助，外地具有应急服务技能的合格志愿者必须在当地有求之时才可以到突发事件地点提供应急救援服务。建议我国应急志愿服务动员应坚持本地化和专业化的原则，并限定应急志愿服务时限，保护志愿者人身财产安全。做到应急志愿者叫得来、用得好、回得去；要完善社会捐赠制度，既要发挥我国"一方有难、八方支援"的优秀文化传统，又要避免"爱如潮水、泛滥成灾"的无序状态。

（二）应急处置商业动员

1. 应急物资征用

大多数突发事件的应急管理需要对社会各界的物资进行征用，如征用商业系统的物资、建筑企业的工程设备、流通企业的运力等。《突发事件应对法》第十二条和第五十二条对应急物资征用进行了规定。但目前我国政府应急征用制度存在征用主体和被征用人权限不清、征用程序缺失、补偿方式单一、补偿标准不明确等需要解决的问题。[①]我国需要进一步完善应急征用补偿制度，既要让应急商业服务者接受任务时有荣誉感，也不能让他们完成任务后有失落感。

2. 市场稳定动员

有些突发事件发生后，市场抢购和哄抬物价行为接踵而至。需要政府通过各种手段加以干预、引导与动员，保持市场和物价稳定，促进社会和谐。

---

① 王敬波：《略论政府应急征用法律制度的完善》，《行政法学研究》2011年第4期。

一是通过市场手段进行引导。我国大部分商品的价格由市场机制决定，政府主要通过市场手段干预抢购行为，这些手段主要包括商品储备和政府引导。二是通过法律手段进行干预。政府通过限定批零差价率或利润率、规定限价、实行提价申报制度和调价备案制度等多种方式，防止物资价格过快上涨。三是防止出现"风评被害"的情况。"风评被害"是指"由于媒体对事故或灾害的过量或虚假报道，使人们对本来安全的商品、食品、区域产生恐惧心理，导致消费者惜购、观光地游客减少以及产品滞销，给没有直接关系的从业者或团体带来的经济损失"[1]。譬如，2008年"三鹿奶粉事件"不仅带来严重的直接经济损失[2]，而且产生了广泛的间接经济损失，间接影响了国内其他品牌奶粉和奶农的信誉。

3. 非常规突发事件的工业动员

针对始自2019年底的新冠肺炎疫情，中央提出要完善国家战略物资储备体系。产能储备是国家战略物资储备体系的重要组成部分。在非常规突发事件的应急物资供应中，紧急采购是一项重要内容，但往往会面临商品库存不足的情况，甚至相关企业生产能力不足，这就需要加强应急管理产能储备动员，维持相关生产线的"温热"。

第三节 应急指挥部的组建与运行

做好应急处置与救援工作，必须优化突发事件现场决策指挥和应急处置机制，依法、协同、高效应对各类突发事件，提升应急处置能

---

[1] 王德迅：《日本危机管理体制研究》，中国社会科学出版社2013年版，第84—85页。
[2] 三鹿集团被破产拍卖。中国乳协协调有关责任企业出资筹集了总额11.1亿元的婴幼儿奶粉事件赔偿金。赔偿金用途有二：一是设立2亿元医疗赔偿基金，用于报销患儿急性治疗终结后、年满18岁之前可能出现相关疾病发生的医疗费用。二是用于发放患儿一次性赔偿金以及支付患儿急性治疗期的医疗费、随诊费，共9.1亿元。参见《三聚氰胺事件11亿赔偿金运作情况公布 乳协仍遭质疑》，环球网2011年6月8日，https://china.huanqiu.com/article/9CaKrnJrj0g。

力。为此,要完善应急指挥体系,组建分级和分区行政指挥部,建设应急指挥平台,加强应急救援队伍管理与调度,做好应急指挥部运行的保障工作。

一、应急指挥部的组建

(一)应急指挥体系的基本构成

应急指挥体系是指,遵循规范的指挥程序,由一定的指挥手段和科学的指挥结构构成,以实现应急救援处置与救援目的为目标的系统(见图5-1)。

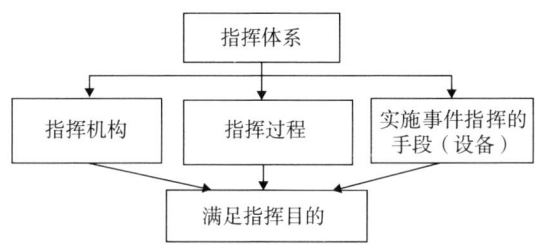

图5-1 应急指挥体系的构成

发达国家应急指挥体系的国家标准具有以下特点:在应急指挥体系组织结构方面,横向管理幅度在3~7个工作组之间;在应急指挥程序方面,坚持一元化指挥,一个下级只有一个上级;在应急指挥手段方面,提倡标准化的应急通信手段和文件格式。

在长期实践经验的基础上,适合中国国情的应急指挥体系基本形成。我国应急指挥体系的具体内容主要包括以下3方面。一是"4·20"芦山地震后,我国健全了"中央统筹帮助支持,地方就近统一指挥"的救灾应急指挥协调机制;确立起中央派出指导组到地方指导应急处置工作,或上级政府派出工作组到下级政府指导应急处置工作的基本原则。二是履行统一领导职责的人民政府或者组织应急处置与救援的政府,组建应急指挥部,设指挥长、副指挥长,以及下设多个功能工作组。三是形成了多层级政府应急指挥部联合会议的指挥协调模式。

为有效落实新冠肺炎疫情防控工作，以习近平同志为核心的党中央统筹规划、坚强领导，建立起中央统一指挥、统一协调、统一调度，各地区各方面各负其责、协调配合，集中统一、上下协同、运行高效的指挥体系，为打赢疫情防控人民战争、总体战、阻击战提供了有力保障。在中央统一领导下，各地方各方面坚决贯彻中央决策部署，有令必行、有禁必止；成立中央应对疫情工作领导小组、中央指导组，构建国务院联防联控机制，切实推进群防群控防控体系；全国各省、市、县成立由党政主要负责人挂帅的应急指挥机制，构建起统一指挥、一线指导、统筹协调的应急决策指挥体系。前述举措在严格高效落实各项防控措施，形成全面动员、全面部署、全面加强，横向到边、纵向到底的疫情防控格局中发挥了关键作用。

当前，我国参与突发事件应急处置的部门与机构数量较多，应急指挥部往往由10个以上的工作组负责各项应急处置工作，这并非紧急状态下决策指挥的最佳应急指挥组织结构。可供选择的应急指挥部组织结构优化建议为，设立综合、应急处置、医学救援、群众生活保障、宣传和社会稳定6个工作组，各工作组可下设4~5个工作小组。例如，综合组可下设综合信息、辖区分区工作、对外联络、督查等工作小组；群众生活保障组可下设物资保障、社会捐赠、交通保障、市场监管等工作小组；等等。实现管理幅度合理、管理链条可控的科学应急指挥组织结构。

在应急指挥实践中，现场会议、视频会议、电话、对讲机和应急指挥平台系统等多种形式的指挥手段都得到了应用。

在应急指挥程序上，要通过应急指挥组织的科学合理设置与职责确定，尽可能做到一个下级只有一个上级，提高应急处置与救援的效率。

（二）分级和分区行政指挥部的组建

突发事件发生后，按照属地管理为主的原则，由某一级人民政府负责，只需设立单一指挥部即可满足处置突发事件的需求，必要时，上级人民政府可派出工作组进行指导。特殊情况下，可由各级人民政府同时设立应急指挥部。例如，在抗击新冠肺炎疫情工作中，在中央应对疫情工作领导小组、中央指导组、国务院联防联控机制等应急指挥组织之外，全国各省、市、县均成立抗击新冠肺炎疫情应急指挥部。2020年2月16日，湖北省调整抗击新冠肺炎疫情应急指挥部组织结构，指挥部下设综合组、医疗救治与疾控组、物资与市场保障组、宣传组、社会稳定组等5个组。各工作组下设4~5个专班，综合组下设综合信息、地区工作、救治隔离场所建设、督查4个专班，地区工作专班专门负责与各地市级抗击新冠肺炎疫情应急指挥部的统筹协调工作。

也可根据突发事件的影响范围设置分区指挥部。例如，"5·12"汶川特大地震发生后，四川省抗震救灾指挥部对6个受灾严重的地市，设立片区前线指挥部，协调应急工作。军队应急组织指挥体系中，也按地区划分了5个责任区，设立责任区指挥部，指挥协调本责任区各部队的行动。[1]

（三）战术指挥部的组建

在战术层面，可根据处置突发事件的需要设立战术指挥部或现场指挥部。例如，德国应急指挥条例规定，如果事件分散在几个区域，应该成立下一级的几个指挥分所，指挥所可以是固定的，也可以在移动的场所里。向同一上级报告的所有对各区域负有管辖权和责任的人，构成一个指挥层级。指挥层级的设立根据灾情需要和涉及的当局机构而定，原则上讲，不同层级的指挥部一般不超过3~5个下级单位，2

---

[1] 宋劲松、邓云峰：《我国大地震等巨灾应急组织指挥体系建设研究》，《宏观经济研究》2011年第5期。

个9人下级团队，或者3个3人下级团队。

二、应急指挥部运行

芦山地震之后，我国健全了"中央统筹帮助支持，地方就近统一指挥"的救灾应急指挥协调机制。

（一）应急指挥部运行的支撑机构

突发事件应急指挥的特殊性（多层级政府协调、多种应急力量的调配、多部门协同、广泛的社会动员等）决定了应急指挥部运行需要应急指挥中心、通信和信息管理、新闻中心的支持。

应急指挥中心指导应急管理人员在应急处置与救援期间的协同工作。应急指挥中心的职责至少包括以下内容：运用现场资源的战术活动；支持应急处置与救援工作，进行战术和战略协调、资源获取和信息收集、分析和共享；政策引导和高层决策；与媒体和公众进行联系和沟通。

通信和信息管理是为事件指挥和其他决策者提供作出和传达决策所需手段与信息的系统及方法。在通信管理方面，帮助来自不同学科、行政区、组织和机构的应急人员在事故期间有效地相互沟通。在事件信息管理方面，在事故发生时，为满足应急指挥部、应急指挥中心和新闻中心的决策，提供定期的和不定期的情况报告。

新闻中心负责与公众、媒体和其他需要事件相关信息的行政区或组织进行沟通。

（二）应急指挥部运行的标准化与模块化

标准引领时代进步，标准是经验的总结，标准化的理念和方法在各个领域的应用推动了人类社会的进步发展。应急处置与救援需积极推进标准化战略，全面提升应急管理水平。标准化运行最为重要的是指挥体系的标准化，意在达成整体效能强、运行效率高、应急效果好，领导指挥到位、部门对接到位、力量调度到位，组织应需重组、操作灵活机动、执行令行禁止的最佳运行状态。

应急处置与救援需要广泛动员各部门、各行业、各地区和各界社会力量，调配任务繁重，需要构建模块化的能力体系。著名科学家钱学森有言，"简单系统时期，用手算就能解决问题，发展到大系统的系统工程，那就要用计算机了，而复杂巨系统是再大的计算机和计算机网络也处理不了的问题，需要有新的思想和方法"。新的思想和方法，就是模块化。各国军队模块化建设的思想，就是通过模块化来应对战争的复杂性，提高力量的可部署性、灵活性和应变性。要按照总体国家安全观的要求，科学规划我国应急处置与救援所需的队伍、装备、物资、服务等能力模块，形成一定数量的各类力量模块，通过不同模块的组合以有效满足应急处置与救援的需要。

三、应急指挥平台建设

应急指挥平台是突发事件应急指挥的重要支撑与各类应急信息的重要载体，是应急管理信息化工作的重要内容。立足应急指挥工作需要，应急指挥平台应融合应急决策、指挥调度、协同会商、态势分析等核心业务功能，能够基于"战时"各类状态数据，对突发事件发展趋势、预期后果、干预措施、应急决策、预期救援结果等开展评估，为决策指挥提供辅助支持。而实现上述功能需要各类数据信息资源的有效整合，即智能感知各类风险数据，动态掌握各类应急资源数据、事故处置方案和资源调配方案、历史案例和经验数据积累等，这些数据整合需要在日常工作中进行。应急指挥平台以各类相关应急资源信息数据的高度融合为基础，离开数据支撑的应急平台就会变为空中楼阁，应急平台工作贯穿应急管理工作全过程，涉及应急工作的常态与非常态。充分运用云计算、大数据、物联网、人工智能、移动互联等新一代信息技术，推进先进信息技术与应急管理业务深度融合，推动建设系统化、扁平化、立体化、智能化、人性化的现代应急管理信息化体系，提高运用科技信息化手段解决应急管理困难和问题的能力，推动应急管理方式变革创新，提高决策者突发事件临机处理能力，确保应急工作精准治理、全流程管理与应急力量资源的优化管理。

（一）应急指挥平台的特点

应急指挥平台是应急管理体系建设的重要组成部分，集成各类应急信息数据，作为应急管理"智慧大脑"，实现突发事件应急处置的协调联动、科学高效。应急指挥平台涉及区域内多个部门、多个层面协调工作，涉及区域外系统的互联互通、资源共享。因此，应急指挥平台的安全可靠运行极为重要。

（1）全面覆盖。应急指挥平台需要为政府部门处置自然灾害、事故灾难、公共卫生、社会安全等各类突发事件提供有力支撑，应既能够满足政府应急指挥的需要，也能够适应专业处置的要求。既能满足"战时"指挥调度、决策部署的需要，又能满足"平时"应急值守、资源统计、动态监测等工作的需求，有力支撑常态、非常态下的事前、事中、事后全过程业务开展。

（2）互联互通。按照"全面融合、全程贯通、随遇接入、按需服务"原则，实现应急平台体系的互联互通。纵向上，国家、省、市、县4级贯通，上下级指挥平台能够实时联通、高效运转，确保指挥调度顺畅；横向上，应急处置涉及多个部门协同，需要实现数据信息共享，确保部门间平台互通，在同一机制下共同协作。

（3）统一标准。为确保信息共享和业务协同，平台应在统一的技术标准之下运行，各标准之间相互联系、相互作用、相互约束、相互补充，推出云计算平台、应用开发、服务接口、核心设备等技术标准规范，信息系统必须提供免费接口，为互联互通、数据共享、业务协同打好基础。

（4）安全可靠。大力推进自主可控核心技术在关键软硬件和技术装备中的规模应用，强化信息系统安全防护和数据分级分类管理，通过安全认证、数据访问控制、设备访问控制、操作权限控制等，保证突发事件处理过程的安全控制与管理，确保数据安全、应用安全，满足突发事件全天候、全方位、全过程应急处置需要。

（二）应急指挥平台建设

我国《突发事件应对法》和《国家突发公共事件总体应急预案》等相关法律法规为推动国家应急指挥平台建设提供了基础和参考。2006年，全国应急管理工作会议原则通过的《国家安全生产应急平台体系建设指导意见》（以下简称《意见》）明确了应急平台体系建设的5个基本原则：统筹规划，分级实施；因地制宜，整合资源；注重内容，讲求实效；技术先进，安全可靠；立足当前，着眼长远。《意见》提出应急平台总体建设要求，即在国家安全生产应急救援体系构架下，以国家安全生产信息系统为主体，同时考虑政府电子政务系统的利用，搭建以国家安全生产应急救援指挥中心应急平台为中心，以国家专业应急管理与协调指挥机构、中央企业安全生产应急管理与协调指挥机构、省级安全生产应急救援指挥中心、省级矿山救援指挥中心和市（地）级安全生产应急管理与协调指挥机构应急平台为支撑，以国家级矿山应急救援基地、国家级危险化学品应急救援基地、国家级矿山排水基地、国家级矿山医疗救护中心、国家级矿山医疗救护基地、国家级危险化学品医疗救护基地、各专业部门及中央企业下属的安全生产应急管理与协调指挥机构和救援队伍为终端节点，形成上下贯通、左右衔接、互联互通、信息共享、互有侧重、互为支撑的国家安全生产应急平台体系。《意见》在基础支撑系统、综合应用系统、整合接报平台、建设信息发布系统、标准规范建设、加强安全保障、建设任务分工等方面也都提出了具体指导意见。

应急管理部组建后即成立专门的科技和信息化工作领导小组，编制印发应急管理信息化发展战略规划框架与相关建设任务方案，各级地方政府积极响应，相继出台符合地方特色的应急管理信息化发展战略规划，推动国家层面和地方层面建设工作，全面加强应急管理信息化建设与应用，以信息化推进应急管理能力现代化。在应急管理信息化建设上，提出坚持统筹发展、业务引领、创新驱动、共享众创、安全可控的基本原则，各地应急管理部门遵循总体设计、分步实施、急用先行的基本原则，全国应急管理信息化工作取得显著成绩。

建设应急管理大数据应用平台，打造应急管理"智慧大脑"，围绕监督管理、监测预警、指挥救援、决策支持和政务管理等业务领域开发突发事件接报、灾害综合监测预警、应急装备救援力量管理、应急管理统计、即时通信等系统，提高风险监测预警、应急指挥保障、智能决策支持、政务服务和舆情引导等应急管理能力，建设基于全国"一张图"的应急指挥平台，提高灾害事故响应和处置能力。

四、应急救援队伍管理与调度

应急救援队伍承担着应急处置与救援的工作和任务，是应急体系建设的重要组成部分，是防范和应对突发事件的重要力量。

国家应急管理部成立后，我国应急救援体系开始新一轮的整合、优化和调整。2018年10月，中共中央办公厅、国务院办公厅印发《组建国家综合性消防救援队伍框架方案》，就推进公安消防部队和武警森林部队转制，组建国家综合性消防救援队伍，建设中国特色应急救援主力军和国家队作出部署。专业应急救援队伍包括地方政府和企业专职消防、地方森林（草原）防灭火、地震和地质灾害救援、生产安全事故救援等队伍，以及卫生应急、防汛抗旱、海上搜救、铁路事故、核事故等行业应急队伍。共青团、红十字会、青年志愿者协会以及其他社会组织建立的各种社会力量共同构成我国社会应急队伍。目前，我国应急救援队伍建设实现了从单一向综合救援发展、从灾害类型转向功能模块，在这一过程中，通过加强救援队伍管理与科学合理调度，为提升应急救援队伍作战能力奠定了坚实基础。

（一）应急救援队伍日常管理

应急救援队伍建设遵循"平战结合、军地结合、专兼结合、专业对口、指挥灵便、反应迅速、社会参与"的基本原则，坚持做好队伍管理、人员备勤、装备维护、训练演练等方面工作，强化应急能力训练、物资装备配备、应急预案建设等方面准备工作。

（1）培训演练。提高应急救援人员的应急处置知识和专业救援技能，是应急救援队伍建设的核心。指挥人员、一线处置人员、专业救援队伍、综合救援队伍等不同救援人员在应急处置救援中发挥不同作用，通过制定分类分级培训演练标准，设置标准化、规范化、系统化、模块化的培训内容，对各类应急救援队伍进行分层次、分专业的培训和演练，通过对应急救援队伍的专业培训和考核，确保应急救援人员具备相应的专业能力。

（2）专业联动与交流合作。在多个专业应急救援队伍之间、不同层级救援队伍之间、专业救援队伍和社会应急力量之间，建立包括应急指挥、信息报送、联勤联动、联合作业在内的专业联动机制，确保各类应急救援队伍在突发事件应对过程中的有效协作。此外，建立各应急救援队伍之间的常态化交流学习、联训联演机制，组织应急救援队伍之间观摩学习，通过互相交流，提高各自的水平，尤其是提高队伍之间的协作水平。

（3）考核评估。制定各类应急救援队伍建设相关标准、指南和评估标准，并以此评价其建设实效，将评价结果纳入相关责任人的绩效考核。建立起基于考核评估结果的队伍建设经费补助机制。针对发展较为薄弱的社会应急力量，可以将社会应急力量救援能力考核评估结果作为政府支持社会应急力量发展的主要依据，推动全方位、多元化的应急救援队伍建设。

（4）综合保障。人、财、物的投入是应急救援队伍建设的基础保障，确保必要的经费支持，购买应急装备、储备应急物资、培育人员队伍，都离不开相关部门的投入保障。完善财政支持，根据应急救援队伍的培训与演练数量与质量、应急救援队伍处置突发事件的需要和消耗，确定资金投入，建立各级政府共同承担的财政体系。

（5）动态统计管理。相关部门应该在常态下对各类应急救援队伍情况开展调查摸底，实地了解掌握本行政区域应急救援队伍的人员、装备、资金、保障等基本信息，利用信息化手段掌握应急救援队伍参与应急处置与救援工作情况。要建立健全信息更新和上报制度，实行对各类应急救援队伍的动态管理。

（二）应急救援队伍调度

应急救援队伍调度按照"统一领导、协同配合，属地为主、分级管理，反应迅速、及时高效"的原则，实现指挥调度、日常联勤、救援联动的应急救援机制，确保关键时刻应急通信联得通、应急队伍拉得出、应急装备用得好。

应急救援队伍调度坚持属地为主。灾害事故发生地相关部门根据应急处置与救援需求，优先调用和部署属地各类应急救援队伍参与突发事件处置与救援工作；需要调用属地以外应急救援队伍时，属地相关部门应及时向上级或临近辖区提出救援请求，由上级相关部门或临近辖区派出与救援需求相匹配的应急救援队伍，属地外应急救援队伍一般应接受属地相关部门的统一指挥与调度。

各类应急救援队伍接受统一指挥调度。各类应急救援队伍在灾害事故现场开展应急处置与救援，应接受统一指挥调度，服从事发地现场交通管制要求，有序进入救援现场；救援行动过程中，要及时向有关部门报送行动信息、现场情况和应急处置救援情况；救援行动结束后，要向相关部门及时报告撤离信息并有序撤离。

应急救援队伍间分工协作。面对复杂多变的应急环境和救援过程，应充分发挥掌握不同应急专业技能救援队伍的行业优势、专业优势，要着力促成不同队伍在合理分工基础上联合作业的能力。同时，专业应急救援队伍与兼职应急救援队伍、军队与地方、政府与社会之间，各类队伍间均应建立良好的协作关系。

应急救援队伍值班值守。应急救援队伍要根据应急救援任务的需要，建立完善值班值守制度，实行24小时值班值守，确保应急救援人员在岗在位，随时做好按照调度指令开展行动的准备。

本章小结

应急处置与救援包括搜索与救援，医疗急救，疏散，灾害评估，处置危险源影响，提供水、食品及避难场所，卫生管理，维持治安，提供社会心理咨询服务，恢复关键性基础设施，对捐赠进行管理和协调等活动。应急处置与救援要做好突发事件综合研判工作，属地先期处置要做好3件事，应急决策的目标为有效减缓、控制和恢复突发事件所造成的严重社会危害，应对措施以短期"治标"为主。自然灾害、事故灾难或公共卫生事件的应急处置中，可以采取救助性措施、控制性措施、保障性措施、预防性措施、动员性措施、稳定性措施。社会安全事件应急处置可以采取强制隔离措施、保护控制措施、重点保卫措施和其他合法措施。生态环境突发事件发生后，要提前疏散、转移可能受到危害的人员，并进行妥善安置；采取切断或者控制污染源以及其他防止危害扩大的必要措施，控制事件苗头。我国突发事件社会动员的主体为政府以及在政府协调下的社会组织，突发事件社会动员的客体为志愿者（组织）和商业组织。应急指挥平台应全面覆盖、互联互通、统一标准、安全可靠。应急救援队伍建设应遵循"平战结合、军地结合、专兼结合、专业对口、指挥灵便、反应迅速、社会参与"原则，应急救援队伍调度遵循"统一领导、协同配合，属地为主、分级管理，反应迅速、及时高效"原则。

思 考 题

1. 应急决策主体有哪几类？
2. 应急处置与救援的制度性原则有哪些？
3. 发生在地市级政府的较大突发事件，应该如何科学构建应急指挥部的组织结构？

推荐阅读书目

1. 宋劲松：《危机决策》，中国人民大学出版社2018年版。
2. 国务院新闻办公室：《抗击新冠肺炎疫情的中国行动》，人民出版社2020年版。

第六章　突发事件舆论引导

舆论引导是突发事件应对工作的重要内容之一。特别是在全媒体时代，无论是舆论生态、媒体格局，还是传播方式都发生了深刻变化，这对突发事件舆论引导工作构成新的挑战。有效应对突发事件，不仅要"做好"，而且要"说好"。要切实把舆论引导纳入应急处置与救援工作中，进行同部署、同安排、同落实。要按照"守住红色地带、改变黑色地带、转化灰色地带"的基本要求，从时度效着力占领舆论主阵地，赢得舆论引导主动权，从而营造良好的舆论氛围。

第一节　高度重视突发事件舆论引导工作

突发事件应对是一个复杂的系统工程，舆论引导是其中一项重要内容。随着全媒体的不断发展，突发事件舆论引导工作既面临新机遇，也面临新挑战。在全媒体时代，有效应对突发事件，必须高度重视舆论引导工作，大力增强阵地意识，牢牢把握舆论引导的主动权、主导权，营造良好的社会氛围。

一、舆论引导是突发事件应对的重要内容

舆论引导，是指政府通过传播特定的信息，与公众进行沟通交流，从而影响社会公众对现实社会中各种现象和问题的关注与评价，使舆

论朝着符合社会规范和道德准则方向发展的过程。舆论引导的目的，是把社会公众的心理、思想情感和行为引导到社会所需要的方向上去，弘扬正向舆论，抑制负向舆论。突发事件舆论引导的形式是多种多样的，如现场沟通、发布新闻公告、进行个别会谈或集体会谈、电话和信件沟通、设立接待中心、建设网络平台等。

当今世界是信息的世界，信息的迅速传播使舆论的影响力更加广泛，舆论引导的重要性日益凸显。舆论引导恰当，可以平衡矛盾、消除冲突，起到"制衡器"和"减压阀"的作用。反之，舆论引导出现问题，则会导致思想混乱、公众不满，使政府形象与公信力大大受损。

舆论引导包括常态和非常态两种情形。常态舆论引导主要是指在平时例行性地开展信息发布、公众沟通等工作；非常态舆论引导主要是指突发事件舆论引导，即在突发事件事前、事中、事后的全过程，及时、主动、准确和有序地进行信息发布，引导公众合理期望，塑造公众良好行为。

新闻传播学上有一个谣言公式：$R = IA/C$，即谣言的能量 =（事件的）重要性 ×（事件的）模糊性 ÷ 公众批判能力。其中，R（rumor）为谣言的能量，即谣言能在多大范围产生负面影响；I（importance）为谣言所涉及的问题对受谣言传播人群的重要性，即谣言在多大程度上直接关系到受众的切身利益；A（ambiguity）为谣言证据的含糊性，即它在多大程度上容易被证伪；C（criticize ability）为公众对谣言的批判能力，即公众能在多大程度上识别谣言的虚假性。根据该公式，当谣言越重要、越难求证，公众批判性地接受谣言的能力越弱时，谣言传播的能量越大，流传范围越广。突发事件直接关系到民众的身体健康和生命安全，在事发之初的第一时间通常缺乏科学、权威的真实信息来源，同时灾害发生时民众的身心通常比较脆弱。在此情景下，各种与突发事件有关的预报谣言、灵异谣言、灾情谣言很容易产生和传播，在短时间内引起民众广泛猜测和不安，"宁可信其有，不可信其无"。因此，天灾和人祸的发生为谣言的产生和传播提供了重要场域，成为谣言传播的重要催化剂。

总体来看，与常规事件相比，突发事件具有重要性突出、事态模糊性较强，公众批判能力相对更弱的特点，事件发生后更容易导致谣言传播。与常态情形相比，非常态情形对舆论引导和新闻发布要求更高、难度更大，这就要求我们及时发布权威信息，主动引导媒体准确报道，营造良好社会氛围。突发事件舆论引导工作做得好，有利于发动群众、组织群众、依靠群众，稳定公众情绪，形成万众一心、同舟共济、众志成城的良好氛围。大量事实证明，与事件相关的正确信息传播得越迅速、越及时，越有利于消除突发事件的未知因素和不确定性因素给人们造成的负面影响，越有利于社会和人心的稳定。

在应对新冠肺炎疫情工作中，习近平总书记多次强调要提高新闻舆论工作的时效性、针对性。2020年2月3日，在主持召开中央政治局常委会会议，研究加强新冠肺炎疫情防控工作时，他强调要做好宣传教育和舆论引导工作，加强网络媒体管控，推动落实主体责任、主管责任、监管责任。2月23日，在统筹推进新冠肺炎疫情防控和经济社会发展工作部署会议上的讲话中，他指出："要继续做好党中央重大决策部署的宣传解读，深入报道各地统筹推进疫情防控的好经验好做法。要完善疫情信息发布，依法做到公开、透明、及时、准确。要广泛宣传一线医务工作者、人民解放军指战员、公安干警、基层干部、志愿者等的感人事迹，在全社会激发正能量、弘扬真善美，推动社会主义精神文明建设。要适应公众获取信息渠道的变化，加快提升主流媒体网上传播能力。要主动回应社会关切，对善意的批评、意见、建议认真听取，对借机恶意攻击的坚决依法制止。"《中共中央关于党的百年奋斗重大成就和历史经验的决议》在论述开创中国特色社会主义新时代时指出，"高度重视传播手段建设和创新，推动媒体融合发展，提高新闻舆论传播力、引导力、影响力、公信力"。

就突发事件舆论引导工作,我国相关法律法规作了明确规定。《突发事件应对法》第五十三条规定:"履行统一领导职责或者组织处置突发事件的人民政府,应当按照有关规定统一、准确、及时发布有关突发事件事态发展和应急处置工作的信息。"第五十四条规定:"任何单位和个人不得编造、传播有关突发事件事态发展或者应急处置工作的虚假信息。"中共中央办公厅、国务院办公厅 2016 年 2 月 17 日印发的《关于全面推进政务公开工作的意见》强调:"对涉及本地区本部门的重要政务舆情、媒体关切、突发事件等热点问题,要按程序及时发布权威信息,讲清事实真相、政策措施以及处置结果等,认真回应关切。依法依规明确回应主体,落实责任,确保在应对重大突发事件及社会热点事件时不失声、不缺位。"2019 年修订的《中华人民共和国政府信息公开条例》规定,"行政机关应当及时、准确地公开政府信息",并把"突发公共事件的应急预案、预警信息及应对情况"列为重点公开的政府信息之一。2019 年 10 月,党的十九届四中全会《决定》指出:"改进和创新正面宣传,完善舆论监督制度,健全重大舆情和突发事件舆论引导机制。"

二、全媒体时代突发事件舆情表现出新特点

当今世界是信息的世界,信息的迅速传播使舆论的影响力更加广泛、更为持久。特别地,互联网正在媒体领域催发一场前所未有的变革,导致突发事件舆论生态格局发生重大变化。根据中国互联网络信息中心发布的第 48 次《中国互联网络发展状况统计报告》,"截至 2021 年 6 月,我国网民规模达 10.11 亿,互联网普及率达 71.6%;我国手机网民规模达 10.07 亿,较 2020 年 12 月增长 2092 万,网民使用手机上网的比例为 99.6%。10 亿用户接入互联网,形成了全球最为庞大、生机勃勃的数字社会"[①]。

---

① 《第 48 次〈中国互联网络发展状况统计报告〉》,中国互联网络信息中心 2021 年 9 月 15 日,https://www.cnnic.net.cn/hlwfzyj/hlwxzbg/hlwtjbg/202109/t20210915_71543.htm。

伴随互联网技术的迅速发展，新兴传播平台的不断涌现，我们已经进入全媒体时代。2019年1月25日，十九届中央政治局在人民日报社就全媒体时代和媒体融合发展举行了第十二次集体学习。习近平总书记在主持学习时强调，全媒体不断发展，出现了全程媒体、全息媒体、全员媒体、全效媒体，信息无处不在、无所不及、无人不用，导致舆论生态、媒体格局、传播方式发生深刻变化，新闻舆论工作面临新的挑战。① 在一个"人人都是发布者、个个都有麦克风"的全媒体时代，信息传播方式从被动到互动，传播手段从一维到多维，传播内容从简单到复杂，传播时效从延时到即时，给舆论引导特别是突发事件舆论引导工作带来全新的挑战。

俗话说，"好事不出门，坏事传千里"。随着互联网成为社会舆论发酵场和社会动员的主阵地，一些蔓延于网络的"情绪型舆论"往往会产生很大的负面影响，引发谣言大范围的传播扩散，有时甚至加剧社会的盲从与恐慌。尤其是在"聚光灯"的效应下，各种各样的突发事件极易成为社会关注的热点、焦点和难点。突发事件舆论传播，过去像烧"煤火炉"，现在像用"微波炉"，事先难以发现症候，其间看不见"明火"，过后找不着责任人。据统计，当前中国80%的热点问题从网上爆发，几乎100%的热点问题都有网络媒体参与。

案例6-1
天津港"8·12"火灾爆炸事故的舆情传播情况

2015年天津港"8·12"火灾爆炸事故，虽然事故发生在半夜，但很快引爆国内舆情，成为全国性热点事件。当地网友第一时间在社交媒体上传现场爆炸视频及图片，引发网友疯狂转发。当日深夜，澎湃新闻率先推出网络专题报道，聚焦报道该事故。13日凌晨，"@人民日报""@财经网""@南方周末"等新媒体也迅速跟进，分别在自

---

① 习近平：《加快推动媒体融合发展 构建全媒体传播格局》，《求是》2019年第6期。

家微博、微信及客户端上推送相关新闻报道，并在次日一早引发全民关注。

据统计，至8月13日11时许，在拥有亿万用户的新浪微博和腾讯微信社交平台，已有6亿人次阅读了关于此次事故的专题，百万人参与讨论。至当日17时，仅新浪微博上相关话题就已引发13亿人次阅读，相关讨论微博达230万条。

截至8月14日15时，此次事故相关网页新闻量已经达到4.4万条，微信文章6万篇，新浪平台"#天津塘沽大爆炸#""#天津港爆炸事故#"两个微话题阅读量高达25亿人次，讨论量接近460万条。

由此可见，在全媒体时代，做好突发事件舆论引导工作是不可回避的重要研究课题。舆论引导得好，往往使事件应对事半功倍；舆论引导得不好，则很可能适得其反，致使事态恶化。正如很多人所言："突发事件的新闻处置做得不好，往往是对我们伤害最重的。"它可以轻而易举地把我们政府的形象毁到极点，把我们平时做的大量正面宣传一笔勾销。只有准确把握全媒体时代舆论传播的规律和特点，及时掌握全媒体与舆论引导的方式方法，才能有效引导舆论，及时进行公众沟通。如何主动适应全媒体时代信息传播规律和舆论发展态势的变化，更好地做好突发事件舆论引导工作，为突发事件应对工作创造良好的舆论氛围，是一项必须高度重视的任务。

三、做好全过程突发事件舆论引导

突发事件舆论引导，贯穿在突发事件事前、事中、事后的全过程，其本质是一个对突发事件信息进行管理、及时开展公众沟通、主动塑造良好形象的过程，是争取人心、赢得信任、凝聚力量的过程。事前，要积极做好政务公开，可以运用大数据等科技手段对全媒体进行监测，对热点问题进行分析研判，预测舆情发展趋势，并给予积极回应、引导，减少对立，消除误解。同时，广泛深入地开展安全宣传教育，扎实推进安全宣传进企业、进农村、进社区、进学校、进家庭活动，进一步增强公众风险防范、安全应急意识和自救互救能力。事中，要通过授权发布、散发新闻稿、组织报道、接受记者采访、举行新闻发布会等方式，在事件发生的第一时间，及时、准确、客观、全面地向社会发布简要信息，做好政务舆情的回应工作。事后，要向全社会发布突发事件应对总结评估的经验教训，引导公众对学习改进过程进行监督；同时加强安全宣传教育，夯实应急管理的社会基础和群众基础。

突发事件舆论引导是一项政治性和业务性都很强的工作，必须讲政治、讲大局、讲科学。具体而言，做好全媒体时代的突发事件舆论引导工作，要坚持如下原则。

一是坚持正确导向，维护社会稳定。新闻报道工作要有利于党和国家以及地方党委、政府的工作大局，有利于维护人民群众的切身利益，有利于社会稳定和人心稳定，有利于事件的妥善处置。

二是坚持以人为本，满足信息需求。尊重人民群众的知情权，满足人们了解突发事件真相和处置情况的需求。做到通达社情民意，反映人民心声，从而增强群众公共安全意识，提高全社会风险防范和应对能力。

三是坚持及时准确，积极引导舆论。宣传部授权的新闻单位应第一时间进入现场采访，第一时间发布权威信息，及时、准确、客观、全面地报道突发事件动态及处置进程，把社会舆论引导到健康、理性的轨道上来。

四是坚持公开透明，做到开放有序。除涉及国家安全和国家秘密外，对于突发事件，要按照公开透明的原则，及时准确地发布信息，开放有序地组织采访，切实做好媒体服务引导工作。

五是坚持统筹协调，明确工作责任。各单位和相关部门要把突发事件信息发布和新闻报道工作纳入突发事件处置总体部署，坚持事件处置与新闻报道工作同步安排、同步推进，积极主动做好信息公开和舆论引导工作。

六是坚持规范管理，依法开展报道。严格遵守《突发事件应对法》《保守国家秘密法》《政府信息公开条例》等有关法律法规，按照《国家突发公共事件总体应急预案》的要求，依法开展突发事件信息发布和新闻报道，做到科学、依法、有效管理，促进工作的规范化、制度化、法制化。

正所谓"知者不惑，仁者不忧，勇者不惧"。突发事件舆论引导，要坚持"术"与"道"相结合。突发事件舆论引导的根本目的，是通过及时准确的信息发布和充分顺畅的互动交流，占领信息制高点、道义制高点，最终形成情感共鸣。话语的背后是思想，是"道"。突发事件舆论引导的"道"，就是要坚持以人民为中心的工作导向，自觉站在人民的立场，与人民群众同呼吸共命运，用责任和担当传递温暖的声音，把党中央以人为本的执政理念传达出去，把对生命的尊重和情系人民的情怀表达出来。只要坚持了这一点，不管媒体格局如何调整，也不管舆论形态如何变化，突发事件舆论引导工作都会取得预期成效。

第二节　把握突发事件舆论引导工作的时度效要求

突发事件舆论引导工作是一门科学，必须把握规律、尊重规律，按照规律办事。精准把握时度效，是党委、政府在突发事件处置中，运用媒体资源、满足公众知情权、掌握舆论引导主动权的关键；是各级领导干部在应急管理中，把脉舆论动态、回应公众关切、做好突发事件信息发布和舆论引导工作应当遵循的根本要求。

一、时度效是检验新闻舆论工作水平的标尺

2016年2月19日，习近平总书记在党的新闻舆论工作座谈会上

强调:"时度效是检验新闻舆论工作水平的标尺。不管是主题宣传、典型宣传、成就宣传,还是突发事件报道、热点引导、舆论监督,都要从时度效着力、体现时度效要求。"[1] 这一重要论述是对新闻舆论规律的精炼概括和高度总结,是各级党委、政府做好常态和非常态新闻舆论工作的根本遵循。

时度效是统一的整体。其中,"时"是前提,强调第一时间发布权威信息,占领舆论制高点,以达到压制谣言和遏止错误观点传播的目标,以此赢得话语主动权。"度"是关键,要求根据事件的背景成因、性质特点、影响范围,全面把握新闻舆论工作的节奏、尺度和力度,防止舆论引导冷热失调、褒贬失当、急缓失序、错位失焦。"效"是目标,要把握舆论引导的针对性,讲求传播策略,注重引导艺术,切实把追求效果、凝聚共识作为新闻舆论工作的出发点和落脚点。

(一) 时度效是做好突发事件新闻舆论工作的本质要求

"新闻是一种极易腐烂的物品。"过时的新闻再重要,由于公众已经知道,也就成了旧闻。时过境迁的信息仅有历史价值,而唯独缺少新闻价值。在全媒体时代,信息技术的快速发展,使媒体格局、舆论生态、受众角色发生了深刻变化。其中,最显著的特征是,由报刊时代的"定时"报道、电视时代的"实时"直播,转向了网络时代的"全员媒体"和"7×24"小时全时段传播,这对各级领导干部精准把握时度效提出了更高的要求。

重大突发事件发生后,主流媒体、海外媒体、都市类媒体和各类网络媒体等,都会迅速启动新闻应急报道机制,争抢第一时间抵达现场、第一时间发出报道、第一时间设置议题、第一时间展开评论。可以说,谁先报道、谁报道的全面深入、谁的议题切中公众需求,谁就能在公共舆论场中占据优势,形成先声夺人、首发定调的效果。与此

---

[1] 中共中央文献研究室编:《习近平关于社会主义文化建设论述摘编》,中央文献出版社2017年版,第46页。

同时，秉持职业伦理价值的媒体也强调专业主义。各级领导干部要把握新闻舆论工作的专业思维和本质要求，注重客观、平衡、理性、真实，避免主观、偏激、情绪、虚假，才能以此彰显自身的权威性、公信力和影响力。

（二）时度效是掌握突发事件舆论引导主动权的关键所在

掌握舆论引导主动权，要求把握新闻舆论规律，在突发事件或热点事件的舆情处置中贯穿时度效要求。

一方面，要掌握正确的思维方法，善于透过现象看本质，不被舆论表象甚至假象迷惑；善于全面而不是片面地观察总体舆情，避免陷入"盲人摸象"的认识误区，得出"一叶障目"的错误结论；善于动态地而不是静止地分析舆论现象，根据时间、地点、条件的变化恰当地调整舆论引导策略；善于系统地而不是孤立地发现舆论涨落背后的矛盾动力，增强舆论引导工作的原则性、预见性、系统性，克服片面性、盲目性、零乱性。

另一方面，要善于在纷繁复杂、多元敏感因素交织的舆论漩涡中，厘清主要矛盾和次要矛盾、矛盾的主要方面和次要方面。区分轻重缓急，把握本质、主流和趋势，盯准舆情重点、引导议题方向、整合舆论资源、统筹传播渠道，以重点突破带动整体推进，做到有力有序有效引导。

（三）时度效是提高突发事件舆论引导能力的核心要诀

突发事件舆论引导是一项系统工程，既需要与事件处置形成一体两面、互为支撑、动态推进的工作架构，也需要独立统筹舆情监测、信息发布、教育引导、媒体服务、采访管理等多项工作。

突发事件往往引发不利舆论环境，做好舆论引导需要着力于3个方面：一是防范重大舆论风险，以避免造成对国家政治安全的有害冲击；二是降低负面舆论对党政机构的不良影响，引导形成客观理性、清朗良好的舆论环境；三是提升党政信息正面传播效果，强化社会整合，巩固政治认同和社会团结。

因此，突发事件舆论引导面临的挑战更大、任务更艰巨，对于时度效的要求也更高。理想的结果是，对于时度效的把控要符合"事情与舆情"这一综合体的动态发展需求，通过舆论引导能够真正实现正本清源、澄清是非、纠正谬误、定分止争、引导观念、稳定心态、塑造形象、凝聚共识，不人为制造次生舆情灾害，不过火也不欠火，从而为事件处置营造有利的舆论环境，最大限度地"强信心、聚民心、暖人心、筑同心"。

二、突发事件舆论引导重在精准把握时度效

精准把握时度效是做好突发事件舆论引导工作的基本要求，必须将其贯穿于突发事件应对的全过程。必须在实践中把握舆论发展规律、积累工作经验、提升媒介素养、掌握专业方法，提高舆论引导的本领和能力。

（一）把握"时"，让权威发布走在社会舆论之前

时，在本义上是时间，从事物运动过程看是时势、时机，从工作规范看是时限。在突发事件信息发布和舆论引导的工作实践中，通常包含3层意思。

一是"第一时间"。强调处置突发事件第一时间响应、第一时间研判、第一时间发布、第一时间解读。这一规律性认识经过近年来历次突发事件的检验，已被明确写进相关的制度规定中。2016年，国务院办公厅印发的《〈关于全面推进政务公开工作的意见〉实施细则》要求："对涉及特别重大、重大突发事件的政务舆情，要快速反应，最迟要在5小时内发布权威信息，在24小时内举行新闻发布会。"一些地方进一步明确指出，"首次信息发布一般不迟于接报后1小时"[①]。

[①] 上海市人民政府新闻办公室编：《政府新闻发布工作实务手册》，文汇出版社2016年版，第82页。

2015年深圳光明新区渣土受纳场"12·20"特大滑坡事故发生后,当地党委、政府迅速搭建指挥部、成立新闻宣传组,在事发后24小时之内召开了4场新闻发布会,平均每6小时一场。正是政府基于"第一时间"的原则,针对公众和媒体在事发初期的"信息饥渴"需求,快速、密集、大量释放权威信息,迅速占领传播高地,压制不实报道和各类谣言的滋生蔓延,才有效地掌握舆论引导的主动权。

二是"时机选择"。突发事件舆论引导既要突出时效,也要选准时机。"明者因时而变,知者随事而制。"认清突发事件的性质和影响,评估国际舆论态势与国内舆论走向,把握社会预期和社会心态,在事件发展与处置的关键节点上,利用机会之窗顺势而为、借力发力、重锤定音方能达到事半功倍的传播效果。比如,重大事故调查结果出台后不晚于24小时召开新闻发布会;又比如,发生重大恶性灾难事件,尽可能不在同时段渲染政绩,以免引发公众的反感和抗拒;再比如,在事件真相还没有完全显现,各方还存在较大争议时,信息发布就不能急和抢,而要缓和稳。为博取眼球而盲目判断、匆忙定论,只会弄巧成拙、破坏政府公信力。

三是"时限掌控"。重大突发事件的信息发布工作,往往离不开新闻发布会。新闻发布会具有权威性高、公开面广、互动性强的特点,是党委、政府阐明立场态度、解释政策措施、回应公众关切的重要形式。经验表明,召开新闻发布会,一般不超过1小时;主发布人介绍情况,尤其是通稿发布,最好将时间控制在8~10分钟,篇幅在1500字左右;发布与问答两个主要环节的时间比例一般掌握在1:2,底线为1:1。[1] 政府发布信息应准确精当,不长篇大论、自说自话、冗长拖沓,把更多的时间留给记者提问,主要回应媒体和公众关切,最大程度发挥以信息服务提升舆论引导的功能。

---

[1] 上海市人民政府新闻办公室编:《政府新闻发布工作实务手册》,文汇出版社2016年版,第34页。

（二）掌握"度"，增强突发事件舆论引导工作的精准性

度，是做好突发事件舆论引导工作应当把握的一种哲学思维、科学方法和艺术层次。实践中，强调舆论引导要精准、适中、稳妥，应根据事件性质、舆情热度、议题偏向、趋势发展和风险结果特征，统筹网上网下、国内国际、大事小事，把握基调、掌握分寸、恰当发力。避免简单粗放、事实失真、言词失当、渲染失节、迎合失态，陷入舆论引导的被动局面。

一是把握分寸，实事求是。权威发布要全面、客观、准确、平衡，既不能把大事说小，也不能把小事说大。个别不是一般，一般也不是个别；同样，局部不是全局，全局也不是局部。要防止以点代面、以偏概全，把个别现象说成普遍问题，把意外孤立事件上升为制度问题，把不该褒奖的渲染拔高，把应该贬抑的炒热放大。经验表明，观察舆论不从事实出发，分析舆论不从全局出发，澄清问题不用事实说话，引导舆论不将事实的本质逻辑与公众的切身利益和正确的价值导向结合起来，就难以增强可信度、说服力，也难以掌握舆论引导的主动权。

二是把握力度，轻重适宜。突发事件舆论引导，要在政治方向、舆论导向、价值取向上立场坚定、旗帜鲜明。面对众声喧哗、杂音噪声，要积极引导人们分清是非、对错、公私、美丑、善恶，激发全社会向上向善的精神力量。对于一些格调不高、低俗不雅、与社会主义核心价值观相悖的舆论热点，应降温；对于积极向上、温暖人心、阳光美善的舆论热点，应多关注、多报道。同时，对于突发事件舆论场中的各种声音，要分类处理，弄清楚哪些是群众所思所盼、困难困惑、问题建议、模糊认知；哪些是异己力量恶意攻击、煽风点火、浑水摸鱼、渗透生事。对于前者，要允许发声、积极回应、有效引导；对于后者，要依法处置、有力批驳、有效防控。既要本着对社会负责、对人民负责的态度，依法维护舆论空间的秩序，营造风清气正的环境，也要发挥好舆论监督的作用，把权力关进制度的笼子。

三是把握节奏,动态调整。重大突发事件往往引发舆论巨浪,其间,波涛汹涌、人声鼎沸,向心力和离心力叠加交错。如何驾浪前行,是一个策略与技巧问题。一般来说,突发事件发生后的24小时之内,信息发布强调"积极快攻",即第一时间向舆论场小幅、滚动、密集投放大量权威信息,形成先入为主的首发效应。24小时之后,要伴随事件救援处置、善后恢复、原因调查、责任分析等工作进展,结合政府关注、百姓关切和记者兴趣的三方面需求,精准引导设置议题偏向,明确官方回应指定口径,降低事态的负面影响,强调"精准引导"。尤其在敏感性的关键议题上,既要突出权威声音,又要防止恶意炒作。在事件全过程的舆论引导中,要加强报道调控,该浓墨重彩的要浓墨重彩,该淡化处理的要淡化处理,让该热的热起来、该冷的冷下去、该说的说到位。要在突发事件应对的全过程中,在配合事件处置、恢复正常生产生活秩序、平复社会心理情绪等方面内容,动态调整舆论引导的节奏。

(三)注重"效",提高突发事件舆论引导工作的质量和水平

效,是效果、实效,反映了舆论引导的内容质量、方法手段与工作水平。突发事件舆论引导既要体现各级党委和政府思想引领、政策主张、价值倡导的传播力与影响力,又要彰显党和国家凝心聚力、成风化人、鼓舞士气的能力。提高突发事件舆论引导的成效,应从3个方面下功夫。

一是学会"读心术"。重大热点事件的舆论场,往往能看到"观点极化"的现象。比如,树立不同的"人设",夸一个、骂一个,夸的名不副实,骂的牵强附会。仔细分析,不同"人设"是夸者和骂者设定的,既不是该夸,也不是该骂,而是一种情绪表达和价值表达,在这种表达背后隐藏着对党委、政府的"行为期待"。为此,舆论引导要深入研究不同群体的心理、心态、心情。领导干部更要学会"读心术",既要了解大多数人的共同愿望,也要理解少数人的合理需求。知人知心、分类处理,该鼓劲的鼓劲,该引导的引导,该解惑的解惑,该纠偏的纠偏。

二是注重分众传播。习近平总书记指出："要适应分众化、差异化传播趋势，加快构建舆论引导新格局。"① 全媒体传播环境下，一般化的信息不再是稀缺资源，人们的个性化需求不断上升，不同的人有不同的信息需求和接受特点。一套话语满足不了所有人，一个腔调也难以唱遍天下。舆论引导如果大水漫灌、千篇一律，就难以达到理想的传播效果。常态下，要精准定位受众，从用户的不同信息需求、偏好、媒介使用习惯等入手，进行信息生产的"供给侧结构性改革"。通过运用人工智能、大数据技术，有效地驾驭算法、创新传播策略和路径，提升分众化信息传播、信息抵达与信息接收的效果；非常态下，需迅速将"大众"细分为不同的"小众"，解决好"对谁说、说什么"的问题，以此全面提高突发事件舆论引导效果。

另外，对内传播也要考虑国际影响，不可忽略国际受众。在当前的国际舆论环境中，"中国在世界上的形象很大程度上仍是'他塑'而非'自塑'，我们在国际上有时还处于有理说不出、说了传不开的境地，存在着信息流进流出的'逆差'、中国真实形象和西方主观印象的'反差'、软实力和硬实力的'落差'"②。因此，需要加强对国际社会不同国别受众的研究和传播。正如习近平总书记所指出的，要采用贴近不同区域、不同国家、不同群体受众的精准传播方式，推进中国故事和中国声音的全球化表达、区域化表达、分众化表达，增强国际传播的亲和力和实效性。③ 以抗击新冠肺炎的信息发布工作为例，国务院新闻办公室在武汉举行两场英文专题发布会，邀请相关专家和一线医护人员介绍中国抗疫经验和做法；国家卫生健康委员会汇编了诊疗和防控方案，并翻译成3个语种，分享给全球180多个国家、10多个国际

---

① 《习近平谈治国理政（第二卷）》，外文出版社2017年版，第333页。
② 习近平：《论党的宣传思想工作》，人民出版社2020年版，第363页。
③ 《加强和改进国际传播工作 展示真实立体全面的中国》，《人民日报》2021年6月2日。

和地区组织参照使用；同时，与世界卫生组织联合举办"新冠肺炎防治中国经验国际通报会"。① 这些国际传播举措，强调国别、语种和内容的分类化与针对性，为介绍中国抗疫进展、解读中国政策措施、分享科学防控知识，让全世界都能听到并听清中国声音发挥了重要作用。

三是转换话语体系。突发事件信息发布和舆论引导最忌讳照本宣科，讲官话、套话、大话、空话和文件语言。习近平总书记指出："正面宣传要用心用情做，让群众爱听爱看，不能搞假大空式的宣传，不能停留在不断重复喊空洞政治口号的套话上，不能用一个模式服务不同类型的受众，那样的宣传只会适得其反。"② 背景、细节、故事，既是公众想听的内容，也是传递主流价值观最好的载体，往往能引发公众的兴趣和思考。温度、情感、情怀，既能与公众产生共鸣，也能与公众达成共识。提升舆论引导效果，最高明的做法是春风化雨、润物细无声，对公众产生吸引力和感染力。实践表明，用平实、平等、开放、包容的心态，讲真话、讲实话，相信群众、依靠群众，对群众讲清楚"是什么""为什么""怎么看""怎么办"。不藏着掖着，接受舆论监督，不仅不会弱化舆论引导效果，反而会赢得公众的信任和支持。与此同时，也要注重突发事件的国际传播效应，要采用融通中外的概念、范畴和表述，创新话语表达方式，以故事为载体，将贯道、融情、说理结合在一起，让中国声音赢得国际社会的理解和认同。

案例 6-2
"东方之星"号客轮翻沉事件舆论引导精准把握时度效③

2015 年 6 月 1 日 21 时 30 分许，隶属于重庆东方轮船公司的"东方之星"号客轮在从南京驶往重庆途中突遇罕见强对流天气，于长江

---

① 国务院新闻办公室：《抗击新冠肺炎疫情的中国行动》，人民出版社 2020 年版，第 79 页。
② 习近平：《论党的宣传思想工作》，人民出版社 2020 年版，第 155 页。
③ 参见中共中央组织部组织编选：《贯彻落实习近平新时代中国特色社会主义思想、在改革发展稳定中攻坚克难案例·防范化解重大风险》，党建读物出版社 2019 年版。

中游湖北省监利县大马洲水道翻沉，造成442人遇难。事件发生后，引起国内外舆论关注。网上关于沉船原因、气象预警等各类猜测性信息大量传播，救援处置和舆论引导均面临严峻考验。

为了有力配合事件处置，指挥部确立了"公开透明、坦诚担当"的新闻发布原则，并在舆论引导中贯穿时度效要求。

一是把握住"时"。中央电视台"央视新闻"微博于6月2日2时52分播出第一条信息，新闻频道在3点整点新闻中播发，实现网络与电视的全球"双首发"，做到"及时"；针对船体切割又突然焊上、船体扶正时骤然停止、船体移泊离开事故水域等情况第一时间开展引导，有效避免负面舆论发酵扩散，做到"即时"；主动从救援和善后处置的大局出发，有序开展采访报道，不为博眼球而抢新闻，做到"适时"。

二是拿捏好"度"。在救援阶段，加大正面报道力度，用自然朴实的基调实时反映救援进展，充分满足公众信息需求，同时不渲染、不煽情、不拔高。在事件处置由应急救援向善后处置转段过程中，明确要求继续保持前方工作力量，全程参与善后工作，做好善后新闻报道和舆论引导。在善后处置阶段，稳妥把握舆论导向。

三是求最大"效"。相关工作以有利于安抚家属情绪、有利于救援和善后工作顺利开展为原则，将事件稳妥处置作为衡量舆论引导工作的首要标准。比如，在"头七"前后两天，全国上星频道共撤下、停播包括娱乐节目在内的相关节目超过200档。网民认为，媒体尊重逝者的做法"是一种很好的进步"；境外主流媒体也给予积极评价，称中国高度重视"生命的尊严"。

第三节　加强突发事件网络舆情管理

在突发事件应对中，管理网络舆情已经成为线下事件处置之后的

第二条重要处置"战线"。在突发事件网络舆情管理工作中，既要体现中央提出的营造清朗网络空间的要求，又要具体管理好突发事件中所出现的各种网络舆情。

一、营造清朗网络空间

早在 2013 年，习近平总书记对网上舆论形势有着科学判断。他在当年 8 月召开的全国宣传思想工作会议上明确指出："根据形势发展需要，我看要把网上舆论工作作为宣传思想工作的重中之重来抓。宣传思想工作是做人的工作的，人在哪儿重点就应该在哪儿。""很多人特别是年轻人基本不看主流媒体，大部分信息都从网上获取。必须正视这个事实，加大力量投入，尽快掌握这个舆论战场上的主动权，不能被边缘化了。"[①]

在党的十八届三中全会上，习近平总书记进一步提出了关于网络舆论形势的深化论断："从实践看，面对互联网技术和应用飞速发展，现行管理体制存在明显弊端，主要是多头管理、职能交叉、权责不一、效率不高。同时，随着互联网媒体属性越来越强，网上媒体管理和产业管理远远跟不上形势发展变化。特别是面对传播快、影响大、覆盖广、社会动员能力强的微客、微信等社交网络和即时通信工具用户的快速增长，如何加强网络法制建设和舆论引导，确保网络信息传播秩序和国家安全、社会稳定，已经成为摆在我们面前的现实突出问题。"[②] 针对这一形势，党的十八届三中全会提出了改革路径："健全基础管理、内容管理、行业管理以及网络违法犯罪防范和打击等工作联动机制，健全网络突发事件处置机制，形成正面引导和依法管理相结合的网络舆论工作格局。整合新闻媒体资源，推动传统媒体和新兴

[①] 《胸怀大局把握大势着眼大事 努力把宣传思想工作做得更好》，《人民日报》2013 年 8 月 21 日。

[②] 习近平：《关于〈中共中央关于全面深化改革若干重大问题的决定〉的说明》，《人民日报》2013 年 11 月 16 日。

媒体融合发展。推动新闻发布制度化。严格新闻工作者职业资格制度，重视新型媒介运用和管理，规范传播秩序。"①《中共中央关于党的百年奋斗重大成就和历史经验的决议》在论述开创中国特色社会主义新时代时指出："党高度重视互联网这个意识形态斗争的主阵地、主战场、最前沿，健全互联网领导和管理体制，坚持依法管网治网，营造清朗的网络空间。"

为落实习近平总书记的重要讲话精神和党的十八届三中全会的决策部署，中央成立了网络安全和信息化领导小组，由习近平总书记担任组长。在2014年2月27日召开的中央网络安全和信息化领导小组第一次会议上，习近平总书记指出："做好网上舆论工作是一项长期任务，要创新改进网上宣传，运用网络传播规律，弘扬主旋律，激发正能量，大力培育和践行社会主义核心价值观，把握好网上舆论引导的时、度、效，使网络空间清朗起来。"②

对于网络治理而言，中央网络安全和信息化领导小组的成立具有标志性意义；其后，随着其办事机构中央网络安全和信息化领导小组办公室（国家互联网信息办公室）的成立，网络安全治理开始有了专业性部门。2018年，中央网络安全和信息化领导小组改革成为中央网络安全和信息化委员会，中央层面的网络治理领导机构也进一步常态化和制度化，其办事机构相应更名为中央网络安全和信息化委员会办公室（国家互联网信息办公室）。归纳而言，中央关于网络治理的理念主要体现在4个方面。

一是坚持党的领导。这主要强调发挥党的领导作用，实现全国各族人民形成网上网下的同心圆。习近平总书记提出："实现'两个一百年'奋斗目标，需要全社会方方面面同心干，需要全国各族人民心

---

① 《中共中央关于全面深化改革若干重大问题的决定》，《人民日报》2013年11月16日。
② 《总体布局统筹各方创新发展 努力把我国建设成为网络强国》，《人民日报》2014年2月28日。

往一处想、劲往一处使。如果一个社会没有共同理想,没有共同目标,没有共同价值观,整天乱哄哄的,那就什么事也办不成。我国有13亿多人,如果弄成那样一个局面,就不符合人民利益,也不符合国家利益。""凝聚共识工作不容易做,大家要共同努力。为了实现我们的目标,网上网下要形成同心圆。什么是同心圆?就是在党的领导下,动员全国各族人民,调动各方面积极性,共同为实现中华民族伟大复兴的中国梦而奋斗。"①

二是以人民为中心。要充分发挥网络舆情的民意表达功能,让网络成为发扬人民民主、接受人民监督的新渠道。习近平总书记强调:"网民大多数是普通群众,来自四面八方,各自经历不同,观点和想法肯定是五花八门的,不能要求他们对所有问题都看得那么准、说得那么对。要多一些包容和耐心,对建设性意见要及时吸纳,对困难要及时帮助,对不了解情况的要及时宣介,对模糊认识要及时廓清,对怨气怨言要及时化解,对错误看法要及时引导和纠正,让互联网成为我们同群众交流沟通的新平台,成为了解群众、贴近群众、为群众排忧解难的新途径,成为发扬人民民主、接受人民监督的新渠道。"②

三是坚持依法治理。这要求网络治理要在宪法和法律框架内开展,不能以权越法。习近平总书记要求:"形成良好网上舆论氛围,不是说只能有一个声音、一个调子,而是说不能搬弄是非、颠倒黑白、造谣生事、违法犯罪,不能超越了宪法法律界限。我多次强调,要把权力关进制度的笼子里,一个重要手段就是发挥舆论监督包括互联网监督作用。这一条,各级党政机关和领导干部特别要注意,首先要做好。对网上那些出于善意的批评,对互联网监督,不论是对党和政府工作提的还是对领导干部个人提的,不论是和风细雨的还是忠言逆耳的,

---

① 习近平:《在网络安全和信息化工作座谈会上的讲话》,人民出版社2016年版,第7页。
② 习近平:《在网络安全和信息化工作座谈会上的讲话》,人民出版社2016年版,第8页。

我们不仅要欢迎，而且要认真研究和吸取。"①

四是倡导综合治理。主要强调发挥网上多元主体的作用，共同营造清朗的网络空间。党的十九大报告提出："加强互联网内容建设，建立网络综合治理体系，营造清朗的网络空间。"② 2018 年，在全国网络安全和信息化工作会议上，习近平总书记进一步提出："要提高网络综合治理能力，形成党委领导、政府管理、企业履责、社会监督、网民自律等多主体参与，经济、法律、技术等多种手段相结合的综合治网格局。"这一要求体现在了党的十九届四中全会《决定》之中："建立健全网络综合治理体系，加强和创新互联网内容建设，落实互联网企业信息管理主体责任，全面提高网络治理能力，营造清朗的网络空间。"③

二、做好突发事件网络舆情管理

中央对网络治理有着清晰的思路，这就要求各级领导干部要能在各项工作中贯彻中央的网络治理思路。习近平总书记在谈及领导干部的"本领恐慌"问题时曾指出："面对信息化不断发展，不懂网络规律、走不好网上群众路线、管不好网络阵地，被网络舆论牵着鼻子走，等等。解决这些问题，既要加快干部知识更新、能力培训、实践锻炼，更要把那些能力突出、业绩突出，有专业能力、专业素养、专业精神的优秀干部及时用起来。"④ 习近平总书记进而要求，各级领导干部特别是高级干部要主动适应信息化要求、强化互联网思维，不断提高对互联网规律的把握能力、对网络舆论的引导能力、对信息化发展的驾

---

① 习近平：《在网络安全和信息化工作座谈会上的讲话》，人民出版社 2016 年版，第 9 页。
② 习近平：《决胜全面建成小康社会 夺取新时代中国特色社会主义伟大胜利——在中国共产党第十九次全国代表大会上的报告》，《人民日报》2017 年 10 月 28 日。
③ 《中共中央关于坚持和完善中国特色社会主义制度 推进国家治理体系和治理能力现代化若干重大问题的决定》，《人民日报》2019 年 11 月 6 日。
④ 习近平：《努力造就一支忠诚干净担当的高素质干部队伍》，《求是》2019 年第 2 期。

驭能力、对网络安全的保障能力。① 具体到突发事件网络舆情管理工作，需要重点把握的内容包括建立机制、及时监测、科学研判、把握尺度等。

（一）建立机制

根据《突发事件应对法》和《国家突发公共事件总体应急预案》，涉及突发事件舆情回应机制的具体规定主要包括3个方面的内容。

一是突发事件初始信息披露机制。根据《国家突发公共事件总体应急预案》，"事件发生的第一时间要向社会发布简要信息"。《国务院办公厅关于在政务公开工作中进一步做好政务舆情回应的通知》进一步对回应时间作出具体规定，"对涉及特别重大、重大突发事件的政务舆情，要快速反应、及时发声，最迟应在24小时内举行新闻发布会，对其他政务舆情应在48小时内予以回应"。此即突发事件初始信息披露机制。可以说，突发事件初始信息披露机制解决的是公众对获知突发事件知晓权的问题，属于政务信息公开的范畴，旨在降低因为权威信息供给缺位而引发的猜测、质疑，甚至恐慌。

二是突发事件处置动态发布机制。《突发事件应对法》第五十三条规定："履行统一领导职责或者组织处置突发事件的人民政府，应当按照有关规定统一、准确、及时发布有关突发事件事态发展和应急处置工作的信息。"《国家突发公共事件总体应急预案》也要求在披露事件初始信息之后，"随后发布初步核实情况、政府应对措施和公众防范措施等，并根据事件处置情况做好后续发布工作"。突发事件处置动态发布机制解决的是突发事件应对过程中信息公开透明程度的问题，应根据事件处置进展和舆情发展变化进行不同阶段、不同目的、不同主题的信息发布和舆情回应。除此之外，突发事件处置动态发布机制还包括突发事件应急响应的终止状态。在终止应急响应时，亦需

---

① 《敏锐抓住信息化发展历史机遇 自主创新推进网络强国建设》，《人民日报》2018年4月22日。

向公众发布响应状态终止的信息,为突发事件信息发布画上句号。

三是突发事件虚假信息追责机制。《突发事件应对法》第六十五条规定:"编造并传播有关突发事件事态发展或者应急处置工作的虚假信息,或者明知是有关突发事件事态发展或者应急处置工作的虚假信息而进行传播的,责令改正,给予警告;造成严重后果的,依法暂停其业务活动或者吊销其执业许可证;负有直接责任的人员是国家工作人员的,还应当对其依法给予处分;构成违反治安管理行为的,由公安机关依法给予处罚。"突发事件虚假信息追责机制的建立,一方面是为了减少和降低虚假信息、不实信息或者谣言信息产生和传播的可能性,减少这些不法信息对突发事件应对工作的干扰;另一方面,则是通过机制手段督促政务部门和公务人员依法、及时、客观、准确、全面地开展突发事件信息发布工作,在克服"家丑不可外扬"心理的同时,避免因信息公开不及时、不全面、不客观造成的政务部门形象和公信力受损。

(二)及时监测

突发事件信息同时也是网络舆情风险信息。并非所有突发事件都会演变为网络舆情事件;突发事件是否会演变为网络舆情事件,在相当程度上取决于事件应对主体对事件的处理和对网络舆情信息的处置情况。因此,应当在接收到突发事件信息的同时,启动对事件的全过程网络舆情监测。

不同于传统媒体时代的单一传播格局,在新媒体时代,网络信息渠道的多元化给舆情信息监测带来了巨大挑战。为追求舆情信息获取的及时性和准确性,需不断丰富舆情信息监测方式,改变依靠单一监测方式的传统做法。当前,主要的网络舆情监测方式包括以下4种。

一是舆情监测系统。随着网络信息技术的发展,舆情监测技术也得到有效发展。现阶段,种类多样的舆情监测系统持续出现且在一定程度上实现了市场化。利用舆情信息系统监测具有十分直观的价值,最重要的就是快速,即可以通过关键词的设定,让监测系统自动抓取和推送相关信息。然而,由于需要平衡抓取信息的全面性和精确性,现阶段各类舆情信息监测系统也都还存在着一些共同的技术难题没有突破,信息精准抓取与推送在实践中仍然面临诸多困境。

二是网络政务平台。所有可与网民进行互动的网络政务平台都可作为舆情信息监测的一种渠道。现阶段主要有政务网站、政务微博、政务微信等,其他如政务头条号、政务百家号等也开始陆陆续续被一些政务部门所使用。在舆情信息监测工作中,网络政务平台具有显著的优点,特别是移动终端支持的政务微博和政务微信发挥了重要作用。

三是舆情信息队伍。不少地区已经意识到及时发现舆情信息的重要性,开始陆续依托各政务部门的舆情联络员或新闻宣传员来建立舆情信息员队伍。舆情信息员是舆情监测的重要方式,不同于舆情监测系统的自动性、网络政务平台监测的被动性,依托舆情信息队伍的舆情监测具其独特优势,譬如:可以获取线下舆情信息,可以发现非公开网络渠道信息,可以辨别使用本地语言的舆情信息,可以识别具有隐喻意义的舆情信息等。

四是舆情监测服务。近年来,随着政府对智库建设的支持和对市场的开放,第三方舆情咨询专业机构所提供的舆情监测服务也成为一种十分重要的舆情监测方式。第三方专业机构除本身就可以提供舆情系统监测服务之外,还可以通过提供人工监测的服务,辅助和弥补舆情监测系统的不足。特别是专业化程度高的舆情咨询机构可以通过有针对性地科学设计舆情监测体系提供精准性更高的舆情监测服务。

通过全过程网络舆情监测,事件应对主体需要将收集的网络舆情信息与获取的突发事件信息进行对比,判断公众对事件信息的掌握程度,筛选谣言,评估公众情绪与价值判断,研究舆论关注点,从而为网络舆情引导方案准备和事件整体应对方案提供支撑。

(三) 科学研判

快速回应的前提和基础是科学研判，需要建立网络舆情信息风险分析与研判机制。在突发事件应对中，网络舆情形势研判应遵循"定性—分析—定位"的系统过程。

首先是定性。定性包括3个方面内容。一是事件的性质是什么。不同性质的事件管理主体不同，公众先入为主的认知不同，媒体参与的动力也不同。二是事件和舆论的重要参与主体有哪些。涉事主体与舆论参与关键主体的相互作用在舆论形成之初发挥着举足轻重的作用，只有分析与核实不同主体及其身份特点，才能有效判断舆论发展的动力和演化程度。三是事件的责任主体是谁。事件责任主体指的是造成突发事件产生的第一责任者，并不完全等同于事件的处置主体。事件责任主体及其公信力将决定舆论的发展方向。

其次是分析。在定性环节，3个方面的内容都是相对容易作出定论的。在分析环节，则需要更深层次的挖掘，甚至借助先进的技术手段如大数据技术，对网络舆情信息进行深入解析。在分析内容上，至少有3个方面是需要重点开展的。一是网络舆情已经形成的程度。这是网络舆情信息研判和引导的起点，需要科学精准研判，包括参与的主要媒体有哪些，网络传播的平台有哪些，网络转发和评论量有多大等。二是网络舆情的主要焦点有哪些。舆论的焦点随时都可能发生变化，需要作出准确分析。三是内外部舆论环境分析。舆论环境是舆论引导决策的重要依据，包括内部和外部环境。内部环境指的是除当前正在"发酵"的事件之外，涉事主体是否还有其他事件为网络所关注。外部环境是指事件发生之时整体的网络舆情环境，需要对自身事件在整个舆论环境中所占的分量作出比较分析。

最后是定位。定位是基于定性和分析所作的用以网络舆情引导决策的基础性依据，具体包括3个方面的核心要素：一是确定网络舆情引导的主体。究竟是个人还是组织，是企业还是政府，是地方政府还是其具体部门。由于不同主体网络舆情引导的目标、导向和方法都不同，需要综合定性和分析结果进行判断。二是确定网络舆情引导的渠道。例如，是只需进行线下的沟通引导，还是需同步推进线上的公开引导；又或者，在不同事件、不同舆论发展阶段和不同舆论焦点上，有步骤、分阶段地进行针对性引导。特别需要注意盲目的网络舆情引导反倒可能把事情搞砸。三是确定舆论沟通的对象。需要明确厘清沟通的主要对象究竟是当事人、利益相关方，还是媒体或公众；在此基础上，要结合不同沟通对象的特点和需求，有针对性地选择沟通渠道和引导方法。

（四）把握尺度

新媒体的出现和迅速发展客观上使得各级政府进一步高度重视政务舆情。尽管各级政府都希望在第一时间回应社会关切，但常常面临不知从何做起、怎么把握好尺度的问题，因而时常出现舆情回应不到位、回应效果不理想等现象。为有效化解困难和问题，可从以下3个方面着手改进。

首先，面对批评要有气度。很多时候，网络舆情在突发事件应对初期都表现为公众对一些政务工作的不满意，通过网络等渠道进行的批评性情绪宣泄。这种情绪宣泄并非刻板的、长期的、不可调和的；反而，有时候是工作改进的建设性意见。面对这种批评性声音，涉事管理机构应当胸怀气度，对网络舆情所反映的问题进行自我检查，有则改之、无则加勉，把政务舆情当作自身工作程序优化与工作作风改进的一种鞭策。如若没有气度，一些批评性意见往往容易转化为群体性不满情绪，甚至可能演化为网络舆情事件。实际上，从长远来看，网络舆情是一种很好的社会减压阀。社会情绪需要有出口，公众将对转型期存在的一些不可避免的矛盾情绪在网上进行宣泄，有利于减缓线下社会矛盾的尖锐性，从而有助于社会的平稳发展。因此，怀有对批评意见的气度，是政务舆情回应的首要法则。

其次，回应内容要有温度。网络舆情回应不是就事论事的、非是即否的、"你问我答"式的回复，而是需要基于事实的基础上充分描述管理边界、厘清职能责任、表达人文关怀。因此，在回应内容上，需要遵循网络舆情回应的一般规律，依据公众关切问题的重要性程度整理问题清单，要重点回应好公众高度关切的重要问题，并保持着应有的基本人文关怀温度。没有温度的回应非但不能平息网络舆情，还可能刺激公众情绪，恶化网络舆情走势。

最后，正能量传播要讲信度。政务舆情的有效回应本身就是一种正能量传递。除此之外，一些机构或媒体还善于在网络舆情回应的过程中传播正能量的人物或事件。需要注意的是，正能量的传播应当讲究信度。信度的内涵包括3个层面：第一，内容上遵循客观性。正能量传播的人物或事件必须是客观存在的，不能为了传播而臆造出一些所谓的"正能量"。第二，渲染上体现时代性。对于正能量传播中的情绪渲染，需要紧跟上时代，体现时代特征。逆时代特征的渲染只会产生负面效果。第三，底线上维护公信力。正能量传播是为了提升政府公信力而非损害之，需要在传播细节上树立维护公信力的底线思维。

本章小结

舆论引导是突发事件应对工作的重要内容。全媒体的持续发展导致舆论生态、媒体格局、传播方式发生深刻变化，从而使得突发事件新闻舆论工作面临新的挑战。应对突发事件，必须按照"守住红色地带、改变黑色地带、转化灰色地带"的基本要求，坚守新闻舆论这一重要阵地，强化新闻发布主导权，打赢新闻舆论争夺战。时度效是检验突发事件新闻舆论工作水平的标尺。突发事件报道、热点引导要从时度效着力、体现时度效要求，及时准确、公开透明地对外发布信息，形成有利于突发事件应急处置与救援的舆论导向和氛围。要高度重视突发事件网络舆情管理工作，通过建立机制、科学研判、把握尺度、畅通渠道，全方位地传播权威信息。

思考题

1. 如何准确把握全媒体时代对突发事件舆论引导工作提出的新要求？
2. 如何强化阵地意识，牢牢把握突发事件舆论引导的主动权、主导权？
3. 在突发事件舆论引导中如何贯穿时度效的要求？
4. 如何在突发事件舆论引导中降低舆情风险？

推荐阅读书目

1. 习近平：《论党的宣传思想工作》，人民出版社2020年版。
2. 人民日报社评论部：《论学习贯彻习近平总书记新闻舆论工作座谈会重要讲话精神》，人民出版社2016年版。
3. 新华通讯社课题组：《习近平新闻舆论思想要论》，新华出版社2017年版。
4. 《习近平新闻思想讲义》编写组：《习近平新闻思想讲义（2018年版）》，人民出版社、学习出版社2018年版。
5. 国务院新闻办公室对外新闻局编：《新闻发布工作手册》，五洲传播出版社2016年版。

第七章　事后恢复与重建

事后恢复与重建是全周期应急管理的最后环节,具体是指在突发事件的威胁和危害得到基本控制和消除后,应急处置主体及时组织开展的事后恢复工作。具体包括:尽快恢复生产、生活、工作和社会秩序;对事件处置进行科学评估并在必要时依法追究相关方面责任;妥善解决处置突发事件过程中引发的矛盾和问题;在条件允许时对基础设施等进行升级重建等。

第一节　事后恢复重建的意义与原则

一、事后恢复重建的意义

一般而言,在突发事件得到有效控制、应急处置主体决定应急响应结束之后,应急管理工作开始逐渐从应急处置与救援阶段转变为事后恢复与重建阶段。加强突发事件恢复重建工作、完善恢复重建工作机制、提高各类突发事件后的恢复重建能力,对于最大限度减少突发事件造成的损害、尽快恢复经济社会秩序、维护人民群众切身利益和社会稳定、促进经济社会全面协调可持续发展具有重要意义。

(一)维护人民群众切身利益

突发事件的发生通常会使人们的生命财产安全遭受损失,通过恢复与重建,可以为受灾群众提供恢复生产生活必需的保障和支持,帮助其快速摆脱伤害、迅速恢复至正常生产生活状态。通过帮助受灾群众重建受损住房、对其财产损失进行一定的经济补偿等措施，可以保证受灾群众的基本生活权益；通过对受灾群众进行心理抚慰，可以维护其心理健康、促进建立积极的生活态度；通过推动社会生产与流通的恢复，可以帮助受灾群众进行再就业，保障其生存与发展。

（二）促进受灾地区全面发展

突发事件往往会导致受灾地区工农业生产停顿、社会系统运转中断、公共基础设施受损、生态环境破坏等。恢复重建工作有助于及时修复灾损设施，有助于及早恢复社会生产与生活，最大限度消除灾害影响；有助于调整和优化发展规划，辅助当地经济社会经济快速恢复并向更高层次发展；客观上有助于补短板、强弱项，加大防灾减灾能力建设投入，有效提升受灾区域抵御风险能力。

（三）维护社会稳定

突发事件容易引发涉及群众切身利益的各种社会矛盾，处理不当则会危害社会稳定与正常社会秩序。通过开展事后救助、补偿、安置等恢复重建工作，有助于安抚民心、化解矛盾、弘扬正能量。在恢复重建中增进并巩固党和政府与群众的沟通交流，既是党的群众路线的题中之义，也有助于密切党和人民群众的关系，增强社会凝聚力。

（四）提升治理能力和水平

恢复重建作为一项非常态工作，具有现实问题困难多、社会关注度高、舆论压力大的突出特质。但是，恢复重建工作也具有特殊的治理功能，具体体现为：恢复重建过程有助于推动政府公务人员转变观念，提升初心使命意识；有助于提高政府工作效率与效能。通过组织系统的恢复重建工作能够切实提升治理能力和治理水平，为推进国家治理体系和治理能力现代化作出贡献。

二、事后恢复重建的基本原则

事后恢复与重建是落实党"以人民为中心"的发展理念、汲取突发事件经验教训，化危为机，实现更高水平发展的主要工作环节，应当遵循以下工作原则。

（一）以人为本、及时高效

恢复重建要把保护人的生命健康和安全、维护人民群众切身利益作为首要目标。要从维护人民群众根本利益的高度，在恢复重建的规划与实施过程中，注重受影响群众的需求、感受、参与积极性和最终评价。对身处灾害中的老弱病残等弱势群体，采取特殊保护与扶持政策，维护其基本权益。

突发事件发生后，要快速启动恢复重建的准备工作。要及时开展相应的恢复工作，特别是受影响区域的基础设施与社会秩序的恢复、受影响群众基本生活的保障和救助等。各相关工作都要紧密衔接、讲求效率、不延误时间。

（二）科学规划、统筹实施

突发事件的恢复重建工作不仅是对事件前受影响区域的简单恢复，更要全面通盘考虑区域内经济和社会发展的未来需要，实行升级重建。因此，必须坚持科学规划、合理布局，确保可持续发展。突发事件后的恢复重建工作涉及面广、影响范围大，恢复重建工作不可能一蹴而就，必须将工作重心放在那些在恢复重建中具有关键性、标志性、支柱性的重点对象上，如居民住宅、生命线工程、医院学校等重大民生设施以及支柱性产业项目等。

重大突发事件的恢复重建会面对多方面重建目标间的矛盾，如资源需求与资源供给之间的矛盾、恢复重建工作与常态工作之间的矛盾等。因此，要统筹协调各方面力量，处理好各方面关系。要制定符合实际、导向性强的相关政策，提出有针对性的措施，分类指导推动恢复重建工作的开展。

（三）因地制宜、属地为主

恢复重建要密切结合受影响区域的实际情况和特点，因地制宜地开展恢复重建工作。受灾地区要根据实际情况，制定符合当地特点的恢复重建规划。

恢复重建的组织实施工作应以属地政府为主，恢复重建主体也首先是受影响的群众。上级政府主要发挥宏观协调和支援协助作用，区域外社会力量、志愿者也要根据需求发挥多方帮扶作用。

（四）广泛动员、社会协同

突发事件的恢复重建工作需要形成党委领导、政府负责、社会协同、公众参与的工作格局。既要发挥党委、政府的主导作用，又要充分发挥企事业单位、保险机构、人民团体、社会组织、慈善机构、基层社区、各界人士及志愿者等各类组织和灾区群众的作用，动员多方力量，协同开展恢复重建工作。

（五）公开公正、依法监督

恢复重建关乎广大人民群众切身利益和地区长远发展，往往会受到社会各界的广泛关注。对于重建资金和物资的划拨和使用，相关经办部门和工作人员必须自觉接受社会各界监督，确保资金和物资及时准确到位。对于在恢复重建过程中未及时组织开展生产自救、恢复与重建等工作，违反法律法规规定并造成各种不良后果的当事人和有关政府部门，应依据有关法律、党纪和行政规定，进行相应的责任追究和惩罚。

（六）防灾减灾、安全发展

恢复重建不仅要使社会生产生活复原，还要总结经验教训，提升整体抗灾能力。要将恢复重建作为增强社会防灾减灾能力的契机，完善防灾减灾救灾体系，提升抵御风险、保障安全发展的能力。

三、事后恢复重建的基本内涵

根据《突发事件应对法》规定，当突发事件的威胁和危害基本得到控制和消除后，应及时组织开展事后恢复和重建工作，以减轻突发事件造成的损失和影响，尽快恢复生产、生活、工作和社会秩序，妥善解决处置突发事件过程中引发的矛盾和纠纷。恢复重建作为突发事件应急处置之后的一个"事后"环节，其工作可分为恢复、重建、调查评估3个主要环节。在实践中，恢复与重建也往往合在一起作为一类工作。

（一）恢复

恢复主要是指使遭受突发事件破坏的设施与受影响的个人和组织回到突发事件发生前的状态。因此，突发事件的恢复是在应急处置结束后，应对主体为恢复正常的社会秩序和运行状态所采取的一切措施的总和。它大多开始于突发事件的处置，结束于正常状态的回归。因此，事后恢复往往也是突发事件应急处置工作的一个组成部分。有的恢复是有计划的，有的由于时间紧迫是临时性的行为；尤其是最初时期的恢复，往往没有足够的时间来制订详尽的计划。

（二）重建

重建，简而言之，就是事后的再次建设。由于各类突发事件的性质不同，存在有的突发事件"有恢复无重建"现象。一般说来，重建是在较大的、非常显著的或者毁灭性破坏的突发事件发生后才发生的。影响不大的自然灾害与事故灾难，以及大多数公共卫生事件与社会安全事件往往强调恢复，而不是重建。重建通常是在全面规划之后全方位开展的经济与社会体系的重新建设。此外，重建是一个系统工程，它既包括物质层面的建设，又包括社会层面和心理精神层面的建设。

（三）调查评估

调查评估是指为增强应急管理能力、了解突发事件发生原因和损失情况、借鉴突发事件应急处置和救援中的经验教训以及其他目的，遵循特定流程、依据特定指标体系并遵循相关法律法规进行的数据收集、信息获取、情况调查等活动。调查评估是应急管理能力评判、突发事件性质和责任认定、突发事件处置的经验教训以及其他需要评估的问题的综合。

第二节 事后恢复重建的内容与流程

突发事件应急处置与救援结束后,为将灾害损失降到最低,尽快帮助遭受损失的地区和群众回归到事前正常的生活和生产秩序中,组织处置突发事件的人民政府应及时、有序地组织推进灾后恢复重建工作。不仅要稳妥恢复灾区群众正常的生活、生产、学习、工作条件,促进灾区经济社会的恢复和发展;还应坚持新发展理念,将恢复重建作为增强社会防灾减灾能力的重要契机,在灾区全方位恢复发展的同时,有效提升受灾地区抵御风险的能力。

一、恢复重建的基本内容

(一)恢复公共基础设施

重大突发事件会使交通、能源、通信、水利等公共基础设施遭受巨大破坏,基础设施的恢复不仅是灾后重建的重要内容,更是其他重建工作的重要基础。只有优先恢复基础设施,才能安置群众、恢复生产、重建家园。恢复重建工作的首要基础是恢复各类公共设施的运行,特别是公共基础设施的运行,包括交通、通信、供水、排水、供电、供气、供热、广播、电视、学校及医院等公共设施。公共设施的恢复,应分轻重缓急,有计划、有步骤地开展,要提高基础设施的抗震设防标准和建筑质量。公共基础设施的恢复要在全面调研的基础上,充分论证,科学评估,认真做好地质地理条件、资源环境承载能力分析等基础工作;要尊重自然规律和经济规律,把恢复各类基础设施的功能放在重要位置;要把基础设施的恢复与当地经济社会发展规划、城乡建设规划、土地利用规划相衔接,做到统筹安排、远近结合、优化布局，增强安全保障能力。

（二）恢复社会生产和经济活动

社会生产和经济活动是一个社会最基础的运行活动，在救灾阶段，一切社会活动都让路于救灾工作，社会生产和经济活动基本处于停滞的阶段。从应急救援转入恢复重建阶段后，必须尽快恢复灾区的社会生产和经济活动，才能推进灾区社会的正常运转，将灾害影响和损失减少到最低，确保社会秩序稳定。因此，尽快恢复社会生产和经济活动，对于恢复重建意义重大。

（三）恢复社会秩序

突发事件不仅给群众的生命财产造成极大损失，也破坏了原有的生活、生产和社会正常秩序，并容易引发违法、犯罪乃至群体性事件等社会治安问题，使社会秩序处于不稳定状态。这种情况不仅出现在应急处置和救援阶段，也可能延续至恢复重建阶段。因此，在应急处置措施结束之后，公安机关及其他相关部门仍然需要根据突发事件影响区域的实际情况，加强治安管理和安全保卫工作，及时有效地组织相关力量，确保救灾和重建物资到位。特别是生活必需品的调拨、运输、存储及发放要有序管理；同时还要预防和制止各种破坏行为和犯罪活动。社会秩序恢复工作的重点是坚决打击盗窃、抢劫、损毁公私财物，哄抢救灾物资，散布谣言和制造虚假信息，短信和网络诈骗敛财，违法经营，阻碍执行公务等行为；情节较轻的，依照《治安管理处罚法》予以处罚；情节严重、构成犯罪的，依法追究刑事责任。

（四）受灾群众心理援助

突发事件不仅导致生命伤亡和经济损失，还会给事件的幸存者及全社会带来巨大的心理冲击。世界卫生组织的调查显示，自然灾害或重大突发事件发生之后，约20%~40%的受灾人群会出现轻度心理失调，这类群体不需要特别的心理干预，他们的症状会在几天至几周内得到缓解。30%~50%的人会出现中度至重度的心理失调，对这部分群体及时进行心理干预和事后支持有助于缓解症状。而在灾后一年之内，20%的人可能出现严重心理疾病，这类群体需要长期的心理干预。① 因此，心理援助与生命营救、物质救援一样，是灾难救援体系和行动中的重要组成部分。根据《中华人民共和国精神卫生法》第十四条："各级人民政府和县级以上人民政府有关部门制定的突发事件应急预案，应当包括心理援助的内容。发生突发事件，履行统一领导职责或者组织处置突发事件的人民政府应当根据突发事件的具体情况，按照应急预案的规定，组织开展心理援助工作。"因此，及时开展心理援助，可以降低受灾群众的心理创伤程度，帮助他们恢复到正常的心理健康水平，同时，心理援助还能够激发个体的内在潜能、增强面对灾难和挫折的能力，培养积极乐观的心理品质，促进受灾群众顺利完成心理重建。因此，心理援助不仅是突发事件应急处置过程中的一项重要工作，也是恢复重建阶段的重点工作之一。

二、恢复重建的保障工作

（一）防止次生、衍生事件

根据《突发事件应对法》，突发事件的威胁和危害得到控制或者消除后，履行统一领导职责或者组织处置突发事件的人民政府应当停止执行应急处置措施，同时采取或者继续实施必要措施，防止发生自然灾害、事故灾难、公共卫生事件的次生、衍生事件或者重新引发社会安全事件。一方面，在采取了必要的应急处置措施并取得相当成效之后，一旦事发区域已处于相对安全或危险已基本解除的状态，则承担应急处置职能的政府机关要对之前采取的应急处置措施作出调整，或停止执行，或降低执行强度，筹备进行事后恢复重建的相关事宜。另一方面，在终止非常状态的同时，承担应急处置职能的政府机关

---

① 刘正奎、吴坎坎、王力：《我国灾害心理与行为研究》，《心理科学进展》2011年第19期。

不能对突发事件遗留下来的危险因素掉以轻心，既要避免其危害的延续和变种，也要防止危险因素蛰伏下来，在一定的条件下重新引发危机。因此，在停止实施应急处置措施后，政府根据实际情况仍要采取或者继续实施防止次生、衍生事件或者重新引发社会安全事件的必要措施。

（二）制定并实施恢复重建政策

恢复重建工作的主要抓手是制定恢复重建相关的优惠政策，要根据灾害损失情况、环境和资源状况、恢复重建目标和经济社会发展需要等内容，研究制定相关优惠政策。这些优惠政策主要包括对受影响区域的财政支持措施；对受影响区域群众就业和创业的优惠措施；对参与对口救援省（自治区、直辖市）政府、组织和个人的鼓励措施；对受影响区域增加资金供给的金融类措施；对支持恢复重建工作捐助的组织和个人的免税措施；对受影响区域企事业、社会组织和个人的税费减免、贷款贴息、财政补助等政策措施；对受影响区域投资建厂的组织和个人的各项优惠措施；等等。通过建立恢复重建政策、实施监督评估机制，确保相关政策落实到位，资金分配使用安全、规范、有效。

（三）开展恢复重建宣传报道

进一步加强舆论宣传工作统筹，充分发挥主流媒体主导作用。积极引导舆论关注重大工程、机制创新和典型事迹，强化对灾区群众感恩自强、奋发有为和国内外大力支持灾后恢复重建的宣传导向，积极宣传灾区恢复重建后的新面貌、群众的新生活。同时，加强舆情监测，对不实报道等负面信息要快速反应、及时发声、澄清事实，共同营造有利于灾后恢复重建的良好舆论氛围。

三、恢复重建的工作流程

在恢复与重建中应当遵循科学合理的恢复程序，有计划、有步骤地推进恢复重建工作的实施。

（一）建立恢复重建的组织领导机构

由于恢复重建工作任务艰巨、责任重大，有必要根据灾情状况和恢复重建的需要，成立负责统一领导恢复重建工作的组织领导机构。例如省灾后恢复重建委员会或省灾后恢复重建总指挥部，该机构要总体负责有关突发事件后恢复重建的所有工作，统筹协调灾后恢复重建相关工作机制的建立。各级人民政府应当加强对灾后恢复重建工作的领导、组织和协调，县级以上人民政府有关部门应当在本级人民政府的统一领导下，按照职责分工，相互配合，密切沟通，采取有效措施，共同做好灾后恢复重建工作。

（二）开展灾害调查和损失评估

灾害调查和损失评估是制定恢复重建规划和有效防灾减灾的重要依据和基础。损失评估既要从微观层面对已经发生的灾害作出评估，又要在宏观层面对城市承载能力、抗风险程度、关系各项民生的资源承载能力进行综合评估。综合评估城乡住房、基础设施、公共服务设施、农业、生态环境、土地、文物、工商企业等灾害损失，实事求是、客观科学地确定灾害范围和灾害损失，形成综合评估报告，按程序报批后作为灾后恢复重建规划的重要依据。

2013年5月3日，习近平总书记就做好芦山地震抗震救灾工作作出重要批示，强调"要全面准确评估灾害损失"。在自然灾害调查和损失评估方面，2013年修订的《自然灾害情况统计制度》对灾情统计的责任主体、指标要求、报送时限、报表体系等作出了明确规定。2014年，民政部和国家减灾委员会办公室制定的《特别重大自然灾害损失统计制度》规定了自然灾害灾情统计报表目录和调查方式，形成了包含11大类、27张报表、753项指标的评估指标体系，为灾害损失评估提供了重要依据。灾害损失评估通常由国家或省级防灾减灾主管部门负责，指派现场评估工作组，评估工作组成员通常由具有评估工作经验或经过专业培训的技术人员组成，并依靠地方各级政府，会同有关部门共同进行，按规定的时间和要求完成灾害损失初评估、总评估任务，为灾害救助和灾后恢复重建提供主要依据。灾害损失评估是一项复杂的系统工程，要遵循客观科学、实事求是、依法依规、严格程序，注重标准制定、方法科学、及时高效、结果可信的原则。

评估应分为快速需求评估和初步损害评估两个阶段，快速需求评估的目的在于判定灾难程度，确定在灾难应对中救援及维持生命所具备的资源；初步损害评估的目的是获得灾害影响的准确信息，以确定灾区所需服务、人员、资源的要求，在此基础上判断是否需要申请援助。评估过程包括方案制定、地方损失上报、综合评估、部门审核、结果会商、报告上报和归纳总结等步骤。一般来说，评估阶段的主要工作流程是：第一，针对性质不同的突发事件，组织专业力量，依据各自技术标准组成不同核灾小组。第二，评估的准备工作包括信息收集、评估是否需要与其他部门进行联合，以及准备评估行动所需的一切资源。第三，进行评估，深入灾害现场与当地政府合作，依据评估的技术化和专业化流程进行资源整理，提出评估总报告。

（三）制定恢复重建规划

制定恢复重建规划是有序开展灾后恢复重建工作的基础，通过规划可以明确总体思路、目标任务、建设内容、政策支持和参与重建各方的责任以及协调机制等。根据灾后恢复重建资金规模，结合国家相关政策和地方实际，在资源环境承载能力和国土空间开发适宜性评价的基础上，应及时组织编制或指导地方编制灾后恢复重建规划，统筹规划城镇体系、乡村振兴、基础设施、城乡住房、公共服务、产业发展、文物抢救保护、生态环境保护修复、防灾减灾等领域的重大项目。恢复重建规划的开展，应依据相关法律法规和预案规定，在突发事件后，由各级政府和部门分级分类进行调查评估工作。只有以科学的恢复重建计划作指导，才能保障受灾地区尽快恢复生产、生活和社会秩序。通常先进行总体规划，之后再编制专项规划。恢复重建规划应当坚持短期恢复与长期重建并重的方针，按照因地制宜、合理布局、科学规划、分类指导、区别对待、突出重点的原则，在政府统一领导下，有计划、有步骤地实施。

（四）恢复重建的实施

恢复重建工作的实施是指在受突发事件影响的区域内，各级恢复重建组织架构在恢复重建规划的指导下，充分调动和发挥当地各政府部门、企事业单位以及人民群众的主动性和积极性，在上级政府、对口支援省（自治区、直辖市）以及广大社会力量的支持、支援和扶助下，实现正常生活、生产和社会秩序的恢复，重建正常的社会、经济和文化发展的过程。

恢复与重建实施阶段包括短期恢复和长期重建两个步骤。短期恢复主要是恢复基本的公共设施和群众的基本生活秩序，为进一步救援与重建清除障碍并提供支持。具体工作内容包括：恢复城市生命线工程，即恢复城市的供水、供电、煤气、交通运输以及公共安全秩序；伤亡人员善后处置，即对伤员进行救治，对亡者进行善后处置；防范次生、衍生灾害，即针对各类突发事件的特点并结合突发事件的级别迅速处置，有效防止次生、衍生灾害；提供基本生活保障，即对受灾群众提供包括衣食、避难所与简易住房等基本生活救助，进行心理援助，提供公共信息服务等。

长期重建是指在短期恢复的基础上，根据突发事件的种类特征和级别确立长期的重建计划并加以实施。长期重建要从经济社会整体发展的高度进行全面规划，以促进灾区经济发展，增强灾区防灾减灾能力。重建主要侧重于对突发事件中受损的各种基础设施、住房等建筑物的重建，以及对经济、环境乃至受灾人员心理的恢复。主要内容包括：经济恢复与发展，制定受灾地区长远的经济发展计划；危险源控制与区域保护；增强基础设施的抗灾能力；环境修复与保护；公共卫生与心理健康；等等。

（五）恢复重建的总结

总结阶段主要是指对恢复重建规划的制定与实施、恢复重建过程与一系列具体内容的效果进行检查评估，总结有益经验以提升恢复重建的科学性和实效性；同时，根据恢复重建的变化情况进行规划调整，强化恢复重建的针对性。通过恢复重建，灾区生产生活条件和经济社会发展得以恢复，达到甚至超过灾前水平，实现人口、产业与资源环境协调发展，防灾减灾能力不断增强。

四、灾后救助与心理援助

灾后重建要落实以人民为中心的思想，做好受灾群众救助工作，其中包括灾后救助与心理援助两个重要方面。

（一）开展救助补偿工作

根据《突发事件应对法》第六十一条，受突发事件影响地区的人民政府应当根据本地区遭受损失的情况，制订救助、补偿、抚慰、抚恤、安置等善后工作计划并组织实施。具体而言，主要包括救助和补偿两大方面的内容。

1. 救助

救助主要是指对在突发事件中致病致伤人员给予的医疗、物质等方面的帮助。对因各类突发事件遭受人身或财物损害的公民进行社会救助，是政府应尽的法律责任。单位和个人可以通过救助捐赠、志愿活动等形式参与善后救助工作。社会力量通过捐款、捐物以及参与"三孤人员"安置等工作，在政府善后救助过程中发挥补充性、辅助性的作用。救灾捐赠救助适用范围主要包括解决生活困难、转移和安置灾民、倒损房屋重建以及与救灾有关的用途和管理开支。

我国已经建立起一套指导、规范各类突发事件善后救助的法律法规体系。《突发事件应对法》规定了各级人民政府应急善后救助的基本主体、基本职责和基本内容，国务院负责出台扶持优惠政策，受影响地区的人民政府实施救助、抚恤。履行统一领导职责或者组织处置突发事件的人民政府向受到危害的人员提供避难场所和生活必需品，实施医疗救护和卫生防疫等保障措施。受影响地区的重建费用，由上一级人民政府提供资金、物资支持和技术指导，必要时组织其他地区提供支援。《自然灾害救助条例》从救助主体、准备、实施、救助款物管理、法律责任等角度规范了灾后救助过程。

善后救助的标准主要是由国务院各部门、各级地方政府根据应急财政资金安排总额以及救助需求来决定。中央救灾资金主要用于安排灾民基本生活经费发生困难时给予的专项补助，适用范围包括：新灾救济金，如灾民紧急抢救、转移安置费用，生活困难补助，房屋倒塌恢复重建和修缮补助；春荒、冬令灾民生活救济资金，如灾民口粮、衣被和治病救济；采购和管理救灾储备物资资金。对于人员伤亡的救助，自然灾害导致人员伤亡的，各级财政按照规定承担医疗救治费用或者给予补助；安全生产事故造成人员伤亡的，由责任单位承担医疗费用；社会安全事件造成人员伤亡的，各级财政对医疗救治费用给予补助。

2. 补偿

应急财产征用补偿主要是对被征用应急的财产造成的损耗，以及被征用期间对财产所有者（个人或组织）造成的经济损失给予的一定补偿，具有紧急性、强制性、程序性、有偿性和临时性等特征。补偿主要有两种情况，一种是对财产征用的补偿，另一种是对依法采取的应急处置措施造成损害的补偿。政府要依照国家有关规定，对应急处置工作中征用的劳务、物资和装备给予补偿，并在使用完毕或者突发事件应急处置工作结束后及时返还征用的物资和装备。征用的物资和装备在应急处置过程中损毁或灭失的，政府应负责修复或依法予以补偿。所需救济经费由政府财政安排，必要时申请上级财政给予支持。此外，行政机关采取应急处置措施致使公民、法人或者其他组织的合法权益受到损害的，应当依法及时予以补偿。如果没有明确法律规定的，通常应当按被征用财产等价或者毁损实际价值补偿。

3. 多元主体参与救助补偿

政府在救助补偿方面起到主导作用，但一个有效和充分的救助补偿机制需要多元主体参与。一是要发挥社会组织的作用，社会组织行动迅速，能够筹集资金和物资，还能够深入一线参与对灾区民众的救助，对保障灾民生活、稳定灾民情绪和保持社会稳定发挥了积极作用。二是要发挥企业的作用，很多企业在巨灾面前都积极参与救助，履行了应有的社会责任，是救助补偿不可或缺的主体。三是要发挥市场和金融机构的作用，金融机构通过出台一系列救助政策，如临时缓缴按揭贷款、减少贷款利息、延长贷款时限等，可以减轻民众和政府的负担，在补偿方面发挥着重要作用。

（二）开展心理援助工作

1. 心理援助对象

需要接受心理援助的人群可分为四级，干预重点应从第一级人群开始逐步扩展，一般性宣传教育要覆盖到四级人群。第一级人群是指亲历灾难的幸存者，如死难者家属、伤员、幸存者等。他们亲历了自身健康和财产受损，遭受亲友生命和财产受损的连带影响，受到的心理创伤最为严重。第二级人群是指灾难现场的目击者（包括救援者），如目击灾难发生的灾民、现场指挥人员、救护人员（消防、武警官兵、医疗救护人员、其他救护人员等）。灾难救援人员在为抢救生命作出贡献的同时，灾难情景也会给救援人员留下严重的心理创伤。因此，应特别关注救援人员的心理健康。第三级人群是指与第一级、第二级人群有关的人群，如幸存者和目击者的亲人等。第四级人群是指后方救援人员、灾难发生后在灾区开展服务的人员、志愿者以及社会公众。

2. 心理援助的原则

根据大规模灾害后心理援助经验，结合灾害对人类心理的影响和灾区文化特点，灾后心理援助工作应遵循以下5点基本原则。

一是依靠科学的理论和技术。灾后心理援助是一项专业性很强的工作，必须遵循灾后心理康复发生发展的客观规律，科学、有序地实施心理援助，特别要注意避免次生伤害。

二是区分重点人群。在面向全体受灾群众开展多种形式心理援助的同时，重点关注丧亲、孤残儿童，创伤较严重的受灾群众，教师和政府工作人员以及受到情绪困扰的救灾军人及志愿者等。

三是坚持分阶段开展。灾区的心理援助要注意时间和空间的特点，结合不同时间和空间的基本特征选择并调整心理援助工作模式。

四是尊重当地的文化背景。每一个个体都成长在一定文化背景下，其性格和表达情感的方式渗透着文化的印记。因此，心理援助一定要结合当地民俗，尊重当地文化。

五是坚持短期干预和长期干预相结合。由于灾难所导致的心理问题不会很快消除，可能在多年之后仍有影响，因此要结合个体的实际需求提供长期心理援助，对个体进行深度和持续的心理干预。

3. 心理援助体系

汶川地震后，我国心理学工作者不断探索，逐渐形成我国灾后心理援助的"一线两网三级服务"。[①] "一线"是指心理援助热线，通过心理援助热线，让专职、专业的心理咨询师接听热线，进行线上心理援助服务。"两网"是指灾后心理援助队伍网和互联网，即依靠各个心理援助工作站，培养当地的心理援助队伍；通过互联网，建立"本土心理联盟"，使非灾区心理专业志愿者通过互联网，帮助灾区的心理辅导教师及网上求助者。"三级"是指学校（社区）心理咨询室、心理援助工作站和精神卫生中心共同构成的针对不同程度心理创伤的三级援助体系。

---

① 刘正奎、吴坎坎、张侃：《我国重大自然灾害后心理援助的探索与挑战》，《中国软科学》2011年第5期。

案例 7-1

"4·20"芦山地震灾后重建

2013年4月20日8时2分,四川省雅安市芦山县发生7.0级地震,地震波及四川省7个市州的32个县(市、区),受灾人口约218.4万人。习近平总书记作出重要批示,强调探索出一条中央统筹指导、地方作为主体、灾区群众广泛参与的恢复重建新路子。

中央统筹指导是首要前提,国务院在科学评估灾情的基础上,组织制定了《芦山地震灾后恢复重建总体规划》,出台了一系列支持政策,保障了顶层设计的科学性和重建工作的可持续性,为恢复重建提供了根本保证。

地方作为主体是突破重点。根据以地方政府为决策、实施和责任主体的"地方负责制",四川省第一时间成立芦山地震灾后恢复重建委员会,负责整个重建工作的组织领导。灾区市、县(区)两级党委和政府自觉担负地方实施主体责任,建立起网络化、下沉式、专业性的重建实施组织体系,明确了责任主体和工作主体。省、市、县三级联动的指挥体系,为重建工作顺利推进提供了科学有序、高效统一的组织保障。

群众的广泛参与是坚实基础。灾区群众是地震灾害的受害者,更是灾后恢复重建的主力军。在县、乡党委和政府的指导下,"自建委"在灾区"遍地开花",从选房址到谈价格,从管理资金到监督质量,从收集建议到处理纠纷,全部都由群众自己做主。随着农房重建完成,"自建委"又过渡为群众对新家园环境治理、卫生、绿化和治安等进行管理维护的"自管委",形成了灾区群众参与社会治理的长效机制。

第三节 事后调查评估与整改

突发事件事后调查评估与整改对应急管理工作意义重大。为减少突发事件发生,提高突发事件应对能力,需对应急管理工作进行调查评估,总结成功经验,汲取失败教训。

一、事后调查评估的依据与原则

(一)调查评估的依据

事后调查评估是各级政府和有关部门的法定职责。根据《突发事件应对法》第六十二条,"履行统一领导职责的人民政府应当及时查明突发事件的发生经过和原因,总结突发事件应急处置工作的经验教训,制定改进措施,并向上一级人民政府提出报告"。《国家突发公共事件总体应急预案》规定,"要对特别重大突发公共事件的起因、性质、影响、责任、经验教训和恢复重建等问题进行调查评估"。

各类突发事件应对的专项法律法规也对调查评估作出了规定。例如,《反恐怖主义法》规定,反恐怖主义工作领导机构应当对恐怖事件的发生和应对处置工作进行全面分析、总结评估,提出防范和应对处置改进措施,向上一级反恐怖主义工作领导机构报告。《生产安全事故报告和调查处理条例》规定,特别重大事故由国务院或者国务院授权有关部门组织事故调查组进行调查。重大事故、较大事故、一般事故分别由事故发生地省级人民政府、设区的市级人民政府、县级人民政府负责调查。事故调查组的职责包括:查明事故发生的经过、原因、人员伤亡情况及直接经济损失;认定事故的性质和事故责任;提出对事故责任者的处理建议;总结事故教训,提出防范和整改措施;提交事故调查报告。

(二)调查评估的原则

突发事件事后调查评估遵循调查评估的一般原则,具体而言,包括以下几方面。

1. 独立性原则

调查评估是一个获取信息和分析判断的过程,调查评估活动的意义就是提供区别于常规的信息渠道，因此独立性是调查评估的重要原则。这种独立性主要体现在调查评估不应受决策层政治倾向以及执行部门态度的影响，不应受利益群体和社会公众或媒体压力的影响，不应受物质和经济利益的影响。保证调查评估的独立性主要依靠调查评估机制的设计，具体可采取由上一级或上级政府组织评估或适当引入第三方评估的方式。

2. 客观性原则

调查评估主体要在既有知识、信息、技术和方法等客观条件下，尽量维护调查评估活动和结果的客观性。调查评估的目的是发现整理信息，并在此基础上进行符合逻辑的科学论证和有限度的主观推断。要采用科学的工具和方法调查获取应急管理和突发事件相关信息，避免主观武断、缺乏证据而作出判断。

3. 规范性原则

为保障调查评估的独立性和客观性，调查评估活动必须遵循法定规范和科学合理的标准。有关规范要对评估主体、评估程序、评估费用的使用、评估责任的追究以及评估结果的使用和公开等内容作出明确详细的规定。

4. 参与性原则

处于基层一线的群体对于突发事件发生的原因、突发事件应急处置中存在的问题等往往拥有更多的信息、更深的感受，是获取突发事件和处置过程相关事实的重要信息来源。事后调查评估必须重视公众参与，最大可能地采取多种措施推动调查评估的公众参与。

二、事后调查评估的步骤与方法

（一）调查评估的步骤

突发事件事后调查评估工作一般沿调查、评估、整改的路径推进。可分为3个步骤。

调查即对突发事件发生的原因和相关处置的全部措施进行系统调查。一是针对突发事件本身的调查，以事件定性、责任认定等为目的；二是针对突发事件应急处置的调查，目的在于改进应急处置的各个环节。

评估即对突发事件的原因和处置工作进行全面评估，包括对事件性质和级别的判定，对预警和先期处置的评估、处置决策与处置执行等各方面的评估。要具体指出应急处置的成功之处，也要详尽地指出风险防范与应急处置工作中存在的各种问题。

整改即根据对突发事件发生原因与处置工作的评估结果，提出整改措施，并责成有关部门逐项落实。

（二）调查评估的方法

事后调查评估工作，应在不影响事件应急处置的前提下尽快开展。调查评估工作组应全程参与事件应急处置过程，以全面获取第一手资料。一般情况下，事后调查评估工作在突发事件处置结束后即组织开展。调查评估工作的责任主体应根据突发事件的性质、规模等因素，确定合适人选担任评估工作组组长，并确定工作组的组员；制定调查评估工作方案、计划和经费预算，以及其他必要的工作条件。根据突发事件的级别，特别重大突发事件（Ⅰ级），评估工作周期在 4~6 个月；重大突发事件（Ⅱ级），评估工作周期在 2~4 个月；较大突发事件（Ⅲ级），评估工作周期在 1~2 个月；一般突发事件（Ⅳ级），评估工作周期在 1 个月以内。

调查组要向有关单位和个人了解与事故有关的情况，并要求其提供相关文件资料。调查中需进行技术鉴定的，调查组应当委托具有国家规定资质的单位进行技术鉴定。必要时，调查组可直接组织专家进行技术鉴定。调查组成员在事故调查工作中应当诚信公正、恪尽职守，遵守事故调查组的纪律，调查组成员未经许可不得擅自发布事故相关信息。形成的调查报告要对突发事件的起因、性质、影响、责任、经验教训等问题作出判断，提出问责与表彰意见，并提供具体的改进措施。

调查评估报告完成后，应提交给突发事件评估的组织者作为相关决策和问责奖惩的重要依据。有关机构应采取适当措施对评估报告提出的各项改进措施和工作建议给予回应，针对相关建议适时开展后继的可行性研究和政策制定（修订）工作。突发事件评估组织者应当将评估报告报送给上级人民政府，并应以适当形式向同级人民代表大会（或其常委会）进行报告。对于重大突发事件或受到社会公众广泛关注的突发事件，应将事后评估报告向社会公布。

三、调查评估后的整改

突发事件事后调查评估不仅可以发现应急管理中值得传承的经验，而且可以发现政府治理体系中存在的问题，尤其是应急管理工作的不足。各级政府应抓住学习与整改的机会，切实通过学习整改推进应急管理和社会治理能力提升。

（一）强化底线思维和风险意识

1. 提升政府部门的风险意识

突发事件结束后，各级政府应总结经验教训，加强底线思维教育，强化其危机意识。各级干部要随时做好应对突发事件的思想准备和心理准备，在各项常态工作中充分考虑突发事件的风险。

2. 加强对公众风险意识的教育

社会整体风险防范能力的提升有赖于人民群众风险意识和突发事件应对能力的持续改善。政府应以新近发生的突发事件为契机，加强应急科普宣教，加强自救互救技能培训，最大限度地推动全社会应对风险意识与能力的提升。

（二）完善各项应急准备

要加强应急预案管理。一是在突发事件结束后，对应当编制而没有编制的应急预案及时组织编制；二是根据突发事件应对效果的分析评价，对原有的应急预案进行及时修订完善。

要做好人、财、物等资源的应急准备。要对突发事件应对中暴露出的应急救援力量、应急物资储备、应急设施与应急避难场所、应急资金保障等方面问题及时进行整改。

（三）推动应急管理体系改革

突发事件应对能够有效促进组织变革与公共政策改进。突发事件及其应对所暴露出的组织管理、公共政策方面的问题为管理者提供了难得的反思和改进契机。要根据调查评估结果充实应急管理组织，优化应急管理机制，对政府应急管理能力建设和社会防灾减灾救灾能力建设政策作出优化调整。

案例 7-2

国务院调查河南郑州"7·20"特大暴雨灾害[①]

2021年7月17日至23日，河南省持续遭遇极端强降雨天气，特别是7月20日郑州市遭受特大暴雨灾害，造成重大人员伤亡和财产损失。

8月2日，为深入贯彻落实习近平总书记关于防汛救灾重要指示精神和李克强总理等中央领导同志批示要求，根据有关法律法规规定，国务院决定成立调查组，对河南郑州"7·20"特大暴雨灾害进行调查。

国务院调查组由应急管理部牵头，相关方面参加，同时邀请水利、气象、地质、交通、住建、应急、法律等领域专家组成专家组，为调查工作提供专业支撑。调查组在河南开展调查工作期间，还设专门举报电话和邮箱，受理与调查工作有关的来电来信。

经过数月的努力，调查组依法依规、实事求是、科学严谨、全面客观地对灾害应对过程进行了调查评估，总结了灾害应对经验教训，

[①] 参见《国务院成立河南郑州"7·20"特大暴雨灾害调查组》，中国政府网2021年8月2日，http://www.gov.cn/xinwen/2021-08/02/content_5629044.htm。

提出了防灾减灾改进措施,对存在失职渎职的行为依法依规提出了问责追责建议。

本章小结

突发事件事后恢复与重建工作对最大限度减轻突发事件造成的损害,尽快恢复经济社会秩序,维护人民群众切身利益和社会稳定,促进经济社会全面、协调、可持续发展具有重要意义。事后恢复与重建是落实党"以人民为中心"的发展理念、吸取突发事件经验教训,化危为机,实现更高水平发展的主要工作环节,应当遵循以人为本、及时高效、科学规划、统筹实施、因地制宜、属地为主、广泛动员、社会协同、公开公正、依法监督、防灾减灾、安全发展的原则。恢复重建的基本内容包括公共基础设施恢复、社会生产和经济活动恢复、社会秩序恢复、受灾群众心理恢复等。为切实减少突发事件发生频次、提高突发事件应对能力,需要对应急管理工作进行调查评估,总结成功经验,吸取失败教训。

思 考 题

1. 事后恢复与重建的基本内涵是什么?应遵循哪些重要原则?
2. 恢复重建的主要工作有哪些?
3. 如何开展突发事件发生后的心理援助工作?
4. 突发事件调查评估有何意义?如何开展调查评估?

推荐阅读书目

1. 李雪峰等:《应急管理通论》,中国人民大学出版社2018年版。

2. 李程伟、张永理：《自然灾害类突发事件恢复重建政策体系研究》，中国社会出版社 2009 年版。

3. 张欢：《应急管理评估》，中国劳动社会保障出版社 2010 年版。

第八章 综合应急保障

有效应对突发事件，需要从人力、物力、财力和科技4个方面提供强有力支撑。要加强国家综合性消防救援队伍、专业应急救援队伍、社会应急力量等各类应急救援队伍建设，提高合成应急、协同应急的能力。要健全统一的应急物资保障体系，确保在关键时刻、极端情况下"找得到、调得快、用得好"。要优化应急财力保障，通过财政投入和灾害保险等措施保障突发事件应对工作所需经费。要推动应急科技发展，依靠科技提高应急管理的科学化、专业化、智能化和精细化水平。

第一节 综合应急保障的基本原则与主要内容

突发事件应对需依法按预案切实做好人力、物力、财力和科技保障工作。这不仅直接影响各项突发事件应急处置的活动效率，关系人民群众的生命安全健康、社会生产生活秩序恢复，而且直接关系我国应急管理体系与能力现代化建设。

一、综合应急保障的主要内容

综合应急保障的主要内容包括人力、物力、财力和科技4个方面。

（一）人力保障

突发事件应急保障需要多元主体的共同参与，具体包括各级指挥人员、各类救援队员、专家、专业技术人员及专职或辅助工作人员等。经过适当动员,这些人员能够有组织地承担并完成特定的应急任务。根据《突发事件应对法》,县级以上人民政府应当整合应急资源,建立或者确定综合性应急救援队伍,有关部门可以根据实际需要设立专业应急救援队伍。县级以上人民政府及有关部门可以建立由成年志愿者组成的应急救援队伍。单位应当建立由本单位职工组成的专职或者兼职应急救援队伍。

建立应急队伍发展长效机制需坚持合理部署、专兼并存、就近调配、快速行动、协调有序的原则,提高应急队伍管理的科学化、模块化和社会化水平。一是专业应急队伍参与应急保障要根据实际情况和需要配备必要的应急装备与器材,确保装备与器材始终处在可正常使用的状态。二是加强专业应急队伍与非专业应急队伍的交流合作,联合培训、联合演练,提高合成应急、协同应急的能力。三是在党委和政府的统一领导下,推动军民合作、全社会共同参与应急保障工作,充分发挥多方面的合作力量,有助于战胜各种灾难。

(二) 物力保障

应急物资是指应对突发事件所必需的保障性物资,主要包括生活必需品、应急救援物资和应急处置装备等。习近平总书记强调,要健全统一的应急物资保障体系,把应急物资保障作为国家应急管理体系建设的重要内容,按照集中管理、统一调拨、平时服务、灾时应急、采储结合、节约高效的原则,尽快健全相关工作机制和应急预案。

《突发事件应对法》要求建立健全应急物资储备保障制度,完善重要应急物资的监管、生产、储备、调拨和紧急配送体系。要建立健全国家储备体系,科学调整储备的品类、规模、结构,提升储备效能,形成应急物资实物储备和生产能力储备相结合的管理制度;鼓励企业、社会组织和家庭储备应急物资,充分发挥社会各方面在应急物资生产和储备方面的作用,实现社会储备与专业储备有机结合。要建立国家统一的应急物资采购供应体系，对应急救援物资实行集中管理、统一调拨、统一配送，做到关键时刻调得出、用得上。要健全政府、生产企业和物流企业等参与的应急物资快速调配机制，确保事发后应急物资快速到位，推动应急物资供应和保障体系更加高效、安全、可控。

（三）财力保障

财力保障是为突发事件应急管理工作提供经费支持的过程。主要包括国家、地方、企业、社会相结合的应急保障资金投入机制建设，应急队伍、装备、交通、通信、物资储备等方面的建设、更新和维护，社会资源的依法征用与补偿，应急资金的监管和评价等具体内容。

根据《突发事件应对法》的规定，国务院和县级以上地方各级人民政府应当采取财政措施，保障突发事件应对工作所需经费。经费来源渠道有政府财政、银行信贷、保险赔付和社会捐赠等。要建立健全监察、审计、财政、应急、金融等多部门参加的应急资金监管协调机制。要对应急资金管理使用特别是基层发放工作进行专项检查，持续强化跟踪问效。各有关地区和部门要配合监察、审计部门对应急资金管理使用情况进行的监督检查。

（四）科技保障

科技是解决应急管理过程中重大复杂问题的核心力量，是突发事件应急处置的关键要素。科技保障是指通过积极开展公共安全领域的科学研究，加大公共安全科技研发投入，持续改进技术装备，建立健全公共安全应急技术平台，切实提高我国公共安全科技水平。《突发事件应对法》明确提出，国家鼓励、扶持具备相应条件的教学科研机构培养应急管理专门人才，鼓励、扶持教学科研机构和有关企业研究开发用于突发事件预防、监测、预警、应急处置与救援的新技术、新设备和新工具。

习近平总书记指出，要强化应急管理装备技术支撑，优化整合各类科技资源，推进应急管理科技自主创新，依靠科技提高应急管理的科学化、专业化、智能化、精细化水平。要加大先进适用装备的配备力度，加强关键技术研发，提高突发事件响应和处置能力。要适应科技信息化发展大势，以信息化推进应急管理现代化，提高监测预警能力、监管执法能力、辅助指挥决策能力、救援实战能力和社会动员能力。[①]

二、综合应急保障的重大意义

综合应急保障是应急管理体系和能力现代化建设的重要组成部分，是成功应对突发事件的基础与前提，是国家经济社会建设成果与治理能力的直观表征。

（一）综合应急保障是应急管理体系和能力现代化建设的重要组成部分

加强应急管理体系和能力建设，既是一项紧迫任务又是一项长期任务，综合应急保障是其中的重要组成部分。应急管理的全过程离不开人力、物力、财力和科技等综合性要素的参与，包括突发事件防范与准备阶段的风险评估和监测预警、关键应急基础设施建设、应急平台与关键技术装备研发、各类应急队伍建设、重要应急物资储备、应急预案编制与法制机制建设、应急科普宣教等，处置与救援阶段的搜救、医疗卫生、通信、交通运输、救助、能源供应、治安、工程抢险、新疫苗与药品研发等，以及灾后恢复重建阶段的相关活动，均离不开综合应急保障要素的作用。各级党委和政府担负"促一方发展、保一方平安"的政治责任，应发挥应急管理部门的综合优势和各相关部门的专业优势，确保包含应急保障在内的应急管理责任链条无缝对接，形成整体合力。

（二）综合应急保障是成功应对突发事件的基础

综合应急保障是应急管理的基础支撑和必要条件，直接影响突发

[①] 《习近平：充分发挥我国应急管理体系特色和优势 积极推进我国应急管理体系和能力现代化》，《人民日报》2019年12月1日。

事件应对效率和效果。我国是世界上自然灾害最为严重的国家之一，灾害种类多、分布地域广、发生频率高。同时，随着近年来我国工业化、现代化和城市化的快速发展，人员、物资、资金和信息流动速度加快，公共安全的影响因素日渐增多，各类事故灾难、公共卫生和社会安全事件的发生潜能和发生频率呈增长趋势。然而，在党和国家的高度重视与坚强领导下，我们一次次成功化解重大突发事件，有效防范化解重大社会风险，切实推动了应急管理体系的发展与完善，应急管理体制机制也在实践中充分展现出自己的特色和优势。应急管理的实践经验表明，必须建设一支专常兼备、反应灵敏、作风过硬、本领高强的应急队伍以持续增强应急管理力量；必须持续完善应急人才培养，为强化各级应急队伍战斗力提供保障；必须进一步推动经济和科技发展，为应对突发事件提供必要的物资和技术支撑。

（三）综合应急保障问题容易引发全社会广泛关注

综合应急保障事关保护人民群众生命财产安全，应急保障过程中出现的任何问题，极易引发次生、衍生事件，次生、衍生事件的演化和长期性累积与既有社会矛盾交织，将会加大社会安全风险甚至影响政治稳定。随着我国改革进入攻坚期和深水区，新兴技术风险和社会风险日益增多，且各风险间的关联性、复杂性、敏感性不断增强，一般社会问题和深层次社会问题、改革发展中的新问题与遗留老问题交织叠加趋势明显。突发事件发生后，任何有关重要应急物资供应短缺、应急人员伤亡、受灾群众及弱势群体基本生活保障不力、公共服务长时间中断、社会治安或市场秩序混乱、捐赠资金使用不善等问题，极易引起国内和国际社会的广泛关注。特别是在各类互联网平台与自媒体强大的传播效应、动员效应和放大效应以及境外势力参与等多重因素的影响下，一地问题可能演变成多地问题，事故灾难、公共卫生事件可能演变成社会安全事件，内政问题可能演变成外交问题，甚至演变成政治安全与国家安全问题，直接影响社会的和谐与稳定。

三、综合应急保障的基本原则

根据宪法和有关法律规定，综合应急保障应坚持以人为本、及时有效，统一领导、分级负责，平战结合、常备不懈，依法规范、依靠科技的原则。

（一）以人为本、及时有效

应急保障工作应坚持以人民为中心，切实履行党和政府的社会管理和公共服务职能，把保障公众健康和生命财产安全作为首要任务，最大限度地减少突发事件及其造成的人员伤亡和危害。快速反应，高效运转，采用科学合理可行的应急保障方案，为突发事件应对活动提供及时有效的保障。确保应急人员得到可靠安全防护，确保受灾人员基本生活，确保灾区社会秩序基本稳定。

（二）统一领导、分级负责

在党中央、国务院的统一领导下，建立健全分类管理、分级负责、条块结合、属地为主的综合应急保障框架。实行应急保障属地负责制，在地方各级党委领导下，属地政府承担行政领导职责，各有关部门按照预案规定，充分发挥专业应急指挥机构作用，分工协作并在各自职责范围内做好各项应急保障工作。国家可视突发事件事态情况、灾情发展与灾区恢复重建需求，给予必要的指导协调和保障支持。国务院各有关部门、军队、武警和省（自治区、直辖市）人民政府要主动配合、密切协作、整合资源、信息共享、形成合力。

（三）平战结合、常备不懈

要高度重视应急保障工作，坚持风险防范与应急相结合，常态与非常态相结合，提高全社会参与突发事件应急保障的意识，落实各项应急保障措施。坚持底线思维，防患于未然，要充分利用现有资源，专兼结合、军民结合、社会参与、资源共享、统筹规划，积极做好突发事件应对所需的人力、物力、财力与科技等保障资源准备工作，做到常备不懈。要及时对各类可能引发突发事件的情况进行分析，不断完善预警机制，做到关口前移，预先保障到位。

（四）依法规范、依靠科技

要依据国家相关法律、法规、规章和标准加强综合应急保障机制建设，明确相关部门、单位、组织和个人的责任、权利和义务，明确应急保障工作流程，确保突发事件应急全过程的各项保障规范有序、运转协调。加强公共安全科学研究与应急技术研发，采用先进适用技术、装备及设施，充分发挥专家的决策咨询功能，提升突发事件应对的科技支撑力。加强应急科普宣传教育，提高公众自救互救和应对突发事件的综合素质。

第二节　加强应急救援队伍建设

提高突发事件应急处置能力，及时抢救受伤与被困人员，尽快控制事态发展，减轻突发事件可能造成的负面影响，离不开统一领导、协调有序、专兼并存、优势互补、反应迅速、保障有力的应急救援队伍。

一、应急救援队伍体系的基本构成

2009年，《国务院办公厅关于加强基层应急队伍建设的意见》规范了基层应急救援队伍建设体系、相应的管理体制机制和保障制度。2010年，《国家中长期人才发展规划纲要（2010—2020年）》将防灾减灾人才作为急需紧缺人才。国家减灾委制定的《国家防灾减灾人才发展中长期规划（2010—2020年）》提出，"整体性开发防灾减灾人才资源，扩充队伍总量，优化队伍结构，提高队伍素质，完善队伍管理，形成以防灾减灾专业人才队伍为骨干力量，以各类灾害应急救援队伍为突击力量，以防灾减灾社会工作者和志愿者队伍为辅助力量的防灾减灾人才队伍"。

为加快构建统一领导、权责一致、权威高效的国家应急能力体系，整合优化应急力量与资源，2018年3月，党中央发布《深化党和国家机构改革方案》，对我国的应急救援力量体系进行统筹优化，决定公安消防、武警森林部队集体转制后与安全生产等应急救援队伍一并作为我国综合性常备应急骨干力量，由应急管理部管理，实行专门管理和政策保障。

2018年10月，中共中央办公厅、国务院办公厅印发《组建国家综合性消防救援队伍框架方案》，创新体制机制，优化统筹力量，加强队伍管理，强化政策保障，着力建设一支政治过硬、本领高强、作风优良、纪律严明的中国特色综合性消防救援队伍，全面提高防灾减灾救灾和保障安全生产能力，有效维护人民群众生命财产安全和社会稳定。

应急管理部自组建以来，按照"统一指挥、专常兼备、反应灵敏、上下联动"原则，加快推进中国特色应急救援队伍体系建设。全国各类应急救援队伍的主要构成有：

一是国家综合性消防救援队伍。主要由消防救援队伍和森林消防队伍组成，现有编制人员19万人，是我国应急救援的主力军和国家队，承担着防范化解重大安全风险、应对处置各类灾害事故的重要职责。

二是各类专业应急救援队伍。主要由地方政府和企业专职消防、地方森林（草原）防灭火、地震和地质灾害救援、生产安全事故救援等专业救援队伍构成，是国家综合性消防救援队伍的重要协同力量，担负着区域性灭火救援和生产安全事故、自然灾害等专业救援职责。交通、铁路、能源、工信、生态环境等各个行业部门，建立了有关道路抢通保通，水上、航空、电力、通信、环境应急等专业应急队伍，主要担负行业领域的事故灾害应急抢险救援任务。医疗卫生防疫队伍承担突发公共卫生事件应急处置、自然灾害和事故灾难等突发事件的人员救治与卫生防疫任务。

三是社会应急力量。社会应急队伍依据人员构成和专业特长，主要开展水域、山岳、城市、空中等应急救援工作。另外，一些单位和社区建有志愿消防队，属群防群治力量。

四是人民解放军和武警部队。这是我国应急处置与救援的突击力量，担负着重特大灾害事故的抢险救援任务。将军队非战争军事行动力量纳入国家应急体系建设，建立健全军地协调联动机制，有利于确保大灾大难时协调有序、指挥顺畅、联动高效。

二、强化综合性消防救援队伍建设

2018年，公安消防部队和武警森林部队集体转隶应急管理部，组建国家综合性消防救援队伍。2018年10月27日，《消防救援衔条例》正式施行。消防救援衔是我国设立的一种新衔级，专门为国家综合性消防救援队伍设立，是国家给予消防救援人员荣誉和相应待遇的依据，有利于加强国家综合性消防救援队伍正规化、专业化、职业化建设，增强消防救援人员的责任感、荣誉感和组织纪律性。2018年11月9日，习近平总书记向国家综合性消防救援队伍授旗并致训词。习近平总书记强调指出，组建国家综合性消防救援队伍，是党中央适应国家治理体系和治理能力现代化作出的战略决策，是立足我国国情和灾害事故特点、构建新时代国家应急救援体系的重要举措，对提高防灾减灾救灾能力、维护社会公共安全、保护人民生命财产安全具有重大意义。国家消防救援队伍要对党忠诚、纪律严明、赴汤蹈火、竭诚为民，在人民群众最需要的时候冲锋在前，救民于水火，助民于危难，给人民以力量，为维护人民群众生命财产安全而英勇奋斗。

国家综合性消防救援队对标"全灾种、大应急"的任务需要，承担起防范化解重大安全风险、应对处置各类灾害事故的重要职责。在救援理念、组织指挥、联动机制、专业训练、保障能力等方面开展系列改革创新,显著提升了救援力量的正规化、专业化、职业化水平。其积极影响和主要功能具体体现在下述4个方面。

一是积极转变救援理念。国家综合性消防救援队作为应急救援的主力军和国家队,通过主动变革,加速理念、职能、能力、机制等方面转型以适应现实发展需要。转制前,主要履行防火、灭火职责,在救援方面仅限于以抢救人员生命为主的应急救援任务。转制后,对标"全灾种、大应急"的任务需要,一方面坚持预防为先、全力防范化解重大安全风险;另一方面,在继续履行灭火救援职责的基础上,承担起各类灾害事故的应对处置任务。

二是建立统一高效的领导指挥体系。国家综合性消防救援队伍由应急管理部管理,实行统一领导、分级指挥。队伍内部实行垂直管理,政令更加畅通,指挥更加顺畅,力量调派更加迅速,作战行动更加高效。省、市、县级分别设消防救援总队、支队、大队,城市和乡镇根据需要按标准设立消防救援站;森林消防总队以下单位保持原建制。此外,在面临跨区域应急救援任务时,可根据需要组建专业机动力量。

三是建立严格的队伍管理办法。坚持把支部建在队站上,继续实行党委集体领导下的首长分工负责制和政治委员制、政治机关制。坚持从严管理,严格规范执勤、训练、工作、生活秩序,保持队伍严明的纪律作风。

四是建立符合消防救援职业特点的保障机制。按照应急救援领域中央与地方财政事权和支出责任划分改革方案,调整完善财政保障机制;保持转制后消防救援人员现有待遇水平,实行与职务职级序列相衔接、符合其职业特点的工资待遇政策。

三、推进专业应急救援队伍建设

专业应急救援队伍是国家应急救援队伍体系的重要组成,是不同类型事件应急救援的能手,也是维护社会安全稳定不可或缺的重要力量。面对新形势，积极适应"全灾种、大应急"综合救援任务的需要，应重点围绕提升专业领域救援能力、优化力量布局、整合各类资源、补齐建设短板、完善保障机制展开，着力构建覆盖全区域、功能齐全、快速反应的专业救援力量体系。展开来讲，推进专业应急救援队伍建设要着力做好以下3个方面的工作。

一是提升专业领域救援能力。专业应急救援队伍的特长在于特定类型灾害事故的处置与救援，要充分发挥其专业救援能力，着力提升其在相关专业领域的救援能力。譬如，要加速推进地方政府和企业专职消防队伍职业化建设，着力提升其职业能力；要重点加强地方森林草原防灭火队伍在森林草原初期的灭火扑救能力；要进一步加强危险化学品、隧道、矿井、石油化工、综合体建筑等生产安全事故的应急救援能力。同时，要进一步提升针对行业部门建立的专业应急救援队伍，重点发展高层、地下、水域、山岳、轨道、航空、环境保护等行业领域专业救援能力，构建空中、地面、地下全方位立体救援体系。

二是整合优化救援力量布局。专业应急救援队伍数量庞大，来自多个行业和不同领域。譬如，目前地震应急救援队伍有国家地震灾害紧急救援队1支，共计480余人；省级地震灾害紧急救援队76支，共计12 000余人。国家级矿山应急救援队伍38支，国家级隧道应急救援队伍3支，共计8000余人；地方、企业共有专职矿山应急救援队伍392支，共计22 000余人。专业应急救援队伍需要根据其专业特长和区域分布进行系统梳理和整合，进一步优化应急救援队伍的资源配置。

三是完善专业应急救援队伍保障机制。进一步完善专业应急救援队伍建设、管理和运行的配套制度、机制、标准和保障措施等。增强专业应急救援队伍职业荣誉感，如安全生产应急救援队伍多数属于企业的队伍，需要通过保障机制建设和宣传教育，提升队伍的社会地位和职业荣誉感。

四、加强社会应急救援力量建设

社会应急力量是国家应急救援体系的重要补充，通常志愿服务于常态减灾与非常态救灾的各个阶段，一般由具备相关专业能力的社会组织、志愿者构成，具体包括基金会、社会服务机构（民办非企业单位）、社会团体在内的社会组织，社区和单位的志愿者队伍，以及专业志愿者。2018年12月10日，应急管理部印发《关于开展全国首届社会救援力量技能竞赛的通知》。2019年1月19日，应急管理部对外发布"即将举行全国首届社会应急力量技能竞赛"的通知，首次对外使用"社会应急力量"的说法。社会应急力量发展至今，已经广泛深入地参与到应急工作的各个环节，包括灾前的防灾减灾教育培训、减灾型社区建设、灾害风险识别，灾时的生命救援、安置转移、心理抚慰、医疗救助，灾后家园重建、生计支持等。社会应急力量具有资源丰富、贴近一线、组织灵活的优势，发展速度快、参与热情高、活动范围广、服务领域宽，在灾害事故应急救援中发挥着日益重要的作用，是我国应急救援力量体系不可或缺的重要组成部分。

党的十九大报告提出，要加强社会治理制度建设，完善党委领导、政府负责、社会协同、公众参与、法治保障的社会治理体制，打造共建共治共享的社会治理格局。社会应急力量作为应急救援"第一响应人"，在灾害发生初期往往能够发挥重要的先期处置作用，在防灾减灾救灾和事故救援工作中亦具有积极影响。

加强社会应急力量建设，需进一步制定相关法律法规，具体明确社会应急力量的定位，鼓励支持引导社会应急力量发展；开展社会应急力量标准化体系建设，按照专业领域、专业水平、装备程度建立社会应急力量分类管理机制，推动社会应急力量规范化发展；加强资金和物资支持保障，制定奖励和表彰措施，推动社会应急力量发挥更大作用。

五、加强应急救援队伍管理

（一）完善应急救援队伍法律保障机制

进一步完善应急救援相关法律体系，明确应急救援队伍的法律地位和其在救援中的职责、权利和义务，切实做到依法规范开展救援工作，使我国应急救援队伍的建设发展步入法治化、规范化轨道，加速形成依法管理、依法救援的良好局面。

（二）完善应急救援队伍运行机制

进一步加强国家综合性消防救援队伍、专业应急救援队伍和社会应急力量的协调配合，建立健全相关应急预案，完善工作制度，实现信息共享和应急联动。建立健全各类应急救援队伍联勤值守、统一指挥、协同作战、区域联动的工作机制，形成突发事件处置合力。

（三）完善应急救援队伍培训演练机制

建立应急救援队伍培训制度，可采取岗位自训、集中轮训、分类组织、分层实施等多种形式，有计划、有重点地组织应急救援队分层次、分专业开展应急知识学习和救援技能培训。经常性地组织各类队伍开展联合培训和演练，开展跨地区、多部门、多灾种的综合应急救援演练，稳步提高应急救援队伍应急处置与救援能力。

（四）完善应急救援队伍补偿激励机制

对在应急救援队伍参与应急处置与救援过程中发生的人工、交通、物资和装备损耗等费用，应按照"谁调动、谁使用、谁补偿"的原则，由政府负责协调事发单位进行补偿。对在应急管理、应急队伍建设工作中作出突出贡献的集体和个人，应按照国家有关规定给予表彰奖励。对在应急救援中伤亡的指战员及时给予救治和抚恤，符合烈士评定条件的，按照国家有关规定评定为烈士。同时，要进一步完善各类应急救援队伍保险保障政策，分担救援人员在参加抢险救援时面临的风险，为救援队伍提供更多安全保障。

(五) 完善应急救援队伍考核评估机制

建立健全应急救援队伍参与应急处置与抢险救援工作的评估制度。研究制定客观、科学的评估指标和办法，对应急队伍日常管理、应急响应、应急处置、灾后救助等工作进行全面评估，总结经验，查找不足，不断提升应急救援队伍的管理水平和实战能力。

第三节 健全应急物资保障体系

应急物资保障体系是国家应急管理体系建设的重要内容。应急物资保障包括应急物资的储备、生产、采购、运输、储存、装卸、搬运、包装、流通加工、分拨、快递、配送、回收以及信息处理等全过程活动，应遵循集中管理、统一调拨、平时服务、灾时应急、采储结合、节约高效的原则。

一、应急物资保障体系的基本构成

应急物资保障具有不确定性、不可替代性、时效性和滞后性特征，健全应急物资保障体系应重点做好应急物资储备、采购供应与运输配送三大环节的工作。

（一）应急物资储备体系

面对日益复杂严峻的公共安全形势，做好应急物资储备工作显得尤为重要和急迫，有效应急物资储备可以缩短从事件发生到保障完成的时间间隔，大大减少采购和运输量的相关成本。党的十八大以来，我国相关部门先后发布《中央救灾物资储备管理办法》《关于加强自然灾害救助物资储备体系建设的指导意见》等文件，要求全面加强应急物资储备体系建设。具体内容如下。

一是要科学规划、稳妥推进应急物资储备网络建设。在现有中央救灾物资储备库的基础上，完善中央救灾物资库（代储点）布局，充分发挥中央救灾物资储备库在统筹调配国家救灾资源方面的主体功能和核心作用；各地要综合考虑区域灾害特点、自然地理条件、人口分布、生产力布局、交通运输实际等因素，科学评估，统一规划。采取新建、改扩建和代储等方式，因地制宜、统筹推进各级应急物资储备库（点）建设，形成纵向衔接、横向支撑、规模合理的"中央—省—市—县—乡"五级救灾物资储备网络。

二是要切实落实应急物资分级储备主体责任。中央和地方应急物资储备应按照分级负责、相互协同的原则，合理划分事权范围，做好储备资金预算，落实分级储备责任。结合突发事件历年发生频次及影响范围、群众生活习惯、民族习俗等，科学确定各级救灾物资储备品种及规模，形成以中央储备为核心、省级储备为支撑、市县级储备为依托、乡镇和社区储备为补充的全国救灾物资储备体系。中央储备需求量较大、价值较高，需定制定招、生产周期较长的应急物资；省级可储备价值较高、具有区域特点的救灾物资；市县级可储备价值相对较低、具有区域特点的救灾物资；乡镇（街道）和城乡社区则可视情况储备一定量的棉衣、棉被等生活物资以及简易的应急救援工具。此外，加快建立国家和地方重要应急物资监测网络，推进物资储备管理信息化建设，提升储备物资动态管理各环节工作的信息化、网络化、智能化管理水平。

三是要积极拓展救灾物资储备方式。完善以政府储备为主、社会储备为辅的储备机制。在目前储备库自储实物的基础上，结合区域特点，试点运行不同储备方式，逐步推广协议储备。可依托企业代储、军地一体化储备、生产能力储备和家庭储备等多种方式，将政府物资储备与企业、商业以及家庭储备有机结合，将实物储备与能力储备有机结合，逐步构建起多元完整的救灾物资储备体系。建立储备定期轮换机制，确保应急物资质量合格、安全、可靠；并能根据公共安全形势趋势和灾害实际发生情况，及时做好物资应急储备工作，确保应急期间储备物资能够调得出、用得上、不误事。

(二) 应急物资采购供应体系

应急物资采购供应体系的核心是应急物资筹措,这是应急物资保障组织指挥机构的首要任务和基础,筹措工作的优劣直接关系应急物资保障目标和水平的实现。要确保紧急状态下能筹措到所需物资,必须建立高效、规范、安全的应急物资筹措渠道。

当前,应急物资筹措渠道主要包括 5 种方式。一是动用既有储备物资。使用时,受灾省应首先动用本地储备物资,在本省储备物资全部使用仍然面临缺口时可向有关部门申请,经同意后调拨使用中央储备物资或其他省储备物资,优先保证重点地区的急需物资。二是直接强制征用。根据相关法律规定,履行统一领导或者组织处置突发事件的人民政府,必要时可以向单位和个人征用应急救援所需设备、设施、交通工具和其他物资。征用应在非常紧急的情况下进行,事后应按标准对所征用物资进行结算和补偿。三是市场应急采购。对储备、征用不足的物资可通过市场应急采购补充,可预先建立厂家名录或签订代储协议以方便应急采购和供货。四是建立生产调度机制。对短期可能出现短缺的应急物资,可借助生产调度机制统一组织原材料供应、安排定点生产;对具有特殊性、专用性、不易获取的物资,如特殊药品、专用设备等,可组织突击研制与生产。五是组织社会捐赠和国际援助。发生大规模灾害和疫情时,面对应急物资需求短时期大规模增长的非常状态,可积极动员社会捐赠、争取或接收国际社会的援助。

应急物资筹措过程中,尽管受时间限制可在一定程度上精简调拨、采购或供应程序,但这并不意味着采购方或接收方会降低要求。实际上,由于应急物资事关应急救援行动成败,事关人民群众生命财产安全与基本生活保障,采购过程及物资质量指标要求应更为严格。因此,需要加强应急物资筹措全过程的监管和质量监督力度,建立国家统一的应急物资采购供应体系,实行集中管理、统一调拨、统一配送,推动应急物资供应保障网更加高效、安全、可控。

（三）应急物资运输配送体系

应急物资筹措到位后，把正确数量、质量、品种的应急物资及时送达目的地，离不开应急物资运输配送体系的支持。

应急物资运输是衔接物资筹措和配送的纽带，与普通物资运输相比，运输方式相同，只是运输要求更高、速度更快。需要建立健全应急管理、发展改革、交通运输、民航、铁路、邮政、工信、商务等部门以及军队参加的应急物资紧急调拨协同保障机制，完善跨部门、跨区域、军地间应急联动合作模式。各级交通运输部门要配合应急管理部门做好应急物资紧急运输工作，做好运力储备和调度工作，以及损坏公路、桥梁、港站的紧急抢修等应急交通保障工作。对于经国务院交通运输主管部门或者省（自治区、直辖市）人民政府批准执行抢险救灾任务的车辆，要开通绿色通道，免交车辆通行费。中央和各地方应急物资储备库要加强与本地铁路、交通运输等部门和物流公司的联系与沟通，及时做好物资调拨各项准备工作，确保物资能够迅速、安全运抵目的地。

应急物资配送是指对应急物资进行备货、拣选、包装、加工、输送等作业，并按时送达最终用户的物流活动。与应急物资运输的干线输送或直达送货相比，应急物资配送属于支线运送或直接送达。因直接面向需求者或最终用户，应急物资配送可做到按需发放，避免重复交叉，提高应急物资保障效率。应急物资配送应采用先进物流技术，推行标准化作业和合理的配送方法，做到及时、准确、安全和高效。

二、健全统一的应急物资保障体系

健全统一的应急物资保障体系，应以提升应急物资保障能力与推进应急物资保障现代化为目标，以补齐能力短板为突破方向，以先进技术与组织方式为支撑，以创新体制机制为保障，大力建设供需实时对接、干线支线末端有效衔接、水陆空协同、全国联动、军民融合、国际国内协调、安全高效的现代化应急物资保障体系。

（一）完善应急物资保障体制机制及政策

健全党委领导、政府主导、分级负责、属地为主、上下联动、协调有序、运转高效的应急物资储备管理体制。明确应急物资保障牵头部门或工作机构，加强统筹指导和综合协调职能。明确中央与地方的事权划分，强化各级政府应急物资保障的责任意识，强化地方党委和政府的主体责任。

健全应急物资保障部门的协调沟通机制，提高应急物资综合协调、分类分级保障能力。建立应急管理、发展改革、商务、交通运输、铁路、民航、邮政、卫健、工信、财政、金融、市场监管、农业农村、民政、公安、海关、军队、外交、红十字会等部门之间的定期协调沟通与信息共享机制。完善应急物资保障常态化演练和监督考核评估机制。完善应急物资紧急生产、政府采购、收储轮换、调剂调用机制，完善跨区域应急物资援助机制。

健全完善应急物资管理相关法规政策。及时修订应急物资储备、生产、采购、捐赠、运输、配送等组织协调和工作流程的法律法规，明确各利益相关主体的责权利。尽快健全相关工作机制和应急预案。制定完善有关应急物资质量技术、储备库建设管理的国家和行业标准，形成结构科学合理、门类齐全的应急物资保障标准体系。

（二）加强应急物资保障指挥协调能力建设

首先，建立国家统一的应急物资采购供应体系，对应急物资实行集中管理、统一调拨、统一配送，加强应急物资保障指挥协调能力建设。在突发事件统一领导、统一指挥的运作机制下，对应急状态的物资供应保障工作实施专项指挥控制与协调沟通，确保应急物资供应保障网高效安全可控。属地政府设立的突发事件应急指挥协调组织，应将获取应急物资保障的职责整合到一个系统，并作为专项指挥协调机构和应急物资供需各方的单一接口，全面负责和统筹安排订购、接收、配置、运输、储存以及配送的所有应急物资活动，管理并维护应急物资供应链。应急指挥协调组织应坚持依法依规统一调拨应急物资储备，并根据灾情需求设立一个或多个应急物流中心，集中管理各类应急物资。结合实际指导建立应急物资保障的规范化流程和配送标准，协调物流企业开展统一标准的配送作业。

其次，提升应急物资保障指挥协调过程中的信息化应用水平，推进应急物资保障综合信息系统建设。国家应急物资生产、储备、采购供应、调拨等相关部门普遍拥有各自的管理信息平台，不同运输方式拥有各自交通运输网络的运行监控平台，物流企业拥有各自的物流运行监控调度平台。因而，在各方既有网络信息平台基础上，仍需探索完善信息共享、网络对接及协同运行机制。运用现代信息化科技，推进应急物资保障综合信息系统及相关应用开发，从而提高应急物资保障能力和效率。

最后，要确保应急物资保障指挥协调全过程信息公开透明，积极接受媒体与社会各界的监督，加强涉及应急物资舆情收集分析，及时发布事实信息，澄清有关应急物资管理全过程的不实信息与谣言，化解社会公众不满情绪，获得公众信任与理解。

（三）加强国家应急物资储备体系建设

2016年国务院办公厅印发的《国家综合防灾减灾规划（2016—2020年)》指出，要加强中央、省、市、县、乡五级应急物资储备体系建设，确保自然灾害发生12小时之内受灾人员基本生活得到有效救助。2019年修订的《自然灾害救助条例》要求，要建立自然灾害救助物资储备制度，各级政府应将应急物资储备体系建设纳入本级国民经济和社会发展规划。要完善军民融合的应急物资储备体系，明确军地物资储备品种和规模。健全城市应急物资储备标准，加强城市防洪、排水防涝、生命线系统抢修、应急供水、生活保障等应急物资和装备储备。建立应急物资库存更新、应急补充、定期轮换、分配发放和报废工作制度。结合各地风险和灾情特点，补充储备品种，增加储备数量。

健全应急物资储备体系，完善应急物资储备管理制度、运行机制和储备模式，科学规划、稳步推进各级应急物资储备库（点）建设和应急商品数据库建设。探索依托现有设施，在交通便利、辐射范围广的地区，建设或认证一批综合应急物资储备库，逐步实现仓储资源、应急物资的整合、共建共享和快捷调运。加强应急物资储备体系与应急物流体系衔接，提升物资储备调运信息化管理水平。加快推进应急装备设备研发与产业化推广，推进应急物资装备生产能力储备建设，加强地方各级应急装备设备的储备、管理和使用，优先为多灾易灾地区配备应急装备设备。

（四）充分发挥社会应急资源的作用

探索利用预签合同、灾害保险、税收政策、设立基金等多种经济手段建设社会化应急物资保障体系。将民间储备纳入国家应急物资保障体系，形成政府、市场、社会、家庭之间的有机互动，形成众志成城共建应急物资保障体系的局面，实现社会资源的综合利用。

改革开放40余年来，中国市场物资丰富性水平显著提升，流通和配套服务能力长足发展，大部分列入应急储备目录的应急物资在生产与流通领域都海量存在。譬如，各专业机构、企事业单位均大量保有医疗器械、施工机械、供水供电和通信设备等应急物资。今后，要继续坚持"平战结合"的原则，着力推进应急物资管理机制创新，采用国家储备与社会储备相结合，实物储备与生产能力、采购资金储备相结合的模式，以法治机制和契约方式，让平时存在于生产和流通领域的物资装备，在关键时刻可以有效转化为应急物资。协约企业和社会组织可依法储备、依令调拨、高效配送，并通过践约获得合理的经济收益；与此同时，政府可以大幅度降低财政的承重压力，有效规避资源浪费和分配不合理等风险,强化应急消费市场的培育,推动应急产业有序长效发展。

积极引导和鼓励民众,增强自我防范和安全消费意识,提高家庭应急物资储备和家居安全工具使用意识。积极推广、广泛普及家庭防灾应急包、个人应急防护用品、生活必需品等,做到以民众、家庭储备为主,并逐步内化为履行社会责任的自觉行为。鼓励和引导商业保险机构,积极推出家庭安全责任保险产品,逐步形成完整有效的家庭风险转移机制。

(五)建立科学高效的应急物流体系

充分利用国家储备现有资源及各类社会物流资源,加强应急物流基地和配送中心建设,逐步建立多层级的应急物资中转配送网络。不断完善应急物流网络,充分发挥铁路、公路、航空、水路、邮政快递、仓储配送的比较优势,促进彼此有效衔接、互为补充,形成组合优势。加强国内应急物流网络与国际物流网络衔接,构建立体、综合、现代的应急物流网络。

大力推动应急物资储运设备集装单元化发展,加快形成应急物流标准体系,逐步实现应急物流的标准化、模块化和高效化。补齐航空物流、医药物流、冷链物流等短板。从战略高度建设一支与交通强国、大规模应急物资保障相适应的规模化、现代化航空货运机队,布局好航空物流枢纽与货运机场体系。

充分利用物流信息平台和互联网、大数据等技术,全面提升应急物流体系的网络化、数字化、智能化水平。构建基于政府、军队、社会、企业等多领域融合的国家应急物资大数据平台,提高应急物流调控能力,使其涵盖应急物资生产储备、捐赠分配、交通运输、邮政快递、分发配送、应急需求等各方面信息。从而有利于政府部门全面掌握情况,及时进行形势判断,也有利于应急物资保障体系各参与方的协同与分工协作。

第四节 推动应急科技与应急产业发展

科学技术是推动人类社会发展的重要动力,在应急体系建设中发挥着重要作用。提升应急科技水平,推动应急产业发展,能够为应急管理工作提供更为有力的支撑,能够有效提升国家应急能力。

一、应急科技发展概况

科技应用含量是检验一个国家灾害事故防御和应急处置救援现代化的重要标志之一。突发事件的随机性、耦合性和衍生性对应急科技的创新水平、发展水平和发展质量提出了更高要求。

我国应急科技起步较晚,关键应急装备和救援技术发展尚不足以充分满足应急处置的实际需求;部分应急装备技术含量较低,无法充分有效满足技术需求度和技术水平越来越高的要求。应急科技共性问题研究不足,支撑持续自主创新的研发基地急需建设、人才储备急需加强、自主创新能力有待提升、跨行业的公共安全学术交流合作方式有待探索、应急管理学科建设有待健全。

《国家中长期科学和技术发展规划纲要(2006—2020年)》首次将公共安全列为我国未来科技发展的重点领域,应急管理是公共安全建设的重要构成。《公共安全中长期科技发展规划战略研究报告》指出,"实施'科教兴国战略'是我国公共安全工作的必由之路,实现公共安全应急科学与技术的持续创新,是实现公共安全应急保障的重要支撑"。《国家中长期科学和技术发展规划纲要(2006—2020年)》实施以来,我国持续加大对应急领域科研投入,科研条件、平台建设、团队建设等得到快速发展,自主研发能力取得一定突破,发展起一批应急产业领域龙头企业和专业特色企业,应急领域新技术新产品不断涌现,部分技术和产品在突发事件的处置和救援中发挥了重要作用。

《"十三五"国家科技创新规划》明确提出："发展可靠高效的公共安全与社会治理技术。围绕平安中国建设，以建立健全公共安全体系为导向，以提高社会治理能力和水平为目的，针对公共安全共性基础科学问题、国家公共安全综合保障、社会安全监测预警与控制、重特大生产安全事故防控与生产安全保障、国家重大基础设施安全保障、城镇公共安全风险防控与治理、综合应急技术装备等方面开展公共安全保障关键技术攻关和应用示范，形成主动保障型公共安全技术体系。"

推动防灾减灾、安全生产等应急管理工作也对应急科技发展提出明确要求。《中共中央 国务院关于推进安全生产领域改革发展的意见》指出，要建立安全科技支撑体系。开展事故预防理论研究和关键技术装备研发，加快成果转化和推广应用。加强安全生产理论和政策研究，运用大数据技术开展安全生产规律性、关联性特征分析，提高安全生产决策的科学化水平。《中共中央 国务院关于推进防灾减灾救灾体制机制改革的意见》指出，要提高科技支撑水平。加强基础理论研究和关键技术研发，着力揭示重大自然灾害及灾害链的孕育、发生、发展、演变规律，分析致灾成因机理。推进大数据、云计算、地理信息等新技术新方法运用，提高灾害信息获取、模拟仿真、预报预测、风险评估、应急通信与保障能力。

二、依靠科技提升应急管理能力

构建现代化应急科技与信息化创新体系，大力提升应急科技与信息化水平，实施全灾种、全要素、全过程灾害事故风险防范基础理论，加快推进关键技术装备与信息化的科技攻关，有利于为我国应急管理工作提供科技与信息化支撑，有利于推进应急管理体系和能力现代化。

（一）依靠应急科技做好预防准备工作

将突发事件案例推理决策系统、三维应急演练仿真平台等科技术广泛应用于各级应急管理人员培训工作中,是有效提升应急管理人员应急处置能力的关键路径。重大灾害情景模拟分析模型和智慧决策支持模型实现了重大灾害演进过程高精度、精细化、高时效模拟与风险多尺度动态实时模拟和情景推演,有助于形成跨时空、多灾种、全过程的应急救援决策指挥智慧系统,能够为应急管理人员开展应急指挥与调度提供辅助决策支持。

(二)依靠科技提高监测预警水平

现代信息技术发展迅速,能够通过智能传感器实现对各类灾害事故风险的实时动态监测,极大拓展了提前发布预警信息的实践空间。譬如,基于数据驱动的煤矿重大灾害智能预警预报技术、金属非金属矿山重大灾害预警技术、自然灾害临灾动态监测与智能预警网络系统等科技技术为科学预测、防范重大安全风险和遏制重特大灾害事故提供了有力支撑。对应急管理过程与效果进行监测监控,有助于实现超前感知、智能预警、精准防控、高效救援。以危化品监测预警系统为例,通过监控系统实现了对危险化学品企业安全生产风险的动态监测和自动预警,危化品安全生产风险全过程、全链条的态势感知,强化了重大危险源的风险分级管控和动态监测预警,提升了危化品安全监管的信息化、网格化、智能化水平。

(三)关键应急装备与技术提升处置救援能力

复杂灾害事故现场往往需要关键应急装备和应急科技提供支撑以提高应急处置与救援效率。譬如,高效应急通信集成装备、便携式个人定位与求救装备、远程大功率应急供排水装备、分布式雷达生命探测仪、基于虚拟现实(VR)技术的应急抢险车辆远程遥控平台、智能化消防员抢险救援防护装备等先进设施进入应急现场,为安全生产应急救援工作提供了重要支持。以 VR 技术的应急抢险车辆远程遥控平台为例,其可不受空间距离限制应用到有毒环境、危险隧道、灭火救援、悬崖开路、爆炸现场清理等各种高危救援现场作业,通过远程操控应急救援车辆、机械（例如挖掘机），实现精准施救。

（四）现代信息技术助力恢复重建工作

GIS 技术、计算机模拟技术、遥感卫星技术等为灾后群众安置救助、受灾群众生活救助、基础设施恢复重建等工作提供了帮助。以地震灾后重建为例，在灾后高速公路重建过程中，利用遥感监测与评估技术对重要路段工点进行遥感监测，能够有效解决重建施工过程中的实际问题；灾后重建过程中运用 GIS 技术，不仅满足了测量规范中的相应精度要求，而且可以大幅度提高作业效率。特别是在交通不便地区，其能够及时满足规划部门了解、熟悉、把握地形地势图以助益灾后重建工作的优势更为突出。

三、应急产业的基本构成

应急产业作为应急管理的重要资源和技术保障，始终受到党中央、国务院的高度重视。2009 年，工业和信息化部印发的《关于加强工业应急管理工作的指导意见》指出，应急产业是新兴产业，加快发展应急产业。2011 年，国家发展改革委制定的《产业结构调整指导目录（2011 年本）》，正式将"公共安全与应急产品"作为单独产业类别鼓励发展。2014 年，《国务院办公厅关于加快应急产业发展的意见》指出，应急产业是为突发事件预防与应急准备、监测与预警、处置与救援提供专用产品和服务的产业。发展应急产业是提高公共安全基础水平的迫切要求，是培育新的经济增长点的重要内容，是提升应急技术装备核心竞争力的重要途径。2018 年，《工业和信息化部 应急管理部 财政部 科技部关于加快安全产业发展的指导意见》指出，"安全产业是为安全生产、防灾减灾、应急救援等安全保障活动提供专用技术、产品和服务的产业，是国家重点支持的战略产业。发展安全产业对于落实安全发展理念、提升全社会安全保障能力和本质安全水平、推动经济高质量发展、培育新经济增长点具有重要意义"。

《国务院办公厅关于加快应急产业发展的意见》将应急产业发展重点确定为"监测预警、预防防护、处置救援、应急服务"4个方向。《工业和信息化部 应急管理部 财政部 科技部关于加快安全产业发展的指导意见》将安全产业发展重点确定为"加快先进安全产品研发和产业化、积极培育安全服务新业态"2个方向，先进安全产品研发和产业化主要包括风险监测预警产品、安全防护防控产品、应急处置救援产品。就上述推动产业发展的政策文件来看，应急产业基本构成可以从以下不同维度作出描述。

一是从产业形态角度看，可以分为应急产品与应急服务。工业和信息化部、国家发展改革委发布的《应急产业重点产品和服务指导目录（2015年）》确定了4个领域、15个发展方向，进一步细化到266项细分产品和服务。4个领域包括监测预警产品、预防防护产品、处置救援产品和应急服务产品（其中监测预警69项、预防防护49项、救援处置108项、应急服务40项）。

二是从产业关联角度看，可以分为通用产品与专用产品。通用产品既可以用于应急领域，也可以用于非应急领域；既可在常态下广泛使用，也可在应急状态下作为应急产品，如挖掘机、食品、饮用水、药品等。专用产品是基本上只用于应急救援的特殊产品，如家庭急救包、消防技术与装备、特种应急装备、特种应急技术等，这类产品在非应急状态下基本上没有其他用途。

三是从应用环节角度看，应急产业重点应用于或者服务于预防与应急准备、监测与预警、处置与救援、恢复重建等，覆盖了应急管理工作的全过程。

四、积极推动应急产业发展

应急产业发展以公共安全需求为纽带，以各类企业或组织为载体，以经济利益为驱动，以市场配置为主导，以政府引导为抓手，将突发事件应急管理的诸多环节联结成为一个完整的产业系统，有助于实现应急处置中装备生产、工程提供、技术研发、服务支持等活动的专业化、规模化与一体化。推动应急产业发展，应该选择重点突破，从坚持政府引导、加强需求导向、促进产业集聚、提升科技水平等方向入手，促进和培育整个应急产业的发展。

（一）强化政府对应急产业发展的引导

政府要采取相关政策措施加强对应急产业发展的引导。《国务院办公厅关于加快应急产业发展的意见》指出，"市场主导，政府引导。充分发挥市场配置资源的决定性作用，完善政府宏观引导和政策激励，进一步推进简政放权，营造良好发展环境，用改革的办法调动市场主体发展应急产业的积极性"。将应急产业的发展纳入经济社会发展规划中，制定应急产业发展规划，推动建立以政府投入引导、企业投入为主、专项资金理财、保险预防资金、民间安全消费的"五位一体"投资模式，建立国家应急产业发展基金、应急产业科学技术研究基金支持应急产业发展。营造公平竞争的市场环境，建立健全保障应急产业发展的法律法规体系，为应急产业发展营造良好的法制环境，建立应急产业市场准入制度，对提供应急产品与服务的企业进行资质鉴定和技术标准认证，推动应急产业的有序发展。

（二）面向公共安全需求发展应急产业

应急产业同其他产业具有相似性，即应急产业的需求导向是以国家安全需求和民生安全需求为导向，国家和民生的安全需要决定着应急产业的市场方向与市场空间。《工业和信息化部 应急管理部 财政部 科技部关于加快安全产业发展的指导意见》指出，"需求牵引，示范带动。提升安全标准，强化安全监管，激发市场需求，推广先进可靠的安全产品和服务；面向重点行业领域，坚持问题导向，实施安全产品试点示范应用工程，引导社会资本投入，有力拉动安全产业发展"。各地发展应急产业应该从本地区的实际情况出发，结合本地区的灾种特点与分布情况，在经济社会条件、科学技术水平允许的前提下，充分考虑本地区公共安全需求与应急能力短板，优先发展有利于提升本地区防灾减灾能力和应急管理能力的应急产业。

（三）增强应急产业集聚

根据灾情灾种的区域分布特征和应急需求强度，以及国家经济结构调整和战略性新兴产业发展的需要。应急产业发展可以遵循"合理布局、保证急需"的原则，以城市产业园区、现代物流基地为依托，以城市经济圈的产业能力为建设动力，以国家增量投入并整合存量资源与拉动关联产业为基点，推进应急产业园区基地布局建设。这样既可以推动应急产业集聚，又可以发挥应急产业基地在各个区域的辐射与示范作用。应急产业基地要采取中央政府、地方政府、企业、民间组织等多方投入的协同建设模式，实现应急产品生产、应急装备制造、应急技术研发、应急物资储备、应急物流配送、科普宣传教育、实战演习培训、综合应急演练等多种功能融合发展、均衡发展。要建设布局合理化、资源集成化、功能多样化、能力专业化、覆盖快速化、供给持续化的应急产业基地网络。

（四）提升应急产业自主创新能力

我国应急产业发展尚处于起步阶段，滞后于经济迅速发展、社会快速变迁的时代要求。特别是我国应急产业的发展规模和现有水平均与发达国家存在现实差距。推动我国应急产业发展必须以提升自主创新能力和产业综合竞争力为重点，依托公共安全科技，加强自主创新，争取在关键领域掌握更多的自主知识产权、拥有更多技术专利，提升应急产业核心竞争力，优化我国应急产业结构，不断推动应急产业创新发展。

第五节　优化应急财力和投入保障

突发事件在预防准备、监测预警、应急处置、恢复重建等各个环节都需要大量经费投入，应对自然灾害、事故灾难、公共卫生事件和社会安全事件等各类突发事件则需要筹措和投入大量资金。因此，需建立起多渠道筹措应急资金机制，确保各项资金的合理配置与有效使用。

一、应急财力和投入保障体系的基本构成

从应急财力的来源来看，应急资金的筹措途径主要有公共财政资金、社会捐助资金和商业及政策保险赔付资金。

（一）公共财政资金

为及时有效控制、减轻和消除突发事件引起的严重社会危害，保护人民生命财产安全，维护公共安全、环境安全和社会秩序，公共财政在保证突发事件应对的资金需求上责无旁贷。我国有关突发事件应对的法律、行政法规都明确规定了各级政府必须履行财政保证突发事件应对经费需求的职责。《突发事件应对法》明确要求，各级政府要保障突发事件应对工作所需经费。《预算法》第四十条规定，"各级一般公共预算应当按照本级一般公共预算支出额的百分之一至百分之三设置预备费，用于当年预算执行中的自然灾害等突发事件处理增加的支出及其他难以预见的开支"。《突发公共卫生事件应急条例》《破坏性地震应急条例》《核电厂核事故应急管理条例》等行政法规规定了用于突发事件的预防与应急准备、监测与预警等方面的应急管理费用。《突发公共卫生事件应急条例》第六条规定："县级以上各级人民政府应当组织开展防治突发事件相关科学研究，建立突发事件应急流行病学调查、传染源隔离、医疗救护、现场处置、监督检查、监测检验、卫生防护等有关物资、设备、设施、技术与人才资源储备，所需经费列入本级政府财政预算。国家对边远贫困地区突发事件应急工作给予财政支持。"根据《国务院关于全面加强应急管理工作的意见》，各级财政部门要按照现行事权、财权划分原

则，分级负担公共安全工作以及预防与处置突发公共事件中需由政府负担的经费，并纳入本级财政年度预算，健全应急资金拨付制度。对规划布局内的重大建设项目给予重点支持。支持地方应急管理工作，建立完善财政专项转移支付制度。

（二）社会捐助资金

社会捐助资金是指在各种严重自然灾害、事故灾难、突发性公共卫生事件、公共安全事件等突发事件后，国内外社会各界、社会组织、单位、团体、个人无偿向灾区捐赠的救援资金和物资。随着人们观念的变化、收入的提高、国际交往的增多，在应急资金的筹措中，捐赠资金越来越成为应急资金的一个重要来源。尤其是在应对重大、特别重大突发事件时，需要大量的物力、财力的投入，没有强大的社会支持是无法有效应对的。比如，2008年"5·12"汶川特大地震发生后，全国共接受国内外捐款659.96亿元，捐赠物资折合人民币107.16亿元。《国家突发公共事件总体应急预案》明确指出，要鼓励自然人、法人或者其他组织（包括国际组织）按照《中华人民共和国公益事业捐赠法》等有关法律、法规的规定进行捐赠和援助。《突发事件应对法》第三十四条也作出规定："国家鼓励公民、法人和其他组织为人民政府应对突发事件工作提供物资、资金、技术支持和捐赠。"

（三）商业及政策保险赔付资金

保险业与突发事件密切相关，作为一种市场化的风险管理机制和社会互助机制，在具有风险保障功能的同时，兼具社会管理功能。其在应急管理工作的事前、事中和事后各个环节中，都可以发挥重要作用。针对事前的预防，保险公司为降低赔付，可以积极介入投保对象的风险预防工作；针对突发事件的事后恢复与重建，保险公司有效缓解了政府财政救济的压力。因此，加快保险业改革发展，建立市场化的灾害、事故预防和补偿机制，对完善灾害防范和救助体系、增强全社会抵御风险的能力具有不可替代的重要作用。我国有关突发事件的法律对保险制度作出了明确的规定，《突发事件应对法》第三十五条规定："国家发展保险事业，建立国家财政支持的巨灾风险保险体系，并鼓励单位和公民参加保险。"《防震减灾法》第四十五条规定："国家发展有财政支持的地震灾害保险事业，鼓励单位和个人参加地震灾害保险。"《防洪法》第四十七条第 2 款规定："国家鼓励、扶持开展洪水保险。"《国务院关于加快发展现代保险服务业的若干意见》指出，完善保险经济补偿机制，提高灾害救助参与度。将保险纳入灾害事故防范救助体系。提升企业和居民利用商业保险等市场化手段应对灾害事故风险的意识和水平。围绕更好保障和改善民生，以制度建设为基础，以商业保险为平台，以多层次风险分担为保障，建立巨灾保险制度。研究建立巨灾保险基金、巨灾再保险等制度，逐步形成财政支持下的多层次巨灾风险分散机制。鼓励各地根据风险特点，探索对台风、地震、滑坡、泥石流、洪水、森林火灾等灾害的有效保障模式。制定巨灾保险法规。建立核保险巨灾责任准备金制度。

二、完善应急财力保障机制

（一）完善应急财力多渠道筹措机制

目前，我国应对突发事件所需经费主要来自政府的财政拨款，少量来自社会捐助和商业及政策保险赔付资金，社会捐助制度有待进一步完善，保险业在灾害救助中发挥的作用十分有限。为此，要建立健全以政府财政资金为主导、以社会组织与公众捐赠为补充、以保险市场作用为支撑的应急财力多渠道筹措机制。

（二）完善财政预算预备费制度

财政预算预备费是政府确保应对突发事件所需经费的主要方式，是政府财政预算为应付自然灾害等突发事件而引起的难以预料的开支所设置的专项基金。预备费功能的强弱直接影响到突发事件应急管理工作的实施和效果。需进一步完善预备费管理制度，实行预备费基金式管理，将当年结余的预备费结转到下年度继续使用，进入预备费基金，使其滚存积累，在发生突发事件时可以有较为充裕的资金来源。同时，基于对相关法律规定的修改，进一步增加预备费提取比例，为突发事件应对提供更强的财政经费支持。

（三）完善应急财力支出机制

应急财力支出贯穿于突发事件事前、事中、事后的全过程，支出配置比例决定着政府公共危机管理的能力。历史经验表明，应急管理事中控制与事后重建的资金投入成本远远大于事前预防。因此，要加大预防性应急财力投入，推动财力支出从事后被动型转向事前主动型，建立"事前预防和事中控制为主，事后救助为辅"的财政支出结构，尤其应加大预防预警体系建设方面的支出，提高预测水平和预警能力。

（四）推动应急管理资金整合

以往分灾种、分部门的应急管理体制容易造成应急资金投入分散、运作流程无序，影响资金使用效率。因此，应以应急管理职能调整与整合为契机，整合分散资金投入，优化应急资金配置，加速推进各种信息资源共享，避免重复投入。

（五）完善应急管理事权和财政责任分担机制

我国实行突发事件分级响应原则，参照国际通行的事权划分原则，合理划分中央和地方政府的应急管理事权和财政支出责任。中央财政主要承担具有跨区域危害性的突发事件应急处置的协调工作和相应的经费支出；地方财政主要负责本辖区突发事件的应急处置、协调以及相应的经费支出。当突发事件的应急处置超出属地政府的应急能力，地方政府可依序向上级政府请求援助。

（六）加强应急资金监管

保证应急资金的使用达到最优配置。财政、审计等政府部门，第三方机构及社会公众需要对各类应急资金的调拨、分配和使用等实施有效监督与管理，确保应急资金的规范性、安全性和有效性。建立和完善应急管理资金监管工作机制，加强对财政预算编制、执行的监督；对应急资金实行事前、事中、事后全过程的监督；规范监督捐赠募集资金的管理和使用，充分体现捐赠人意愿，采取严格的监管流程，包括政府的依法监管、第三方独立审计、充分的信息公开、开放的社会监督体系等。

三、健全突发事件保险制度

风险处置的重要策略之一是风险转移，保险是风险转移的重要手段，通过保险手段实现事前风险转移，能够缩小实际经济损失和投保损失之间的差距，有助于降低政府预算的波动，减少政府灾后筹集资金的需求。

（一）加快推动建设巨灾保险制度

巨灾保险是指对因发生地震、飓风、海啸、洪水等各类突发性事件，所造成的财产损失和人身伤亡而设立的风险分散保障制度。巨灾保险的快速理赔解决了政府筹措救灾资金的燃眉之急，有效分担了政府在救灾领域的财政压力。《国务院关于加快发展现代保险服务业的若干意见》明确提出，将保险纳入灾害事故防范救助体系，逐步建立巨灾保险制度。

根据国际经验，通常采取政府和保险公司协作模式来承担巨灾风险。因而，要进一步推动中国巨灾保险制度建设，通过设立巨灾赔偿基金，在保险安排等方面给予政策支持，在资本市场发行巨灾债券等巨灾风险证券化的方式，提升保险业的巨灾承保能力。需进一步完善巨灾风险评估机制，建立必要的保险技术支撑体系，以公正客观的巨灾损失指数为依据，开发标准化巨灾保险产品。进一步推动巨灾保险相关立法工作，通过立法将巨灾保险的发展模式、保险人和被保险人的权利义务等加以明确。

（二）健全安全生产责任保险制度

2016年，《中共中央 国务院关于推进安全生产领域改革发展的意见》明确指出，"建立健全安全生产责任保险制度，在矿山、危险化学品、烟花爆竹、交通运输、建筑施工、民用爆炸物品、金属冶炼、渔业生产等高危行业领域强制实施，切实发挥保险机构参与风险评估管控和事故预防功能"。2017年，原国家安全监管总局、原保监会、财政部联合印发《安全生产责任保险实施办法》。2019年，应急管理部以安全生产行业强制性标准为依据，发布了《安全生产责任保险事故预防技术服务规范》。可以说，安全生产责任保险是一种带有公益性质的强制性商业保险，首要功能是事故预防，有效地防范和减少了生产安全事故。

（三）推动建设灾害保险基金

灾害保险基金主要针对灾害风险而设立。从保障范围来看，灾害保险基金可分为两类：一类专门针对特定风险，如为某类灾害风险设立专项灾害保险基金；另一类保障范围较为广泛，如为多种灾害风险而设立的综合性灾害保险基金。两类灾害保险基金优势互补，综合性保险基金可以实现不同类型灾害风险的分散化解，而专项保险基金则是保险公司可以随时动用针对特定风险的保险资金。可以根据不同区域易发多发灾害的实际情形，有针对性地设立灾害保险基金。譬如，可在我国东南沿海的福建、广东等省份设立防台风专项保险基金，在洪涝灾害多发省份设立防洪抗洪专项保险基金，在干旱少雨的边疆高原地区设立抗旱专项保险基金等。

（四）完善我国再保险市场

再保险是防范和化解灾害风险的重要手段，保险公司将所承保风险的一部分交由再保险公司进行保险，进一步分散灾害风险。特别是可通过再保险将巨灾风险转换为可保风险。《国务院关于加快发展现代保险服务业的若干意见》指出，"加快发展再保险市场。增加再保险市场主体。发展区域性再保险中心。加大再保险产品和技术创新力度","增强再保险分散自然灾害风险的能力"。加快建立和完善我国再保险市场,通过再保险分散转移风险,增强保险行业的承保能力,扩大保险业务,活跃规范再保险市场。

本章小结

综合应急保障是应急管理体系和能力现代化的重要组成,突发事件的成功应对离不开人力、物力、财力和科技4个方面关键要素的支持。推进中国特色应急救援队伍体系建设,不仅包括综合性消防救援队伍、各类专业应急救援队伍和社会应急力量的建设,也需要纳入军队非战争军事行动力量,形成处置合力。健全统一的应急物资保障体系应重点做好物资储备、采购供应与运输配送三大环节,完善应急物资储备体系和管理体制与机制,建立科学高效的应急物流体系,充分发挥社会应急资源的作用。建立应急财力多渠道筹措机制,推动巨灾保险和灾害保险基金建设,完善安全生产责任保险与再保险,加强各类应急资金监管,保证应急资金的合理配置与有效使用。依靠科技提升预防准备、监测预警、处置救援、恢复重建能力,积极推动安全与应急产业发展,加强产业自主创新能力建设。

◈ 思 考 题

1. 如何有效推动各类应急队伍日常的联训联演与应急响应中的协同配合?

2. 如何实现应急物资的集中管理、统一指挥、统一配送,确保推动应急物资供应保障网更加高效、安全、可控?

3. 如何有效提升本地公共安全科技水平,切实推动本地应急产业发展?

4. 如何实现不同渠道应急资金的合理配置与有效使用？

推荐阅读书目

1. 罗伯特·希斯著，王成等译：《危机管理》，中信出版社2001年版。

2. 赵成根：《国外大城市危机管理模式研究》，北京大学出版社2005年版。

3. 乔仁毅、龚维斌主编：《政府应急管理》，国家行政学院出版社2014年版。

4. 王丰、姜玉宏、王进编著：《应急物流》，中国财富出版社2007年版。

后　　记

本书由中央党校（国家行政学院）应急管理培训中心（中欧应急管理学院）组织编写。各章撰写人员以应急管理培训中心（中欧应急管理学院）的教研人员为主，同时适当吸收校（院）内外、党校（行政学院）系统的专家学者参与。具体分工如下：

绪论：马宝成；第一章：李明；第二章：张小明；第三章：游志斌、王永明；第四章：曹海峰、董泽宇；第五章：宋劲松、邹积亮；第六章：钟开斌、王彩平、王华、张磊；第七章：李雪峰、张滨熠；第八章：邓云峰、邹积亮。黄毅、夏诚华、高小平、闪淳昌、刘铁民、王海军、尹光辉、孔祥涛、彭宗超、来洪州、郝晓宁等参与了本书讨论和审定。

在编写过程中，李季副校（院）长对本书写作提出了具体明确的要求，谢春涛副校（院）长多次组织有关专家对本书提纲进行研讨，教务部为本书的编写和出版提供了大力支持。

由于时间紧张，能力和水平有限，本书难免存在不足，敬请读者批评指正。

作　者
2022 年 1 月